स्त्री विमर्श

स्त्री : समाज और धर्म

स्त्री
समाज और धर्म

तसलीमा नसरीन

अनुवाद
उत्पल बैनर्जी

राजकमल प्रकाशन

ISBN : 978-93-6086-445-3

मूल्य : ₹895

पहला संस्करण : 2024

प्रकाशक : राजकमल प्रकाशन प्रा. लि.
1-बी, नेताजी सुभाष मार्ग, दरियागंज
नई दिल्ली-110 002
शाखाएँ : अशोक राजपथ, साइंस कॉलेज के सामने, पटना-800 006
पहली मंजिल, दरबारी बिल्डिंग, महात्मा गांधी मार्ग, प्रयागराज-211 001
1, अनमोल सोराबजी संतुक लेन, धोबी तलाव, मरीन लाइंस, मुम्बई-400 002
वेबसाइट : www.rajkamalprakashan.com
ई-मेल : info@rajkamalprakashan.com

मुद्रक : विकास कम्प्यूटर एंड प्रिंटर्स
ट्रॉनिका सिटी-201 102

STREE : SAMAJ AUR DHARM
by Taslima Nasreen
Translated by Utpal Banerjee

स्त्री
समाज और धर्म

क्रम

स्त्रियों का दायरा

देश के एक आला दर्जे के कवि हैं, वे मेरे पिता के हमउम्र हैं और मेरी कविताओं की बड़ी तारीफ़ करते हैं। लेकिन वे केवल मेरे सामने तारीफ़ करते हैं। लोगों के सामने नहीं करते, अख़बारों में भी नहीं लिखते, कारण कि मैं कविता भले कितनी ही अच्छी क्यों न लिखूँ, हूँ तो आख़िर स्त्री ही, एक स्त्री की तारीफ़ के क्या पुल बाँधे जा सकते हैं, इससे चरित्र चला जाएगा ना!

इस देश के चरित्र को लेकर सचेत रहने वाले बुद्धिजीवी स्त्रियों को लेकर गुपचुप घूमना-फिरना पसन्द करते हैं, वे शहर के बड़े-बड़े रेस्तराँओं में सबसे कोने की टेबल पर चाइनीज़ खाते-खाते गप्पे लड़ाना पसन्द करते हैं, क्योंकि उनमें कुत्सित संस्कार नहीं हैं, उनका जीवन निस्तरंग पोखर नहीं है, वह उछलता हुआ समुद्र है; वे जीवन के तमाम तरह के अनोखे आनन्द का उपभोग करने में व्यस्त हैं। स्त्रियों के कानों में वे बार-बार कहते हैं—'मैं तुमसे प्यार करता हूँ।' लेकिन सबके सामने नहीं कहते, दबा जाते हैं। कारण कि जमात में ऊँचा स्थान पा लेने से स्त्रियों को लेकर कोई बातचीत करे, अच्छा नहीं लगता।

उस दिन मेरे एक उपन्यासकार मित्र ने कहा, 'तुम्हारा कॉलम बहुत बढ़िया चल रहा है।' मेरे धन्यवाद देने के बाद उन्होंने गम्भीर स्वर में जो वाक्य उचारा मैं उसके लिए तैयार नहीं थी, वे बोले—'सेलिना होसेन के मुक़ाबले मेरा गद्य बेहतर है।'

—अचानक सेलिना होसेन का प्रसंग क्यों? मैंने पूछा।

वे बोले—स्त्रियों में सेलिना होसेन की रचनाएँ ही तो अच्छी हैं ना। 'स्त्रियों में' शब्द का उपहार देकर मेरे उपन्यासकार मित्र चले गए और मुझे समझा

गए कि मेरा लिखना कितना ही कमाल का क्यों न हो, उस पर 'स्त्रियों में' के दायरे में ही विचार किया जाएगा, क्योंकि स्त्रियाँ तो अलग हैं। राष्ट्रीय दैनिक समाचार-पत्रों में 'बच्चों का पन्ना' की तरह ही 'महिलाओं का पन्ना' के शीर्षक से एक अलग विभाग होता है। तमाम नामचीन काव्य-समालोचक इस बात को लेकर गहन विचार-विमर्श करते रहते हैं कि मैं अच्छी कविताएँ लिखती हूँ, या कि नसीमा ज़्यादा अच्छा लिखती हैं, या कि सुहिता अच्छी हैं, या कि बिलोरा बेहतर लिखती हैं। लेकिन यह बात नहीं उठती कि फ़रीद अच्छा लिखते हैं या कि मैं अच्छा लिखती हूँ या फिर शहरयार बेहतर लिखते हैं! कारण कि मैं तो स्त्री हूँ, मुझे लेकर 'स्त्रियों के दायरे में' ही चर्चा की जाएगी।

इस देश के एक लोकप्रिय उपन्यासकार और नाटककार अकसर कहते फिरते हैं कि लड़कियाँ उन्हें ख़ूब चिट्ठियाँ लिखती हैं, कारण कि लड़कियाँ उनके प्रेम में दीवानी हैं, लेकिन वे उन्हें ज़रा भी तवज्जोह नहीं देते। एक बार वे घर-घर जाकर बता आए कि एक लड़की ने उन्हें अपने ख़ून से चिट्ठी लिखी है। बाद में हालाँकि पता चला कि वह ख़ून-वून कुछ नहीं था, रंग में डूबे नये साल के एक कार्ड को लेकर उन्होंने यह कथा गढ़ी थी। लड़कियों को लेकर इस तरह की मुखरोचक कहानियाँ सुनाकर इन लोगों को एक तरह का विकृत आनन्द मिलता है।

मेरे एक मित्र हैं, वे एक साप्ताहिक पत्रिका के सम्पादक हैं, उस दिन अत्यन्त बेचैनी और थोड़े असन्तोष के साथ बोले, शाहबाग़ के मोड़ पर दो लड़के तुम्हारा नाम लेकर ऐसा-वैसा कह रहे थे! यह सुनकर मैं ठठाकर हँस पड़ी। मैंने हँसते-हँसते कहा—इसमें अवाक होने-जैसा क्या है? वे क्या अबुल कलाम के बारे में बोलेंगे?

मेरे अबुल कलाम कहने पर सम्पादक मित्र क्या समझे मुझे नहीं पता, लेकिन मैं कहना चाह रही थी कि 'ऐसा-वैसा कहने' के पीछे जो आशय होता है, वह अबुल कलाम या फिर अब्दुर्रहमान या कि शम्सुल इसलाम लोगों पर नहीं फबेगा। इस मामले में यदि लड़की हो तो बढ़िया जम जाता है।

जो स्त्रियाँ लिखती हैं, साधारण लोगों में उन्हें लेकर एक धारणा यह होती है कि वे लिखती हैं क्योंकि निश्चित रूप से उनके जीवन में कोई बड़ी दुर्घटना

घटी है। जीवन में किसी तरह का विपर्यय होने पर ही कोई स्त्री आत्महत्या करती है, कोई वेश्यापाड़ा में आश्रय लेती है, या फिर कोई-कोई साहित्य में आश्रय तलाश करती है। एक लड़की यदि लिखना शुरू करती है तो लोगों को उसके लेखन की अपेक्षा उसके बारे में दुनिया भर की जानकारी में अधिक आकर्षण रहता है। प्रेम में होने या प्रेम में विफल होने, घर-गृहस्थी में अशान्ति होने या फिर संसार से वैराग्य ले लेने-जैसा कुछ न हुआ हो तो फिर एक लड़की बिलावजह साहित्य की रचना क्यों करेगी, यह बात बहुत-से लोगों को समझ में नहीं आती। साहित्य तो बहुत दूर की बात है, लिखना-पढ़ना भी लड़कियों की चीज़ नहीं है। लड़कियों को क़ुरान की शिक्षा दी जाती थी ताकि वे पति के कल्याण के लिए 'दुआ दरूद' पढ़ सकें। इसके बाद उन्हें थोड़ा-बहुत अक्षर-ज्ञान करवाया जाता था ताकि घर पर बैठकर 'मुझे मत भूलना'[1]-जैसे सूई के काम कर सकें और प्रवासी पति को ग़लत वर्तनी में पत्र लिख सकें। मौजूदा समय में लड़कियों को जो शिक्षा दी जाती है, वह ज़्यादातर बच्चों के पालन-पोषण के लिए ही दी जाती है। इसके अलावा आजकल के स्मार्ट पति 'मेरी बीवी पढ़ी-लिखी है', इसे लेकर भी एक तरह के गर्व को महसूस करने का मौक़ा पा जाते हैं। मानो यह सब भी उन्हीं की वजह से हुआ है, और शिक्षित स्त्रियों की सेवा पाना भी तो एक अलग तरह का मज़ा देता है। तो फिर, ये लड़कियाँ साहित्य क्यों करेंगी भला? अधिक-से-अधिक हुआ तो दहेज और शादी-ब्याह की कुछेक समस्याओं को लेकर तमाम पत्रिकाओं के 'महिलाओं का आँगन' में थोड़ा-बहुत लिखकर पन्ने भरेंगी। इससे कुछ ज़्यादा करना हो; पूरी तरह से लड़कों के साथ गद्य में, पद्य में, भाषा-साहित्य में, पांडित्य में लड़कियों की तुलना की जाने लगे, तो फिर लड़कों को शर्म नहीं आएगी क्या? छि:!

---

1. स्त्रियाँ पति के उद्देश्य से रेशमी कपड़े के टुकड़े पर सूई-धागे से 'मुझे मत भूलना' इत्यादि लिखा करती हैं।

स्त्रियों को ग़ुस्सा आए, क्रोध आए

ऐसा कोई दिन है, जिस दिन बलात्कार नहीं होते? नहीं, ऐसा दिन नहीं है। वर्ष 2000 में किये गए एक सर्वेक्षण से पता चलता है कि भारतवर्ष में हर घंटे में कम-अज़-कम एक बलात्कार तो होता ही है। असल में बलात्कार की यह संख्या और भी भयानक होती, यदि बलात्कार की शिकार स्त्रियाँ अपना मुँह खोलतीं, कहतीं कि उनके साथ बलात्कार हुआ है। बलात्कार एक अपराध है यह अधिकांश लोगों को नहीं मालूम। लिहाज़ा बलात्कार करने वाले को अपराधी के रूप में चिह्नित नहीं किया जाता, बलात्कार की शिकार को किया जाता है। एक समाज के लिए इससे बड़ी शर्मनाक बात और कुछ नहीं हो सकती। इस पृथ्वी पर बलात्कार ही एकमात्र ऐसा अपराध है जहाँ आक्रान्त या विक्टिम को दोषी साबित किया जाता है।

अमेरिका की नारीवादी लेखिका मेरिलिन फ्रेंच ने लिखा था, 'प्रत्येक पुरुष बलात्कारी है, और उनका एक-सा चरित्र है। वे हमारा बलात्कार अपनी आँखों से, अपनी व्यवस्थाओं से, उनके क़ानून से करते हैं। All men are rapists, and that's all they are. They rape us with their eyes, their laws, their codes.

और मेरी प्रिय आन्द्रिया डॉर्किन की बात, 'जितने दिनों तक बलात्कार नामक चीज़ इस धरती पर है, उतने दिनों तक शान्ति या सुविचार या समता या फिर स्वाधीनता कुछ भी नहीं रह सकती। तुम वह नहीं हो सकती, जो तुमने होना चाहा था, जिस दुनिया में तुम रहना चाहती थी, तुम उस दुनिया में नहीं रह सकतीं।'

आन्द्रिया डॉर्किन ने और भी कहा है, 'बलात्कार कोई दुर्घटना नहीं है, कोई ग़लती नहीं है। पुरुषतांत्रिक संस्कृति में बलात्कार यौनिकता की संज्ञा है। जितने दिनों तक यह संज्ञा मौजूद रहेगी, उतने दिनों तक यौन-आक्रमणकारी के रूप में पुरुष तथा उसकी शिकार के रूप में स्त्री चिह्नित होते रहेंगे। जो लोग इस संस्कृति को स्वाभाविक मानते हैं, वे लोग ठंडे दिमाग़ से हर रोज़ बलात्कार करते रहते हैं।'

कोई-कोई कहता है, बलात्कारियों का यौनांग काट देना चाहिए। इसके परिणाम स्वरूप बहुत जल्दी ही बलात्कार बन्द हो जाएँगे। बलात्कार क्या सचमुच बन्द होते हैं? धनंजय की फाँसी के अगले ही दिन क्या इस राज्य में बलात्कार नहीं हुए? इसकी वजह क्या है? बलात्कार के विरुद्ध कड़े क़ानून हैं, इसके बावजूद क्या बलात्कार में ज़रा भी कमी आई है। जो लोग कहते हैं कि लड़कियाँ कम कपड़ों में घूमती-फिरती हैं और इसलिए पुरुष उनका बलात्कार करने के लिए प्रेरित होते हैं—ये मोटी बुद्धि वाले बख़ूबी जानते हैं कि लम्बे-लम्बे कप़ड़े यहाँ तक कि बुरक़ा पहनने वाली लड़कियाँ भी अहरह बलात्कार की शिकार हो रही हैं। पोशाक कोई वजह ही नहीं है, यहाँ पर वजह है पुरुषांग। जन्म के बाद से ही पुरुषों ने यह सीखा है कि वे उनकी दो जाँघों के बीच लटकी हुई दो या तीन इंच की काम की या फिर बेकार चीज़ से पूरी दुनिया को जीत सकते हैं। पुरुषों को यह शिक्षा स्कूल-कॉलेजों में, रास्तों-घाटों पर, कार्यालयों में, व्यापारिक प्रतिष्ठानों में, क़ानून में, शहरों-बन्दरगाहों में, राष्ट्र-राज्य-समाज-गृहस्थी में सभी जगहों पर मिल जाती है। जिस शिक्षा को पुरुष घर में और बाहर हज़ारों वर्षों से चलाए जा रहे हैं, कितने पुरुष हैं जो अपने आप को उससे दूर रख पाते हैं?

बांग्लादेश में कुछ साल पहले एक घटना घटी थी। यास्मीन नामक पन्द्रह वर्ष की एक लड़की ढाका शहर के किसी एक मध्यवर्गीय के घर में काम करती थी। लेकिन उस घर का मालिक रात के वक़्त यास्मीन के साथ दुष्कर्म करता था। एक रात यास्मीन घर से भाग गई। वह अपने घर जा रही थी कि अचानक उसे पुलिस ने पकड़ लिया। 'कहाँ जा रही है'? 'अपने घर'। 'तेरा घर तो बहुत दूर है, चल तुझे घर पहुँचा देते हैं, बैठ गाड़ी में।' पुलिस की

गाड़ी एक अँधेरी निर्जन जगह पर जाकर रुक गई। वहाँ पर सात पुलिसवालों ने जी भर के यास्मीन के साथ दुष्कर्म किया और फिर उसका गला घोंटकर उसे मारकर कूड़े के ढेर पर फेंक दिया। अगले दिन उस इलाक़े के लोगों ने पुलिस के ख़िलाफ़ जुलूस निकाला। उस जुलूस पर पुलिस ने गोली चलाई, गोलीबारी में सात ग्रामीण मारे गए। अगले सरकारी प्रेस-विज्ञप्ति इस प्रकार थी, 'यास्मीन दुश्चरित्र लड़की थी, लिहाज़ा पुलिस ने जो किया ठीक ही किया।'—इस प्रकार की घटनाएँ क्या सिर्फ़ बांग्लादेश में घटती हैं? कहीं और नहीं घटतीं? हम सभी जानते हैं, घटती हैं। रक्षक पूरे समय भक्षक बने हुए हैं। बनेंगे क्यों नहीं! स्त्री का भक्षण तो कोई अन्याय नहीं है न! कहाँ लिखा है कि यह अन्याय है! स्त्री तो भोग्य है, भोज्य और भक्षणीय है। यह बात सभी जानते हैं, मानते हैं। पुरोहित से लेकर पाँच वर्ष का बेटा जानता है कि पुरुष सर्वशक्तिमान है। और अपनी मर्ज़ी के हिसाब से स्त्री का दलन करना, दमन करना, जब चाहें उनके साथ दुष्कर्म करना, उन्हें जलाकर मारना उनका अधिकार है।

यह जानना और मानना जिस दिन बन्द हो जाएगा, वह दिन हमेशा के लिए दुःसमय के विदा होने का दिन होगा। स्त्रियों के प्रति सम्मान प्रकट करने का रिवाज़ इस समाज में नहीं है। पुरुषों ने सम्मान की जो संज्ञा गढ़ी है, उसमें अपमान के सिवा स्त्रियों के साथ और कुछ नहीं होता।

विख्यात नारीवादी पत्रिका 'मिस' की सम्पादक रॉबिन मॉर्गन ने दुष्कर्म को लेकर कई महत्त्वपूर्ण बातें कही हैं। उन्होंने ज़िम्मेदारी के साथ कहा है, 'जिस यौन-सम्बन्ध की पहल स्त्री ने नहीं की, स्त्री की सचमुच की यौनेच्छा से जो घटित नहीं हुआ, ऐसे यौन-सम्बन्ध के होने का मतलब है बलात्कार का होना।'

पुरुषतांत्रिक परिवेश में पुरुष की इच्छा से, पुरुष के प्रभाव से जो यौन-सम्बन्ध घटित होता है, उसमें केवल विषमता नहीं, प्रकट रूप से अकथनीय अत्याचार नहीं रहने का कोई कारण ही नहीं होता। जहाँ सर्वत्र वैषम्य और पुरुष का आधिपत्य हो, वहाँ ऐसा होना स्वाभाविक ही है। बन्द कमरे में बीभत्सता घटित करके उसे लव-मेकिंग नाम देने भर से सात ख़ून माफ़ हो जाते हैं।

रॉबिन मॉर्गन कहती हैं, 'Rape is the perfect act of male sexuality in a patriarchal culture. It is the ultimate metaphor for domination, violence, subjugation and possession.'

नहीं, हमारे यहाँ नारीवादी ऐसा नहीं कहतीं। उन्होंने ऐसा कभी नहीं कहा। पश्चिम की नारीवादियों के हाथों से बहुत कम दुष्कर्मी बच पाते हैं। वहाँ की स्त्रियों ने इस जघन्य और घृणास्पद नारी-उत्पीड़न के विरुद्ध लम्बा संघर्ष किया है। उन्होंने किसी को नहीं छोड़ा।

आज पश्चिम के जिन देशों में स्त्रियाँ लगभग पूरी आज़ादी के साथ जीवन जी पा रही हैं, वहाँ प्रेम में, यौनिकता में स्त्रियों का पहल करना और सक्रिय होना बहुत स्वाभाविक घटना है। वहाँ स्त्रियाँ ही प्रेम के लिए पुरुषों को चुनती हैं, स्त्रियाँ ही शारीरिक रूप से पुरुषों की कामना करती हैं, वे ही कामना को प्रकट करती हैं और यौनक्रिया में स्त्रियाँ ही अधिक सक्रिय रहती हैं।

इस देश में स्त्री जितनी निष्क्रिय होगी, पुरुष की यौनेच्छा उतनी ही ताबड़तोड़ ढंग से बढ़ती जाएगी। यहाँ पुरुषों को यौन-सम्बन्ध के लिए निष्क्रिय स्त्रियाँ ही पसन्द आती हैं। नारीवादी लोग कहते हैं, स्त्रियों को यौन-अधिकार अर्जित करने की कोई ज़रूरत नहीं है। उन्हें शिक्षा और आत्मनिर्भरता की दरकार है। नारीवाद देशी ब्रांड है। निश्चित रूप से है। शिक्षा और आत्मनिर्भरता हासिल करके भी स्त्रियाँ आजीवन पुरुषों की यौन-दासी बनकर रह जाती हैं, यह बात क्या वे लोग नहीं जानतीं, या कि इसे मानती ही नहीं। या कि वे भीतर-भीतर पुरुषतंत्र की जड़ों में खाद-पानी देकर उस तंत्र को ताज़ा बनाए रखती हैं!

स्त्रियाँ इस देश में सिर उठाकर नहीं जी पातीं। स्त्रियों में किसी प्रकार का घमंड नहीं रहना चाहिए। वोट के अधिकार के आन्दोलन की नेत्री एलिज़ाबेथ कैडी स्टैन्टन ने कितने पहले कहा था, 'We are, as a sex, infinitely superior to man.' भारतीय उपमहादेश में कितनी स्त्रियाँ ऐसी हैं जो इस बात पर विश्वास करती हैं और ऐसा कहती हैं?

हम स्त्रियाँ पुरुषों से हर बात में बड़ी हैं। यह बात कहने पर पुरुष लोग जिस तरह से कौतुक रस से मुस्करा देते हैं, स्त्रियाँ भी मुस्कराती हैं। केवल लिंग से नहीं, विवेक-बुद्धि में, विलक्षणता में, विद्रोह में, विस्फोट में, निरीक्षण इत्यादि

में स्त्रियाँ हमेशा ही पुरुषों से ऊपर रही हैं। लेकिन हज़ारों वर्षों से शक्ति को हथकड़ी-बेड़ियों से जकड़कर रखा गया है। इतने समय की हथकड़ी-बेड़ियों को तोड़ना क्या कोई आसान बात है?

मुझे पुरुष-विद्वेष एक सम्मानजनक राजनीतिक आदर्श लगता है, जो आदर्श उत्पीड़ितों को उत्पीड़क वर्ग के विरुद्ध नफ़रत करने का अधिकार देता है।—इस देश में कितने लोग ऐसी बात करते हैं? अब तो लिबरलिज़्म का ज़माना है। जितने समझौते करो, उतना अच्छा। तुम जितना स्वीकार कर लो, तुम उतने ही सहिष्णु माने जाओगे, शान्तिकामी माने जाओगे। जो लोग हमेशा से अशान्ति फैलाते आए हैं, अशान्ति जिनके ख़ून में है, मस्तिष्क के कोषों में है, उनके साथ क्या सचमुच कोई शान्ति का समझौता किया जाता है, किया जा सकता है?

मेरिलिन फ्रेंच ने कितने पहले अपनी किताब 'द वीमंस रूम' में लिखा था, 'पुरुषों के प्रति मेरी अनुभूति पुरुषों को लेकर मेरे अनुभवों से सम्बन्धित है। सच कहने में क्या, पुरुषों के प्रति मेरी कोई सहानुभूति नहीं है। डाखाओ कंसन्ट्रेशन कैम्प से बाहर निकलकर एक यहूदी जिस तरह पेट में लगी गोली से घायल किसी युवा नात्सी सैनिक को कराहते देखकर निर्विकार भाव से चला गया था, मैं उसी तरह पुरुषों को देखती हूँ। मैं कन्धे पर श्रम की ज़रूरत भी महसूस नहीं करती। मैं केयर ही नहीं करती। मनुष्य के रूप में वह आदमी क्या था, कैसा था, उसकी इच्छा-अनिच्छा यह सब मेरे लिए कोई विषय ही नहीं है।'

पुरुष को तुच्छ करने की ताक़त और साहस इस समाज में कितने लोगों में होता है? उन्हें तुच्छ न करो तो पुरुषतंत्र के कवल से किसी स्त्री को मुक्ति नहीं मिल सकती। हमारी पूर्ववर्ती स्त्रियों ने तो विवाह का भी बहिष्कार किया था। ऐसी बात कहने का साहस है किसी में, 'चूँकि शादी का मतलब स्त्री को दासता की बेड़ियों में जकड़कर रखना है, तो नारीवाद का लक्ष्य विवाहप्रथा के बदन पर लात मारना होना चाहिए। विवाहप्रथा के निर्मूलन के बिना स्त्रियाँ कभी भी स्वाधीनता अर्जित नहीं कर सकतीं।'

'नहीं-नहीं-नहीं, हम पुरुषों के कन्धे से कन्धा मिलाकर चल रही हैं। हम बहुत आगे बढ़ गई हैं। हम अपने प्राप्य अधिकारों को कितने पहले ही प्राप्त

कर चुकी हैं। और जो पाने के लिए बचा है, उसके लिए हम लोग पुरुषों को अपने साथ लेकर ही लड़ाई करेंगे।' 'जागरूक' कहकर जिनकी बड़ाई की गई, ऐसी स्त्रियों ने ही यह बात कही है। स्त्री और पुरुष दोनों को ही स्त्रियों के अधिकारों के लिए लड़ना होगा—यही राय लगभग सभी स्त्री-पुरुषों की है। लेकिन दुष्कर्मी को साथ लेकर क्या सचमुच लड़ा जा सकता है? ऐसा कोई पुरुष है कि जो अपनी दो या तीन इंच वाली चीज़ को लेकर अहंकार नहीं करता? जो पुरुष स्वयं को नारीवादी कहते हैं, वे भी समय-समय पर जाँघों की संधि पर हाथ रखकर अपनी चीज़ की उपस्थिति को प्रखर कर लेते हैं। दुष्कर्मी ज़ात पर तुमने भरोसा किया कि मरे।

क्या बात है, ज़ात लेकर बात हो रही है? हाँ ज़ात को लेकर ही बात कर रही हूँ। पुरुष अलग ज़ात के लोग हैं। वे मनुष्य ज़ात से भिन्न हैं। इस समाज में भयंकर ग़ुस्से में भी कोई ऐसी बात नहीं कहता। स्त्रियों का ग़ुस्सा क्या पूरी तरह से ख़त्म हो चुका है? स्त्रियों ने ग़ुस्से में बहुत कुछ किया है, ग़ुस्से में आकर दुष्कर्मी के यौनांग को काटकर कोई क्यों किसी कुत्ते को नहीं खिला रहा है? ग़ुस्से में क्रोध में कोई क्यों सच नहीं बोल रहा, जिस सच के ज़बान पर आ जाने पर भी स्त्रियों को उसे निगल लेना पड़ता है! वे हज़ारों सालों से निगलती रही हैं। आज भी निगल रही हैं?

स्त्रियाँ मनुष्य नहीं बन सकतीं...

मेरी उम्र तब अठारह-उन्नीस रही होगी। मैमनसिंह शहर के एक सिनेमा हॉल के दोपहर का शो छूटा था। रिक्शों की क़तार लगी हुई थी। मैं एक रिक्शे पर सवार हो गई। भीड़ की वजह से थोड़ी देर रुका रहता, फिर चलता। ऐसे ही रुके हुए समय में मुझे अपनी दायीं बाँह में तेज़ तकलीफ़ महसूस हुई। मैंने देखा, बारह-तेरह साल के एक लड़के ने आधी पी हुई एक सिगरेट मेरी बाँह में दबा रखी है। उसने शर्ट और लुंगी पहन रखी थी। मैं उस लड़के को नहीं पहचानती थी, न ही उसे कभी देखा था। मैं पीड़ा से दुबक गई। वह लड़का बड़े मज़े से हँसता-हँसता चला गया। मैं सोच रही थी कि चिल्लाऊँ, किसी को बुलाऊँ या फिर दौड़कर उस लड़के को पकड़ लूँ, लोगों को जमा कर न्याय की माँग करूँ! लड़कियों की एक छठी इन्द्रिय होती है, शायद उसी की वजह से मैंने उस दिन उस लड़के को सज़ा देने की कोई कोशिश नहीं की। मुझे उस उम्र में ही अपनी आँखों के सामने स्पष्ट दिखाई दे रहा था कि मैं उस लड़के को पकड़ूँगी, या फिर पकड़ने के लिए लोगों से मदद माँगूँगी, सभी भीड़ लगाकर मुझे देखेंगे, मेरे शरीर के उभार-उतार देखेंगे, मेरी तकलीफ़ देखेंगे, मेरे आर्तस्वर, मेरा क्रोध, मेरी रुलाई देखेंगे। कोई आहा-उहू करेगा, कोई शरीर पर झूमकर जानना चाहेगा कि मामला क्या है, कोई उस लड़के को पकड़ लाएगा और दो थप्पड़ मारने की बात करेगा, कोई मेरे घर का पता, पिता कौन हैं इत्यादि की पूछताछ करेगा। असल में वे सभी मेरा उपभोग करेंगे। मेरी बेबसी का उपभोग करेंगे। मेरी असुरक्षा का उपभोग करेंगे। मेरी झुलसी हुई बाँह देखने के बहाने वे मेरी

खुली सुडौल बाँह देखेंगे। जब मैं वहाँ से चली जाऊँगी तो मेरे शुभचिन्तक समवेत रूप से सीटी मारेंगे। यह सब सोचकर ही मैंने अपनी सारी तकलीफ़ें अपने भीतर जज़्ब कर ली थीं।

मेरी दायीं बाँह पर अभी भी झुलसने का वह दाग़ मौजूद है, मैं उस उत्पीड़न के निशान को वहन करती चल रही हूँ। मैं उस अशिक्षित लड़के को क्या दोष दूँ, जहाँ शिक्षित लोग ही निर्दोष नहीं हैं। मेरी आँखों के सामने एक लड़का मेरी सहेली की जाँघ पर चिकोटी काटकर भाग गया, एक अपरिचित लड़का मेरी बहन की चुनरी खींचकर भाग गया, भीड़ में स्तनों और नितम्बों को छूने के लिए सैकड़ों अन्धकार-हाथ घात लगाए रहते हैं। वे सारे हाथ अशिक्षितों के नहीं होते, मुझे पता है वहाँ के बहुत-से हाथ शिक्षितों के हाथ होते हैं।

मैं इन सबका कोई प्रतिवाद नहीं करती। बल्कि मैं अपने आप को इस वजह से ख़ुशक़िस्मत समझती हूँ कि अभी तक किसी ने मेरे चेहरे को एसिड फेंककर नहीं झुलसाया, मुझे अन्धा नहीं बना डाला। अभी तक मेरा सौभाग्य है कि लोगों के झुंड ने मेरा बलात्कार नहीं किया। मेरा सौभाग्य है कि अभी तक जीवित हूँ। मेरे जिस अपराध के कारण मैं इतने सारे अत्याचारों की आशंका कर रही हूँ, वह यह है कि मैं 'स्त्री' हूँ। मेरी शिक्षा, मेरी रुचि, मेरी मेधा मुझे 'मनुष्य' नहीं बना सके, इन्होंने मुझे 'स्त्री' ही बना रखा है। इस देश में स्त्रियाँ यदि कोई योग्यता रखती हैं तो फिर वे 'मनुष्य' नहीं बन सकतीं। इस समाज के पहले दर्जे के नागरिक, बोधबुद्धि सम्पन्न रुचिवान लोग, सभी, मुझे मालूम है, तुरन्त मान लेंगे कि सिनेमा हॉल के पास सिगरेट की आग से मेरी बाँह जलाने की घटना मेरा व्यक्तिगत मामला है। 'व्यक्तिगत' कहकर वे दरअसल ज़िम्मेदारी से बचना चाहते हैं। लेकिन जो लड़कियाँ घर से बाहर निकलती हैं; वे लड़कियाँ—केवल मैं ही नहीं—सभी रास्ते में होने वाली किसी भी अश्लील मन्तव्य को चुपचाप सहने के लिए तैयार रहती हैं। हर लड़की जानती है, कोई अपरिचित युवक उसकी कमीज़ पर पान की पीक थूककर खीस निपोरता निर्विकार चला जाएगा। वह एसिड, छीनाझपटी, अपहरण, बलात्कार, हत्या-जैसी दुर्घटनाओं के लिए तैयार रहती है। बाहर निकलने पर दो-तीन पत्थर शरीर पर आकर लगना कोई विरल घटना नहीं है। जलती हुई सिगरेट से रिक्शे पर

बैठी युवती के कपड़ों में आग लग गई थी, और फिर वह अधनंगी अवस्था में घर लौटी थी—मात्र दो महीने पहले इस शहर के अनेक लोगों ने इस घटना का मज़े से उपभोग किया था। मनुष्य कभी गुफा में रहा करता था, उसके यहाँ कन्या सन्तान जन्म लेती तो वह उसे ज़िन्दा गाड़ देता था। वहाँ से समय काफ़ी आगे बढ़ चुका है लेकिन मानसिकता कोई ख़ास आगे नहीं बढ़ी है।

मैमनसिंह शहर के विभिन्न स्थानों पर, विशेष रूप से लड़कियों के स्कूल, कॉलेजों और सिनेमाघरों के पास लकड़ी की बल्लियों पर एक तरह के साइनबोर्ड लटके रहते थे, उन पर लिखा रहता था 'बदमाशों के उत्पात पर गश्ती पुलिस की मदद लें,' यह व्यवस्था बहुत दिनों तक नहीं टिक सकी। सम्भवतः बदमाश उन्हें ठूँठ सहित उखाड़ ले गए। जब तक साइनबोर्ड थे, लड़कियों के स्कूल जाने-आने के समय बदमाश लड़के उन बल्लियों से टिककर खड़े रहते और सीटी बजाते थे। और सबसे मज़ेदार बात यह थी कि गश्ती पुलिस के उत्पात की वजह से एक बार स्कूल की लड़कियाँ बदमाश लड़कों की मदद लेने के लिए मजबूर हो गई थीं।

ड्रेस लाइक अ वुमन

अमेरिका के राष्ट्रपति डोनाल्ड ट्रम्प ने अपने व्हाइट हाउस की महिला कर्मचारियों से कहा है, ड्रेस लाइक अ वुमन। सारी महिलाओं को महिलाओं-जैसी पोशाक पहननी पड़ेगी। महिलाओं की कौन-सी पोशाक को महिलाओं की पोशाक कहा जा सकता है? महिलाएँ तो अन्तरिक्ष यात्रियों, सेना, पुलिस, श्रमिक, तैराक, पहलवान, फ़ुटबॉलरों—सभी की पोशाकें पहनती हैं, ये सब भी तो महिलाओं की पोशाकें हैं। ट्रम्प ने दरअसल महिलाओं-जैसी पोशाक कहकर ऐसी पोशाक के बारे में इशारा किया है, जिसे पहनकर महिलाएँ यौन-वस्तु की तरह लगें। उन्होंने कह दिया है कि अगर महिलाएँ जीन्स पहनती हैं तो ध्यान रहे कि वे दिखने में साफ़-सुथरी और ठीक-ठाक लगें। ट्रम्प 'मिस आमेरिका' प्रतियोगिता के मालिक थे। कौन-सी पोशाक को वे महिलाओं की पोशाक समझते हैं, हम इसका अनुमान लगा सकते हैं। क्या उन्होंने पुरुषों से कह दिया है कि पुरुषों-जैसे पोशाक पहनो? उन्होंने नहीं कहा, कारण कि पुरुष लोग पुरुषों-जैसे ही कपड़े पहनते हैं।

'लड़कियों को पकड़ना हो तो उनके यौनांग को दबोच लेना चाहिए। ऐसा करने पर तुम उनके साथ जो चाहो कर सकते हो'—ट्रम्प ने यह वर्ष 2005 में कहा था। वही स्त्री-विद्वेषी ट्रम्प आज अमेरिका के राष्ट्रपति हैं। राष्ट्रपति बनने के बाद वे और भी ज़्यादा स्त्री-विद्वेषी मन्तव्य प्रकट किये जा रहे हैं। वे स्त्रियों को इस आधार पर तौलते हैं कि वे दिखने में कैसी हैं। एक बार उन्होंने 'एस्क्वॉयर' पत्रिका से कहा था, 'यदि तुम्हारे पास एक युवती और सुन्दरी 'पीस ऑफ़ एस' हो तो फिर किसने तुम्हारे बारे में क्या लिखा, इससे कुछ

फ़र्क़ नहीं पड़ता।' जो व्यक्ति स्त्रियों को 'सुअर, गंदगी और जघन्य वस्तु' कहते हैं, जो स्त्रियों को 'यौनांग' के अलावा कुछ नहीं मानते, वे क्यों नहीं चाहेंगे कि ओवल ऑफ़िस में महिलाएँ हाई हील और स्कर्ट-जैसी 'महिलाओं की पोशाक' पहनकर चलें-फिरें? जिस व्यक्ति ने वर्ष 1999 में अमेरिका की मिस अमेरिका प्रतियोगिता में कहा था, 'बिकिनी और छोटी होनी चाहिए, और हील और भी ऊँची', वे क्यों न चाहेंगे कि ओवल ऑफ़िस में भी लड़कियाँ कामुक बनकर रहें। सुन्दरी प्रतियोगिता के दिन ट्रम्प ने कहा था, 'आप लोग यदि किसी रॉकेट साइंटिस्ट को देखना चाहें, तो फिर आज रात ट्यून मत कीजिएगा, यदि सचमुच की सुन्दरियों को देखना चाहते हैं तो ही ट्यून कीजिएगा।' ट्रम्प ने मान ही लिया है कि जो स्त्रियाँ रॉकेट साइंटिस्ट हैं, वे सुन्दर नहीं हैं। जो स्त्रियाँ गुणी हैं वे सुन्दर नहीं हैं। स्त्रियाँ उनके लिए नितान्त ही चेहरा, वक्ष, पेट, नितम्ब और यौनांग हैं। स्त्रियाँ उनके लिए नितान्त ही देह हैं।

डोनाल्ड ट्रम्प एक टी.वी. रियलिटी शो किया करते थे। वे क्या ह्वाइट हाउस में 'द रियल हाउसवाइफ़' नामक रियलिटी शो-जैसा शो चाह रहे हैं, जिस शो में लड़कियाँ अंग प्रदर्शन करने वाली पोशाक पहनकर आती हैं? उस तरह की पोशाक यदि लड़कियाँ पहनना चाहें तो पहनेंगी, लेकिन ह्वाइट हाउस में ड्रेसकोड क्यों रहेगा भला? ह्वाइट हाउस में महिलाओं को उनके शरीर और उनके कपड़ों से क्यों आँका जाएगा भला, ह्वाइट हाउस कोई रैम्प है क्या जहाँ सुन्दरियों को कमर तिरछी करके चलना पड़ेगा? महिलाओं को तो उनके कार्यों से आँका जाना चाहिए। पुरुषों को उनके कार्यों से आँका जाता है, लेकिन पुरुष जो काम कर सकते हैं, महिलाएँ भी उन कामों को कर सकती हैं, महिलाओं द्वारा इस बात को प्रमाणित करने के बाद भी स्त्री-विद्वेषी पुरुष महिलाओं के शारीरिक सौन्दर्य को उनकी एकमात्र पहचान बनाने पर तुले हुए हैं। घरों में तो होता ही है, घर के बाहर भी स्त्रियों की जो निष्ठा, जो दक्षता और जो सफलता है—उसे ऐसे देखा जाता है मानो यह सब कोई घटना ही नहीं है!

हज़ारों स्त्रियाँ प्रतिवाद कर रही हैं। ट्विटर पर हैशटैग बनाया गया है #ड्रेसलाइकअवुमन। स्त्रियों के गुणों को जो लोग तुच्छ करके, स्त्रियों के रूप को ही स्त्री की एकमात्र पहचान मानते हैं—उनकी पुरुषतांत्रिक मानसिकता के

बारे में हम जानते हैं। उन्हें हम शिक्षित करने की कोशिश करते हैं। लेकिन उनमें से एक व्यक्ति हमारी ही आँखों के सामने सत्ता के शीर्ष पर चढ़कर लोगों को नष्ट करना चाहता है, बातचीत में आचार-आचरण में स्त्रियों को यौनवस्तु के रूप में चिह्नित कर रहा है—ऐसे समय में प्रतिवाद न करें तो फिर कैसे चलेगा! राष्ट्रपति बहुत ताक़तवर व्यक्ति होता है। साधारण लोग क्षमतावान, ताक़तवर और पैसेवालों से बेहद प्रभावित होते हैं। राष्ट्रपति ट्रम्प का आज का स्त्री-विद्वेष लाखों लोगों के स्त्री-विद्वेष को बढ़ावा देगा। समाज में स्त्रियों के प्रति विद्वेष की भावना को लोग ग्रहण करेंगे। मानव-सभ्यता के लिए इससे बड़ी क्षति और भला क्या हो सकती है!

जिन समाजों में स्त्रियों के उत्पीड़न, उनके साथ किये जाने वाले बलात्कार, स्त्रियों की हत्या को अपराध के रूप में विवेचित ही नहीं किया जाता था, उन समाजों को हमने धीरे-धीरे सभ्य बनाया है, उन समाजों में हमने स्त्रियों के समान अधिकारों को प्रतिष्ठित किया है, या फिर समान अधिकारों के लिए ज़ोरदार आन्दोलन कर रहे हैं। जिन समाजों में स्त्रियों को सतीदाह की आग में झुलसना पड़ता था, उन्हें स्कूल-कॉलेजों में पढ़ने की अनुमति नहीं थी, उन समाजों में आज स्त्रियाँ बड़ी शिक्षाविद्, वैज्ञानिक, चिकित्सक और इंजीनियर हैं। पुरुष जो-जो हैं, उनमें से आज स्त्रियाँ क्या नहीं हैं? समाज जितना आगे बढ़ा है, उतना ही उसे पीछे खींचने वालों में ट्रम्प-जैसे व्यक्ति का कोई जोड़ नहीं है। अमेरिका का राष्ट्रपति यदि स्त्रियों को यौन-वस्तु के रूप में देख सकता है, तो फिर हमारे देखने में क्या दोष है! यह इस समय बहुत-से लोगों के मन की बात है। शुभबुद्धिसम्पन्न लोगों की ज़िम्मेदारी है कि वे स्त्री-विद्वेषी ट्रम्प को सबक़ सिखाएँ। जिस व्यक्ति को पैसों के ज़ोर पर अशिक्षित बने रहने में कोई आपत्ति नहीं, उसे शिक्षित करने में अमेरिका की अदालत ने निश्चय ही अच्छी भूमिका निभाई है। अदालत ने इसी बीच ट्रम्प के मुसलिम विरोधी क़दमों पर लगाम लगाई है, ट्रम्प ने सात मुसलिम देशों के लोगों के लिए अमेरिका भ्रमण पर रोक लगा दी थी, उनके इस आदेश को अदालत ने स्थगित कर रखा है। राष्ट्रपति बनने के बाद ट्रम्प की लोकप्रियता आधी हो गई है, सर्वेक्षणों से इस बात का पता चल रहा है। प्रबल हताशा के बीच यही छोटी-सी आशा है।

लड़कियों की पोशाक को लेकर लोगों को इतना सिरदर्द क्यों?

उस दिन अमेरिका के प्रेसिडेंट ट्रम्प ने कहा, ह्वाइट हाउस में जो महिलाएँ काम करेंगी, उन सभी को 'महिलाओं-जैसी पोशाक' पहननी होगी। महिलाओं-जैसी पोशाक का मतलब समझाते हुए ट्रम्प ने कहा कि जिस पोशाक को पहनने से महिलाओं का यौन-आवेदन बढ़ता है। इधर भारत में इससे उलटी घटना घटी है। मुम्बई की गवर्नमेंट पॉलिटेक्निक कॉलेज की प्रिंसिपल स्वाति देशपांडे ने कहा, 'मैंने सुना है कि क्यों कम उम्र में ही लड़कियों को पॉलिसिस्टिक ओवरियन बीमारी से जूझना पड़ता है। पुरुषों के कपड़े पहनने पर लड़कियाँ पुरुषों की तरह सोचती हैं, वे पुरुषों की तरह आचार-व्यवहार करती हैं। वे ख़ुद को पुरुष ही मानने लगती हैं। इसी वजह से, कम उम्र में ही उनकी सन्तान को जन्म देने की स्वाभाविक इच्छा नष्ट हो जाती है, और वे पॉलिसिस्टिक ओवरियन रोग से जूझने लगती हैं।' इस बीच स्वाति देशपांडे ने 'ईव टीज़िंग' बन्द करवाने के नाम पर कॉलेज कैंटीन में छात्र और छात्राओं के अलग-अलग बैठने की व्यवस्था की है। उन्होंने छात्राओं को 'सुटेबल' पोशाक यानी सलवार-कमीज़ पहनने का हुक़्म दिया है। पुरुषों के कपड़े पहनने से क्या नुक़सान होता है, यह उन्होंने बता ही दिया है। अब, मेरा सवाल है, इतनी अज्ञानता के साथ ट्रम्प भला कैसे अमेरिका के राष्ट्रपति बन गए, और किस तरह स्वाति देशपांडे एक कॉलेज की प्रिंसिपल बन गईं?

प्रिंसिपल के उद्भट मन्तव्य के बाद प्रतिवाद के रूप में तमाम लोगों ने ट्विटर और फ़ेसबुक पर विभिन्न प्रकार की पोशाक पहनी हुई महिलाओं

की तसवीरें पोस्ट की। भारतीय महिलाएँ—जो वैज्ञानिक हैं, विमान उड़ाती हैं, तैराक हैं, फ़ुटबॉलर, पहलवान, धाविका, हाइकर हैं, जो पुलिस में हैं, मिलिट्री में हैं—उनकी तसवीरें। स्त्रियों की ये पोशाकें पुरुषों की पोशाकों से इतर नहीं हैं। रुड्रेसलाइकइंडियनवुमन हैशटैग का उपयोग करके लड़कियाँ शॉर्ट्स और टीशर्ट पहनी हुई अपनी तमाम तसवीरें पोस्ट कर रही हैं। इस तरह की पोशाकें पहनी हुई लड़कियाँ पॉलिसिस्टिक ओवरियन बीमारी से ग्रस्त नहीं हैं। इस बीमारी की वजह से सन्तान को जन्म देने की इच्छा नष्ट नहीं होती। पॉलिसिस्टिक ओवरियन सिंड्रोम नामक एक बीमारी है, इस बीमारी से स्त्रियों में हारमोनल गड़बड़ी दिखाई देती है। परीक्षण करने पर पता चलता है गर्भाशय के पास जो डिम्ब की थैली होती है, वहाँ के डिम्बों में सूजन आ गई है। यह सिंड्रोम किस कारण होता है, उसके बारे में अभी तक ठीक-ठीक पता नहीं लगाया जा सका है, लेकिन यह देखा गया है कि मधुमेह और उच्चरक्तचाप की समस्या होने पर, बहुत समय से इन्सुलिन लेने पर, बहुत ज़्यादा वज़न बढ़ जाने पर, गर्भाशय में कैंसर हो जाने पर यह बीमारी होती है। इसके होने से ऋतुचक्र स्वाभाविक नहीं रहता, मूँछ और दाढ़ी आने लगती है और फोड़े भी हो सकते हैं। गर्भधारण मुश्किल हो जाता है। लेकिन इसका इलाज सम्भव है। बहुत-सी लड़कियाँ इस बीमारी से ग्रस्त होती हैं, लेकिन उनमें से बहुत सारी ठीक भी हो जाती हैं। लेकिन इस बीमारी के साथ लड़कियों ने क्या पोशाक पहनी, उन्होंने क्या सोचा-विचारा—इनका कोई सम्बन्ध नहीं है। बिलकुल भी नहीं है।

यह जानने की मेरी बड़ी इच्छा होती है कि कॉलेज की प्रिंसिपल की यह अनूठी धारणा बनी कैसे कि लड़कियों ने यदि पुरुषों की पोशाक पहन ली तो वे ओवरियन सिंड्रोम से ग्रस्त हो जाएँगी और सन्तान को जन्म देने की क्षमता खो देंगी! सम्भव है उन्होंने किसी ऐसी लड़की को इस रोग से परेशान होते देखा हो, जिसने पुरुषों की पोशाक पहनी थी। इसलिए उन्होंने मान लिया कि पुरुषों की पोशाक पहनने से यह बीमारी होती है। उन्होंने जिस लड़की को इस बीमारी से जूझते देखा था, वह लड़की यदि मर्सिडीज़ चला रही होती, तो पता नहीं वे यह बात कहतीं या नहीं कि मर्सिडीज़ गाड़ी चलाने से भी यह बीमारी

होती है। असल में यहाँ समस्या पॉलिसिस्टिक सिंड्रोम की नहीं है, प्रिंसिपल को आपत्ति लड़कियों की पोशाक को लेकर ही है। आपत्ति का कारण भी उनकी मानसिक समस्या या कि उनकी मूर्खता ही है।

मुझे तमाम लोगों में मूर्खता दिखाई देती है। मूर्खता ट्रम्प में भी है। ट्रम्प सोचते हैं, लड़कियाँ यौन-वस्तु से ज़्यादा कुछ नहीं हैं, यौन-वस्तुओं को इस तरह से कपड़े-वपड़े पहनने चाहिए कि जिससे उन्हें देख पुरुषों की यौन उत्तेजना जाग जाए। ट्रम्प की तरह स्वाति देशपांडे भी लड़कियों की अपनी मर्ज़ी के कपड़े पहनने की आज़ादी में विश्वास नहीं करतीं। स्वाति देशपांडे-जैसे लोग भी सोचते हैं कि लड़कियाँ यौन-वस्तु हैं, और इसलिए वे लड़कियों को ऐसे कपड़े पहनाना चाहती हैं, जिसे पहनने पर लड़कियों की देह का प्रदर्शन नहीं होगा और जो पुरुषों की यौन उत्तेजना को नहीं जगाएगा। स्वाति देशपांडे और मुस्लिम कट्टरपंथी; जो लोग लड़कियों को बुरक़ा पहनने के लिए बाध्य करते हैं—ये एक ही मानसिकता के लोग हैं। एक ही उद्देश्य के लिए ये लोग लड़कियों की देह को ढकते हैं। वे सोचते हैं कि लड़कियों के शरीर के उभार-उतारों को देखकर पुरुष लोग निश्चित रूप से इतने उत्तेजित हो जाएँगे कि समाज में भयानक अराजकता पैदा हो जाएगी। वे पुरुष निश्चित रूप से अपनी यौन उत्तेजना को सँभालने में सक्षम नहीं हैं। और उधर ट्रम्प लड़कियों की देह को अनावृत करना चाहते हैं। ट्रम्प-जैसे लोगों ने मान ही लिया है कि यौन उत्तेजना को जगाना ही लड़कियों का काम है।

ये लोग अलग मानसिकता के लोग हैं। लेकिन ये दोनों ही तरह की मानसिकताएँ लड़कियों को सताती हैं। उनमें से कोई भी स्त्रियों को मनुष्य होने का सम्मान नहीं देता। उनमें से एक पक्ष स्त्रियों को ढकना चाहता है और दूसरा पक्ष उन्हें उघाड़ना चाहता है। ये दोनों ही पक्ष समान रूप से स्त्री-विद्वेषी हैं। जो लड़कियाँ आत्मसम्मान और आत्मविश्वास के साथ जीवन जीना चाहती हैं, उनके लिए एक ही उपाय है कि वे उन दोनों ही पक्षों को तवज्जोह न दें, वे अपनी मर्ज़ी से चलें, उन्हें जो करना सुहाता हो करें, ख़ुद को जो पहनना अच्छा लगे वह पहनें। यदि साड़ी पहनने की इच्छा हो तो साड़ी; यदि सलवार-कमीज़ तो सलवार-कमीज़; यदि शर्ट-पैंट, शॉर्ट्स-टीशर्ट, बिकिनी, स्कर्ट-टॉप्स, तो फिर

यही सब। यहाँ बहुत-से लोग कह सकते हैं कि बुरक़ा पहनने की इच्छा होती हो बुरक़ा भी। हाँ बुरक़ा भी। लेकिन अव्वल तो कोई लड़की बुरक़ा पहनना चाहती भी है या नहीं, इस मामले में मुझे ख़ासा सन्देह है। लड़कियाँ बुरक़ा पहनती हैं, वे उसे पहनने के लिए मजबूर होती हैं, इसलिए पहनती हैं। मैं इस बात पर विश्वास नहीं करती कि अपनी पसन्दगी से, शौक़ से कोई बुरक़ा पहनता है। कुछ न पहनने की इच्छा हो तो क्या मनुष्य को कुछ न पहनने की आज़ादी नहीं मिलनी चाहिए? हाँ, वह भी मिलनी चाहिए।

जो कपड़े एक समय पुरुषों के कपड़ों के रूप में चिह्नित किये जाते थे, वे कपड़े अब केवल पुरुषों के कपड़े नहीं रहे, ठीक जिस तरह एक समय जिन कामों को पुरुषों के काम कहकर चिह्नित किया जाता था, अब वे केवल पुरुषों के काम नहीं हैं। स्त्रियों ने प्रमाणित कर दिया है कि पुरुष जिन कार्यों को कर सकते हैं, वे कार्य स्त्रियाँ भी कर सकती हैं। स्त्रियाँ हाथों में हथियार लेकर युद्धक्षेत्र में युद्ध कर सकती हैं, स्त्रियाँ पुलिस के रूप में चोर-डकैतों को पकड़ सकती हैं, स्त्रियाँ विमान उड़ाना जानती हैं, वे महाशून्य में तैर सकती हैं, वे डॉक्टर-इंजीनियर हो सकती हैं, बड़ी-बड़ी वैज्ञानिक हो सकती हैं, स्त्रियाँ श्रमिक हो सकती हैं, वे क्लर्की भी कर सकती हैं। किसी भी पेशे की निर्धारित पोशाक ही स्त्रियों की पोशाक है। स्त्रियाँ चूँकि हर फ़न में माहिर हैं, इसलिए उनकी पोशाकें भी हर तरह की हैं। स्त्रियों की पोशाकें किसी निर्दिष्ट पोशाक में सीमाबद्ध नहीं हैं। वे जन्म से ही किसी भी पोशाक को पहनने का अधिकार रखती हैं, और बतौर पेशे के भी उन्हें यह अधिकार मिला हुआ है।

स्त्रियों की पोशाक को पुरुषों ने अपनी राजनीति का विषय बना दिया है। लड़कियाँ यौन दुराचार की शिकार होती हैं तो वे लड़कियों की पोशाक को दोष देते हैं। समाज सभ्य नहीं हुआ, शिक्षित नहीं हुआ, समाज अब भी स्त्रियों को दोयम दर्जे का मानकर चलता है, स्त्रियों को यौन-वस्तु मानता है—पुरुष इस बात को स्वीकार नहीं करते, इसे लेकर उद्विग्न भी नहीं होते। बल्कि वे स्त्रियों को छोटे कपड़े छोड़कर बड़े कपड़े पहनने, इस कपड़े को न पहनकर उस कपड़े को पहनने का आदेश और उपदेश देते हैं। जीन्स न पहनकर सलवार पहनने का आदेश, सलवार न पहनकर साड़ी पहनने का आदेश। विशेषज्ञों ने

कितना कहा कि स्त्रियों के कपड़ों की वजह से बलात्कार नहीं होते, इसके बावजूद कोई विश्वास नहीं करना चाहता कि स्त्रियाँ या फिर स्त्रियों के कपड़े बलात्कार के लिए ज़िम्मेदार नहीं हैं, ज़िम्मेदार है बलात्कारी, ज़िम्मेदार है बलात्कारियों का स्त्रियों को लेकर विद्वेष, ज़िम्मेदार है बलात्कारियों की अज्ञानता, मूर्खता, पुरुषतांत्रिकता।

अच्छा, पुरुषों पर हुए किसी यौन-दुराचार का ज़िम्मेदार क्या पुरुष के किसी कपड़े को ठहराया जाता है? यदि जाता है तो क्या बार-बार पुरुषों पर कपड़े बदलने के उपदेशों की वर्षा की जाती है? स्त्रियों पर किये जाने वाले आत्याचारों की सचमुच कोई सीमा नहीं है, उनका कोई अन्त नहीं है।

लड़कियों के कपड़े-लत्ते

भारत के पर्यटन मंत्री ने कहा है कि विदेशी लड़कियाँ छोटी स्कर्ट पहनकर न घूमे-फिरें, उनकी सुरक्षा के लिए यह ज़रूरी है। यह बात कहकर उन्होंने भारत के पुरुषों के चरित्र के बारे में एक तरह से समझा दिया है कि भारत के पुरुषों का चरित्र ख़राब है, लड़कियाँ यदि छोटे कपड़े पहनेंगी तो पुरुष लोग उन पर टूट पड़ेंगे और उनका यौन-उत्पीड़न करेंगे।

सऊदी अरब जाने पर भी विदेशी स्त्रियों को सिर कपड़े से ढकना होता है। वहाँ भी यही मान्यता है कि स्त्रियों ने यदि बाल नहीं ढके तो पुरुष लोग इतने उत्तेजित हो जाएँगे कि उनकी बलात्कार करने की इच्छा को वे नियंत्रित नहीं कर सकेंगे।

भारत क्या सऊदी अरब बनने जा रहा है? भारत हिन्दूप्रधान देश है, सऊदी अरब मूलतः मुसलिम देश है। धर्मों में मेल भले ही न हो लेकिन स्त्रियों को दबाकर रखने के मामले में दोनों पक्षों में काफ़ी समानता है। असल में स्त्रियों का विरोध सभी धर्मों के लोगों में है। अन्य किसी मामले में मत में समानता न भी हो लेकिन स्त्रियों के विरोध में वे सभी लोग लगभग एकमत हैं। स्त्रियों की देह को लेकर, उनके पहनावे को लेकर, आचार-व्यवहार, चरित्र को लेकर वे लगभग एक-जैसा ही मत प्रकट करते हैं। यह मत पुरुषतांत्रिक है। कोई भी धर्म पुरुषतंत्र के ख़िलाफ़ बात नहीं करता। पुरुषतंत्र की वजह से ही सभी धर्मों में समन्वय सम्भव है। धर्म के मुक़ाबले पुरुषतंत्र बहुत अधिक शक्तिशाली है। पुरुषतंत्र ही सब धर्मों के लोगों को एक जगह एकत्र कर सकता है।

स्त्रियों पर पुरुषों का यौन अत्याचार कोई नई बात नहीं है। पुराने समय में पुरुष लोग यौन अत्याचार नहीं किया करते थे, मौजूदा समय में ही अचानक

पुरुष बुरे होने लगे हैं—मुझे नहीं लगता कि यह तथ्य सही है। पुराने समय में यौन अत्याचार लोगों को यौन अत्याचार-जैसा लगा ही नहीं। उस समय यौन अत्याचार को पुरुष का स्वाभाविक आचरण मान लिया जाता था। पति यदि मारपीट करता, बलात्कार करता तो यह मान लिया जाता था कि यह उसका अधिकार है। लम्बे समय से चल रहे नारी आन्दोलन के फलस्वरूप लोगों को अब पता चल चुका है कि किसी भी स्त्री को किसी भी तरह से उत्पीड़ित करने का किसी भी तरह का अधिकार पुरुषों को नहीं है, फिर वे पिता हों, पति हों, भाई या पुत्र हों। नहीं, किसी स्त्री को भी यह अधिकार नहीं है। एक समय स्त्रियाँ सारे अत्याचार चुपचाप सहन कर लेती थीं, चुपचाप सहने को ही स्त्री का गुण माना जाता था। अब ऐसा नहीं होता, ऐसा नहीं है। रास्तों पर यौन-उत्पीड़न का शिकार होने पर भी 'पुरुष थोड़े ऐसे ही होते हैं', 'पुरुषों में सेक्स थोड़ा ज़्यादा ही होता है'—यह मानकर पुरुषों के सारे अत्याचारों को, सारे बुरे कर्मों को, सारे अपराधों को क्षमा कर देने को सुन्दर दृष्टि से देखा जाता था। क्षमा-सुन्दर दृष्टि से सारे अपराधियों को देखना भी स्त्री का गुण माना जाता था, आज भी माना जाता है। नारी आन्दोलन के फलस्वरूप अब स्त्रियाँ अपने अधिकारों के प्रति थोड़ी सजग हुई हैं। इसलिए वे आज पुलिस में रिपोर्ट लिखवाती हैं। उत्पीड़न की शिकारी सारी स्त्रियाँ रिपोर्ट नहीं लिखवातीं। यह जो थोड़ी-बहुत रिपोर्ट लिखवाई जाती है, यह जो मीडिया इन सबको लेकर लिखता या कहता है, इससे बहुत-से लोगों को लगता है स्त्री उत्पीड़न की दर बहुत ज़्यादा बढ़ गई है। सच्चाई यह है कि स्त्रियों का विरोध पहले भी होता रहा है, अब भी होता है। पहले भी स्त्रियों को यौन-वस्तु के रूप में देखा जाता रहा है, आज भी देखा जाता है।

विदेशी स्त्रियाँ यदि छोटी स्कर्ट न पहनें तो क्या वे यौन-उत्पीड़न की शिकार नहीं होंगी? यह बात क्या हलफ़ उठाकर कह सकते हैं पर्यटन मंत्री? साठ साल उम्र की जिस विदेशी महिला की एक टैक्सी ड्राइवर ने बलात्कार के बाद हत्या कर दी थी, उस महिला ने क्या मिनी स्कर्ट पहना था? नहीं, उन्होंने मिनी स्कर्ट नहीं पहना था। विदेशी स्त्रियाँ—जो आज तक यौन-उत्पीड़न और बलात्कार की शिकार हुई हैं, उनमें से अधिकांश ने ही छोटे स्कर्ट नहीं पहने

थे। दोष असल में स्कर्ट का नहीं है, दोष पुरुषों की स्त्रियों के प्रति विद्वेष की भावना का है, स्त्रियों को यौन-वस्तु मानने की मानसिकता का है, स्त्रियों के साथ जो चाहो किया जा सकता है, पश्चिम की स्त्रियों को 'किसी के भी साथ सेक्स करने में आपत्ति नहीं होती'—दोष ऐसी मान्यता का है।

भारत में पिछले साल स्त्री-उत्पीड़न के तीन लाख सत्ताईस हज़ार मामले दर्ज हुए हैं। हम अनुमान लगा सकते हैं कि रिपोर्ट न करनेवालों की संख्या और भी ज़्यादा होगी। जिस दर भारतीय स्त्रियाँ यौन-उत्पीड़न की शिकार होती हैं, उस दर से विदेशी स्त्री-पर्यटक यौन-उत्पीड़न की शिकार नहीं होती। सर्वेक्षणों से पता चला कि पिछले साल विदेशी महिलाओं के साथ होने वाले बलात्कार की दर में उसके भी पिछले साल के मुक़ाबले कुछ कमी आई है। लेकिन यह तथ्य इस बात को प्रमाणित नहीं करता कि धीरे-धीरे भारत विदेशी महिलाओं के लिए निरापद देश बन गया है। यौन-उत्पीड़न की घटनाएँ होंगी ही, देश की स्त्रियाँ यदि यौन-उत्पीड़न की शिकार होंगी तो फिर विदेशी स्त्रियाँ भी शिकार होंगी। देश यदि निरापद हुआ तो देशी-विदेशी सभी स्त्रियों के लिए निरापद होगा, और यदि निरापद नहीं हुआ तो फिर किसी के भी लिए नहीं होगा।

देश यदि स्त्रियों के लिए निरापद होगा तो फिर स्त्रियाँ यदि शरीर पर कुछ न भी पहनें तो भी देश उनके लिए निरापद होगा। नग्न स्त्री रास्ते पर टहलती निकल जाए तो भी कोई कुछ नहीं कहेगा, कोई यौन अत्याचार नहीं करेगा। जो देश स्कर्ट पहनने वाली लड़कियों के लिए निरापद नहीं है, वह देश बुरक़ा पहनने वाली लड़कियों के लिए भी निरापद नहीं है। स्त्रियों के लिए निरापद देश—स्त्रियाँ जो कुछ भी पहनें, या फिर कुछ न भी पहनें—निरापद है। और जो देश स्त्रियों के लिए निरापद नहीं है—उस देश में किसी भी तरह के कपड़े-लत्ते पहनकर सुरक्षा नहीं लाई जा सकती। स्कर्ट या लुंगी तो पुरुष भी पहनते हैं। उत्तर भारत के गाँवों में पुरुष लोग स्कर्ट या लुंगी पहनते हैं। भारत के तमिलनाडु और केरल के पुरुष घर और बाहर अपनी परम्परागत पोशाक 'मुंडू' पहने रहते हैं। मुंडू और लुंगी में कोई फ़र्क़ नहीं है। वे लोग मुंडू को फ़ोल्ड करके उसे छोटी करके भी पहनते हैं। छोटी की हुई मुंडू दिखने में काफ़ी हद तक स्कर्ट की तरह ही होती है। छोटी स्कर्ट पहनते हैं लेकिन

इस वजह से उन्हें तो सुरक्षा का कोई अभाव नहीं हुआ! मैंने तो नहीं सुना कि कोई स्त्री उनका बलात्कार करने के लिए उन पर टूट पड़ी। यानी दोष स्कर्ट का नहीं है। दोष स्त्रियों का भी नहीं है, कारण कि स्कर्ट पहने हुए पुरुषों का स्त्रियाँ यौन-उत्पीड़न नहीं करतीं। दोष निश्चित रूप से पुरुषों का है, कारण कि स्कर्ट पहनी हुई या फिर नहीं पहनी हुई स्त्रियों का यौन-उत्पीड़न पुरुष ही करते हैं। इन पुरुषों को इनसान बनाने का उपाय क्या है? एक देश को स्त्रियों के लिए किस तरह निरापद बनाया जा सकता है?

पुरुषों ने जन्म के बाद से स्त्रियों के प्रति विद्वेष की जो भावना सीखी है—सबसे पहले उसे उनके मस्तिष्क से निकालनी होगी। मस्तिष्क में वह सब कबाड़ रखकर नया कुछ बोना और कुछ स्वस्थ उगाना सम्भव नहीं। स्त्रियों पर श्रद्धा कीजिए—यह शिक्षा किसी काम नहीं आने की, कारण कि स्त्रियों से नफ़रत करो यही शिक्षा पाकर अधिकांश पुरुष बड़े हुए हैं। असल में 'स्त्रियों पर श्रद्धा कीजिए, स्त्रियाँ भी मनुष्य होती हैं' यह सब भेजे में डालने की उतनी ज़रूरत नहीं, इसकी बजाय दिमाग़ से 'स्त्रियाँ यौन-वस्तु हैं, स्त्रियों के साथ कुछ भी करने का अधिकार पुरुषों को है'—इस प्रकार की मान्यताओं को निकाल फेंकने की ज़्यादा ज़रूरत है।

लड़कियों के कपड़े-लत्ते को लेकर पुरुषों का सिर खपाना कोई नई बात नहीं है। लड़कियों के कपड़ों-लत्तों पर दोष मढ़कर बलात्कारी पुरुष अपने दोषों को ढकना चाहते हैं। पुरुषों की किसी अपरिचित के साथ बिना किसी अनुमति के यौन-संगम की इच्छा हो ही सकती है, उनकी किसी पर अपनी शारीरिक ताक़त आज़माने की इच्छा हो ही सकती है, किसी की हत्या करने की इच्छा भी हो सकती है—लेकिन इन सब बुरी इच्छाओं को नियंत्रित तो करना ही होगा। इसके अलावा कोई उपाय नहीं है। यदि सभ्य मनुष्य होना है तो इसका कोई विकल्प नहीं है। देश का हर व्यक्ति यदि सभ्य नहीं हुआ तो वह देश भी सभ्य नहीं हो पाता। मैं उस दिन की प्रतीक्षा कर रही हूँ, जिस दिन स्त्रियों के उत्पीड़न की एक भी घटना नहीं घटेगी। केवल भारतवर्ष में नहीं, समूची पृथ्वी पर।

कट्टरवाद और स्त्रियों की वेशभूषा

इन दिनों कुछ महिलाओं को देखती हूँ, वे शरीर के ऊपर हिस्से पर दो से ढाई गज़ का एक तरह का झालर वाला कपड़ा पहनती हैं। काफ़ी कुछ ओढ़नी-जैसा, लेकिन ओढ़नी नहीं। मैंने बहुतों से पूछा तो पता चला कि कपड़े के इस टुकड़े को बुरक़े के विकल्प के रूप में पहना जाता है। शहरों में कपड़े के इस टुकड़े की लोकप्रियता दिन-पर-दिन बढ़ती जा रही है इसलिए इसे 'शहरी बुरक़ा' कहा जा सकता है; अभी तक ग्रामीण अंचलों में आपादमस्तक ढकने वाले बुरक़े ही अधिक प्रचलन में हैं।

इस कपड़े से शरीर के जिन अंशों को ढका जाता है, उन्हें तो साड़ी के आँचल से ही ढका जा सकता है, इसलिए यह एक अतिरिक्त प्रलेप के सिवा और क़ुछ भी नहीं है। और कुछ भी अतिरिक्त वस्तु विलासिता का ही दूसरा नाम है। जिस देश में अधिकांश स्त्रियाँ कपड़ों की कमी से जूझ रही हैं, उस देश में कपड़े के ऊपर कपड़ा देखने में बुरा तो लगता ही है, विषमता की स्थितियों को वह और भी अधिक उभार देता है।

धर्म, समाज और राष्ट्र—किसी भी ओर से स्त्रियों को यथायोग्य सम्मान नहीं मिला। मनुष्य के रूप में पुरुष और स्त्री के बीच सबसे अधिक असमानता और विभेद को धर्म ने जन्म दिया है। सूरा अहज़ाब में लिखा है—'ओ स्त्रियो, तुम लोग अपने में ही टिकी रहो और सज-धज कर घर से बाहर निकलकर अपना सौन्दर्य और अपनी वेशभूषा दूसरे मर्दों को मत दिखाना—जिस तरह अँधेरे समय की स्त्रियाँ दिखाया करती थीं।'

घर से बाहर निकलने का मतलब ग़ैर मर्दों को सौन्दर्य और अपनी वेशभूषा दिखाना नहीं होता। जिस वस्तु को ढककर रखा जाता है, उस वस्तु के प्रति

तीव्र आकर्षण पैदा होता है—इस सत्य का मनुष्य के जीवन में तमाम तरह से परीक्षण हो चुका है।

जिस चीज़ को निषिद्ध घोषित कर दिया जाता है, उस निषिद्ध चीज़ के प्रति ही, अदृश्य और ढकी हुई वस्तु के प्रति गुप्त वस्तुओं के प्रति मनुष्य के दुर्वार आकर्षण को आज तक कोई भी धर्म रोककर नहीं रख सका। मनुष्य अनावरण करता है, उन्मुक्त करता है मृत्तिका, जल, आकाश और मनुष्य। मनुष्य की प्रकृति ही यह है कि वह क्रमशः गहरे से और भी गहरे में प्रवेश करता है। मनुष्य की प्रकृति ही यह है कि वह किसी भी बन्धन और आवरण से धीरे-धीरे मुक्त होता जाता है।

सौन्दर्य केवल स्त्री-देह में नहीं होता, वह पुरुष के शरीर में भी होता है; स्त्रियों के मुक़ाबले पुरुषों की वेशभूषा कोई कम नहीं है। तो फिर ढकने की ज़िम्मेदारी अकेली स्त्रियों की ही क्यों है? पुरुष के सौन्दर्य के प्रति भी स्त्रियों की नज़र जा सकती है (शरीर-विज्ञान के अनुसार विपरीत लिंग के प्रति आकर्षण पुरुष एवं स्त्री में समान रूप से होता है।) ख़ुद को भी ओट में रखना पुरुषों के लिए भी अनिवार्य होना चाहिए। मनुष्य की हिंसा की वजह से मनुष्य जब अपने आप को लोगों से छिपाकर रखता है, तब उस युग को बिना किसी दुविधा के अन्धकार-युग कहा जा सकता है। अन्धकार के मिट जाने से मनुष्य एक-दूसरे के दोस्त बन जाते हैं। पुरुष और स्त्री के साथ रहने से जीवन सौहार्द और सम्प्रीति से भर उठता है। और तब जिस तरह पुरुषों को अपने समूचे शरीर को ढकने की ज़रूरत नहीं रहती, स्त्रियों को भी नहीं रहती।

अरब देशों में अब बर्बरता का ज़माना नहीं रहा। अन्धकार मिट गया है। विज्ञान के आलोकित युग में अब लोग सभ्यता के शीर्ष की ओर अग्रसर हो रहे हैं, तो मनुष्य के लिए व्यर्थ आच्छादित होना उचित नहीं। आच्छादन का अर्थ ही शरीर को लेकर व्यस्त होना, सचेत होना, सतर्क करना, देह को लोभनीय बनाना। शरीर के मुक़ाबले अब कामकाज बड़ी चीज़ है, अंग-प्रत्यंग के बजाय अब व्यक्तित्व ही मुख्य है।

दूसरे पुरुष यदि कु-प्रवृत्ति के शिकार हैं तो फिर पर्दाप्रथा से उस कु-प्रवृत्ति को नहीं रोका जा सकता। इस प्रवृत्ति को दुरुस्त करने के लिए किसी

और प्रथा की ज़रूरत है। पर्दा प्रथा के द्वारा इस धरती पर कहीं भी स्त्रियों के अपहरण, बलात्कार, हत्या को रोका नहीं जा सका है। पुरुषों के यौन-उन्माद की सारी ज़िम्मेदारी स्त्रियों को ही वहन करनी होगी, स्त्रियों को अपनी देह पर धार्मिक कपड़े धारण करने होंगे, जो किसी भी दशा में मनुष्य के कल्याण के लिए बनाई गई आधुनिक व्यवस्था नहीं है।

तिर्मिज़ी हदीस में लिखा है—'स्त्रियाँ गोपनीय वस्तु हैं, वे जब पर्दे से बाहर आती हैं तो शैतान उन्हें पुरुषों की नज़रों में मनोमुग्धकारी बनाकर पेश करता है।'

स्त्रियाँ भी मनुष्य हैं। जिस तरह पुरुष मनुष्य हैं, स्त्रियाँ भी मनुष्य हैं। स्त्रियाँ यदि मनोमुग्धकारी होती हैं, तो उन्हें मनोमुग्धकारी दिखाने के लिए शैतान की ज़रूरत नहीं है। पुरुष के चरित्र में यदि दोष है तो फिर स्त्रियाँ पर्दे में रहें या न रहें—वह स्त्रियों पर आक्रमण करता ही है। यहाँ दोष पुरुषों का है, शैतान का नहीं। अभियुक्त पुरुष को स्त्री के बेपर्दा होने की दुहाई देने का कोई अधिकार नहीं है।

मनुष्य यदि शिक्षित न हो, समाज और राजनीति की सही समझ न हो तो कुचक्री कट्टरवादी लोग धर्म के नाम पर लोगों को केवल पीछे ठेलते रहते हैं, उन्हें आगे नहीं लाते। मनुष्य सभ्य हुआ है, वह कपड़ों का उपयोग कर रहा है। कपड़ों का अच्छा और बुरा, दोनों ही तरह से उपयोग किया जाता है। अतिरिक्त और ग़ैरज़रूरी कोई भी उपयोग मंगलकारी नहीं होता। एक ओर बढ़ता है तो दूसरी ओर कम होता जाता है। एक ओर कपड़ों की अधिकता है, तो दूसरी ओर कपड़ों का अभाव। एक ओर यदि प्रचुर खाद्य सामग्री है, तो दूसरी ओर भूखे लोग हैं। एक ओर सुरम्य अट्टालिकाएँ हैं; तो दूसरी ओर तंग-बस्तियाँ, बेघरों के प्लेटफ़ॉर्म और फ़ुटपाथ।

विषमता बढ़ रही है। विषमता बढ़ रही है क्योंकि धर्म में वैषम्य है, समाज और राष्ट्र-व्यवस्था इस विषमता के ख़िलाफ़ ख़ामोश हैं। अन्याय की जड़ों में पानी डालने पर अन्याय के पास कोई शक्ति नहीं है कि वह मर जाए।

लड़कियाँ आत्महत्या क्यों करती हैं?

बांग्लादेश में हर रोज़ 28 लोग आत्महत्या करते हैं। इन 28 लोगों में ज़्यादातर लड़कियाँ ही होती हैं। 15 से 29 साल उम्र की लड़कियाँ। दिन-पर-दिन आत्महत्याओं की संख्या बढ़ती ही जा रही है। दुनिया में सबसे ज़्यादा आत्महत्या पुरुष लोग करते हैं। बांग्लादेश में इसका उलटा है। बांग्लादेश में लड़कियाँ ही ज़्यादा आत्महत्या करती हैं। वर्ष 2010 में आत्महत्या करने वाली लड़कियों की संख्या थी 9663, 2011 में 9642, 2012 में 10008 और 2013 में 10129। लड़कियों की आत्महत्या की संख्या हर वर्ष बढ़ती जा रही है। पश्चिम में उम्रदराज़ पुरुष अकेलेपन की वजह से आत्महत्या करते हैं, बांग्लादेश में कम उम्र की लड़कियाँ ज़्यादा आत्महत्या करती हैं। बांग्लादेश में लड़कियाँ परिवार के लोगों के साथ रिश्तों के ख़राब हो जाने, पति के अत्याचारों, ससुराल में किये जाने वाले अत्याचारों, दहेज के लिए अत्याचार, यौन-उत्पीड़न, परीक्षा-परिणाम के अच्छे न होने, प्रेम में असफल होने के कारण आत्महत्या करती हैं।

कुछ दिनों पहले बांग्लादेश के राजशाही विश्वविद्यालय की सहायक अध्यापिका अख़्तर जहान ने आत्महत्या की। मैंने सुना कि अख़्तर जहान के पारिवारिक जीवन में सुख-शान्ति नहीं थी। पति के साथ उनका तलाक़ हो गया था। वे अपनी सन्तान की सुरक्षा को लेकर दुश्चिन्ता करती थीं। पति ने दूसरी शादी कर ली थी और अख़्तर का चरित्र ख़राब है यह बात भी वे चारों ओर फैलाते रहते थे। आत्महत्या की वजहों की तलाश करते हुए कई लोगों ने अशान्ति, दुश्चिन्ता, अकेलापन और ग़रीबी आदि का उल्लेख किया है।

मुझे तीस साल पहले की बात याद आ रही है। मैंने तीस साल पहले एक व्यक्ति को तलाक़ दिया था, जिसके साथ मैंने नोटरी पब्लिक के काग़ज़ पर दस्तख़त करके शादी की थी। क़ानून की नज़रों में नोटरी वाली शादी शायद शादी न हो, लेकिन उस समय लोगों को जो यह बता दिया था कि मैंने शादी कर ली है, उसी ने उस शादी को सम्पन्न करवा दिया था। लेकिन जब मैंने देखा कि वह व्यक्ति बहुगामी है तो मैंने बिना किसी दुविधा के उसे छोड़ भी दिया था। मैंने तीस साल पहले अकेले मकान किराए पर लिया था, मैं अकेली रही थी, लोगों ने मुझे भला-बुरा कहा, लोगों की बुरी बातों से मैं परेशान भी हुई, लेकिन मैं टूटी नहीं। थोड़े-थोड़े दिनों बाद मुझे लेकर तमाम पत्र-पत्रिकाओं में ऐसी झूठी बातें लिखी जाती थीं, लड़कियों के बारे में जो बातें लिखने पर लोग उनसे नफ़रत करने लगते हैं। असभ्य समाज में लड़की के रूप में जन्म लेने पर जैसा होता है। मैं अस्पताल के रोगियों के इलाज और अपने लिखने-पढ़ने को लेकर व्यस्त रहा करती थी। बुरे और बदमाश लोग जो भी बोलें, मैंने कभी परवाह नहीं की। केवल धार्मिक और कट्टरपंथी ही नहीं, अहमद छफा और हुमायूँ आज़ाद-जैसे नामचीन नास्तिकों ने भी मुझसे ईर्ष्या की। गद्य की पहली किताब पर ही मुझे आनन्द पुरस्कार मिल गया था, इसे लेकर छोटी और कुत्सित मानसिकता वाले कितने ही लेखक जलते-भुनते रहे! लाखों कट्टरपंथी एकजुट हुए, देश भर में जुलूस निकाले गए, सभाएँ करके मुझे फाँसी देने की माँग की गई, मेरे सिर का मूल्य तय किया गया। मैंने परवाह नहीं की। मेरी जो करने की इच्छा हुई, मैंने किया। जब धर्म की निंदा करने की इच्छा हुई, मैंने निंदा की, किसी के साथ सोने की इच्छा हुई, मैं सोई, यदि सोने की इच्छा नहीं हुई तो दुनिया के उलट-पलट हो जाने पर भी मैं नहीं सोई।

लड़कियाँ क्यों भूल जाती हैं कि वे एक असभ्य, अशिक्षित, स्त्री-विद्वेषी समाज में रह रही हैं। अच्छी लड़कियों, बुद्धिमती लड़कियों, रीढ़ सीधी रखकर चलने वाली लड़कियों को यह बर्बाद समाज तमाम तरह से अपमानित करता है, अपदस्थ करता है, गालियाँ बकता है, चरित्र को लेकर बुरी बातें करता है। जिन लड़कियों के साथ ऐसा नहीं किया जाता, जिन लड़कियों को 'अच्छी लड़कियाँ' कहा जाता है, वे असल में मोटी बुद्धिवाली, मूर्ख, भोली और ऐसी

लड़कियाँ होती हैं, जिनमें मान-सम्मान की थोड़ी-बहुत भावना भी नहीं होती।

जिन लड़कियों को बाधाओं का सामना करना पड़ता है, जो गालियाँ खाती हैं, वे ही सचमुच का हीरा होती हैं। वे ही यदि विचलित हो जाएँ तो फिर कैसे काम चलेगा भला! स्त्री-विद्वेषी समाज को निहायत अवज्ञा करना सीखना होगा। किसी की भी परवाह न करते हुए निन्दा करने वाले के मुँह पर थूककर जो मर्ज़ी करना हमें सीखना होगा। तीस साल पहले जो चीज़ मैं कर सकी, आज की लड़कियाँ वैसा क्यों नहीं कर सकेगी भला?

मुझे भी आर्थिक संकट का सामना करना पड़ा था, मैं भी अशान्ति, दुश्चिन्ता, अकेलेपन से जूझती रही, लेकिन मैं हताश नहीं हुई। ये सारे अनुभव अर्जित किये तभी मैं किसी भी राह पर चल सकी हूँ। मैं तो एक मामूली लड़की हूँ। इसलिए जो काम मैं कर सकी, कोई भी लड़की यदि चाहेगी तो कर सकती है। मैं अब किसी भी लड़की की आत्महत्या की ख़बर नहीं सुनना चाहती। पुरुष लोग तो स्त्रियों का बलात्कार करके, उन्हें उत्पीड़ित करके मार ही रहे हैं। हर रोज़ मार रहे हैं। तो लड़कियाँ ख़ुद को क्यों मारेंगी भला? लड़कियाँ जब आत्महत्या करती हैं, तब वे अजाने ही स्वयं पुरुष बन जाती हैं। पुरुष जिस तरह से स्त्रियों से नफ़रत करते हैं, ठीक वैसे ही स्त्रियाँ अपने आप से नफ़रत करने लगती हैं, पुरुष जिस प्रकार स्त्रियों की हत्या करते हैं, वैसे ही स्त्रियाँ स्वयं की हत्या कर देती हैं।

स्त्रियों का पुरुष बन जाना नहीं चल सकता। स्त्रियों को स्त्री होकर ही रहना होगा। स्त्रियाँ यदि स्त्री बनकर रहेंगी तभी वे आत्महत्या करना बन्द कर सकेंगी। स्त्रियाँ जब स्त्री बनकर रहेंगी तब वे स्त्रियों से नफ़रत करना बन्द कर सकेंगी। स्त्रियाँ जब स्त्री बनकर रहेंगी तो वह पुरुषों द्वारा निर्मित स्त्रियों के रूप एवं गुणों की संज्ञाओं को मानने से इनकार कर देंगी, वे बल्कि ख़ुद नई संज्ञाएँ गढ़ लेंगी। स्त्रियों का पुरुष होना मतलब पुरुषों की तरह कपड़े पहनकर, पुरुषों की तरह नौकरियाँ पाकर पुरुष होना नहीं है। मानसिकता में पुरुष होना। पितृसत्तात्मकता ने सारे पुरुषों को जिस मानसिकता में गढ़ा है, उस मानसिकता को अस्वीकार करना ही पुरुष होने को अस्वीकार करना है। स्त्रियाँ जब तक इस कार्य को नहीं करेंगी, तब तक वे पुरुषों की पितृसत्तात्मक

मानसिकता को ही साझा करती रहेंगी। साझा करती रही हैं इसीलिए पुरुषों के साथ मिलकर स्त्रियाँ ही स्त्रियों के ख़िलाफ़ खड़ी हो जाती हैं। पुरुष अपनी इसी मानसिकता को समान रूप से बाँट लेना चाहते हैं, लेकिन अन्य कुछ भी—शादी, तलाक़, सन्तान के अभिभावक होने की ज़िम्मेदारी, उत्तराधिकार—यह सब वे समान रूप से बाँटना नहीं चाहते। उनके और भी हज़ारों अधिकार, हज़ार आज़ादी को किसी के साथ साझा करने में उन्हें नाराज़गी है। वे जिन नज़रों से स्त्रियों को देखते हैं, स्त्रियों की कमियों, उनके विचलन को पकड़ते हैं, उन्हें गालियाँ देते हैं, जिस तरह वे स्त्रियों को घर में क़ैद करके रखते हैं, या फिर लड़कियों को घर से बाहर निकाल देते हैं, उसी तरह से स्त्रियों से भी करने के लिए कहा जाता है, और स्त्रियाँ वैसा करती भी हैं। वे जिस तरह से स्त्रियों के मर जाने की प्रत्याशा करते हैं, जिस तरह उन्हें मारते हैं, स्त्रियाँ भी स्वयं को उसी तरह मारती हैं, और ख़ुद मरती हैं। आज भी इस पृथ्वी पर पितृसत्ता टिकी हुई है क्योंकि पुरुषों ने इसे टिका रखा है, नासमझ स्त्रियों ने इसे टिका रखा है, इसलिए भी।

पुरुष पर यदि अत्याचार हो तो हर स्तर के स्त्री-पुरुष आगे आते हैं। स्त्रियों पर यदि अत्याचार हो तो केवल मानवाधिकार कर्मी और नारीवादी लोग ही आगे आते हैं। कारण कि स्त्रियों पर होने वाले अत्याचारों को अब भी, आज भी समाज की कोई बड़ी समस्या के रूप में देखा ही नहीं जाता। जब तक इसे नहीं देखा जाएगा, तब तक स्त्रियाँ आत्महत्या करती रहेंगी और हमें आत्महत्याओं की ख़बरें मिलती रहेंगी, हम प्रतिवाद करेंगे लेकिन हमारे प्रतिवाद से किसी का कुछ भी नहीं बिगड़ेगा।

स्त्रियों की आत्महत्या

मानसिक रोगियों में आत्महत्या करने की प्रवणता ज़्यादा होती है, लेकिन यदि यह रोग न हो तो भी लोग तमाम वजहों से आत्महत्या करते हैं। जापान में एक ज़माने में हाराकीरी द्वारा आत्महत्या करने का चलन था। पराजित सैनिक दुश्मन के समक्ष आत्मसमर्पण न करके हाराकीरी कर लेते थे। सिर्फ़ सैनिक नहीं, साधारण लोग भी हाराकीरी किया करते थे। बहुत-से लोग प्रतिवाद में करते थे। हाराकीरी बहुत बीभत्स होती थी। अपने ही हाथ से धारदार छुरा अपने पेट में घोंप देना। हाराकीरी को बहुत ही सम्मान की नज़रों से देखा जाता था। दूसरे विश्वयुद्ध के समय जापानी कामकाज़ी पाइलट दुश्मनों पर अपने लड़ाकू जहाज़ों को क्रैश करा देते थे। लेकिन यह आत्महत्या दुश्मन और दुश्मन की सम्पत्ति को नष्ट करने के लिए ही की जाती थी। जापान में फ़ूजी पहाड़ के पास आओकिगाहारा नामक एक जंगल है। लोग उस जंगल में आत्महत्या करने जाते हैं। उस जंगल का नाम ही पड़ गया है—आत्महत्या का जंगल। उस जंगल में एक ज़माने में जापानी लोग बूढ़ी महिलाओं को रख आते थे, जिनके पास संसार को देने के लिए अब कुछ भी नहीं बचा। भोजन और पानी के अभाव में एक समय वे महिलाएँ मर जाया करती थीं। उन्नीस सौ साठ में सेइचो मात्सुमोटो ने 'कुरोई जुकाई' शीर्षक से एक उपन्यास लिखा था। मात्सुमोटो ने बताया है कि उपन्यास का नायक किस तरह आओकिगाहारा जंगल में जाकर आत्महत्या करता है। यह उपन्यास जापान में काफ़ी लोकप्रिय है। इसके लोकप्रिय होने के साथ-साथ आओकिगाहारा जंगल भी आत्महत्या के लिए लोकप्रिय हो उठा था। हर वर्ष उस जंगल में लगभग सौ शव मिलते हैं।

क्या आत्महत्या संक्रामक होती है? भारत में तो जिस दर से किसान आत्महत्या करते हैं, उसे देखकर तो लगता है आत्महत्या संक्रामक होती है।

यहूदी, ईसाई और मुसलमानों ने आत्महत्या को स्वीकार नहीं किया है, ईश्वर के द्वारा दिये गए प्राणों की हत्या करने को ईश्वर के विरुद्ध एक धृष्टता ही माना जाता है। फिर भी इन तीन सम्प्रदायों में आत्महत्याएँ कुछ कम नहीं होतीं। इस धरती पर हर साल आठ-नौ लाख या इससे भी अधिक लोग आत्महत्या करते हैं। हालाँकि इनमें स्त्रियों के मुक़ाबले पुरुषों की संख्या ही अधिक होती है। भारतीय स्त्रियाँ ज़्यादातर अपमान और क्षोभ की वजह से आत्महत्या करती हैं। उपमहाद्वीप में ही शायद सीलिंग फ़ैन से रस्सी बाँधकर आत्महत्या करने की प्रवणता अधिक है।

मुझे लगता है आत्महत्या का अधिकार मनुष्य को होना चाहिए। जन्म के बाद जिस तरह जीवित रहने का अधिकार होता है, मरने का अधिकार भी होना चाहिए। युथनेशिया को, मरणासन्न व्यक्ति की इच्छामृत्यु को, कई देशों में, विशेष रूप से ईसाईबहुल देशों में वैधता प्रदान कर दी गई है। इच्छामृत्यु के वैध होने का मतलब है धर्म की सुर्ख़ लाल आँखों से बिलकुल भी न डरना।

मैं युथनेशिया का समर्थन करती हूँ। लम्बे समय से जो व्यक्ति तकलीफ़ उठा रहा है, जिसका रोग-शोक अब कभी भी ठीक नहीं हो सकता, जिसका शरीर तो विकल है ही, मस्तिष्क भी विकल हो चुका है, उसकी मृत्यु से मुझे कष्ट नहीं होता। लेकिन स्वस्थ युवक-युवतियों की आत्महत्या की ख़बरें सुनकर मुझे कष्ट होता है। दुर्घटना में लोगों की मृत्यु की ख़बर सुनकर जिस तरह मुझे कष्ट होता है, जिस तरह किसी की हत्या होने पर कष्ट होता है, ठीक वैसे ही मुझे किसी की आत्महत्या से कष्ट होता है। बॉलीवुड की नायिका जिया ख़ान, हिन्दी धारावाहिकों की नायिका प्रत्यूषा बैनर्जी ने जिन वजहों से आत्महत्या की थी, उन्हीं वजहों से उस दिन बांग्लादेश की मॉडल साबिरा होसैन ने आत्महत्या कर ली। प्रेम में असफल होकर बहुत-सी लड़कियाँ आत्महत्या करती हैं। प्रेमी ने अपमानित किया, या प्रताड़ित किया, इसलिए उन्हें लगता है जीने का अब कोई प्रयोजन नहीं है। आमतौर पर समस्या का समाधान वे लोग इसी तरह

करती हैं। उन्हें लगता है कि उनका अपना जीवन इतना ही तुच्छ है।

फ़िल्मों में अभिनय करने, या फिर नाटकों में काम करने, या फिर मॉडलिंग करने भर से ही मन-मानसिकता आधुनिक नहीं हो जाती। सुचित्रा, शबाना, बबीता, रज़्ज़ाक, अमिताभ तथा और भी तमाम तारक-तारिकाएँ धर्मान्धिता, पुरुषतांत्रिकता और अन्धविश्वासों में डूबे हुए थे, और आज भी हैं। पुरुष के साथ घर-गृहस्थी न करो तो जीवन अर्थहीन हो जाता है, या सन्तान को जन्म न दें तो स्त्रियों के जीवन का कोई मूल्य ही नहीं रह जाता—इन सब पर शिक्षित नहीं, अशिक्षित लोग विश्वास करते हैं। शोबिज़ में अनपढ़ों की संख्या कोई कम नहीं है।

प्रेमी की प्रताड़ना की सबसे बड़ी शिकार वे हैं, जो वेश्यावृत्ति करने को बाध्य हो रही हैं। प्रेमियों ने जिन्हें छल-बल-कौशल के सहारे वेश्यालयों में बेच दिया है। चरम दुःसहवास की वजह से भी वे आत्महत्या नहीं करतीं। बल्कि स्वयं को या फिर अपनी सन्तान को नरक से बचाने के लिए जीवन भर संघर्ष करती हैं। मैं यह कहने की कोशिश नहीं कर रही हूँ कि मनुष्य को आत्महत्या का अधिकार नहीं है। जन्म के बाद जिस तरह जीवित रहने का अधिकार है, वैसे ही मनुष्य को मरने का अधिकार भी है। लेकिन बिलावजह मर जाने का कोई मतलब नहीं होता। जीवन में जो कुछ भी घटे, जीवन से बेशक़ीमती और कुछ भी नहीं होता।

मैंने ऐसा भी बहुत देखा कि प्रेम होते ही लड़कियाँ बड़ी दुर्बल, अत्यन्त क्षुद्र, नितान्त मूल्यहीन, निहायत अकिंचित, बड़ी अप्रतिभ, अबला और बेहद असहाय हो जाती हैं। उनका आत्मसम्मानबोध लुप्त हो जाता है। या तो प्रेम की संज्ञा को बदलना चाहिए, या फिर स्त्रियाँ अपने आप को बदल लें। पुरुषतांत्रिक समाज प्रेम का जो मतलब समझता है, वह ठीक प्रेम नहीं है। पुरुष से प्रेम करना यानी पुरुष के लिए जीवन उत्सर्ग करना, स्त्री से प्रेम करना यानी स्त्री को सुरक्षा देने के नाम पर उसकी देखभाल करना, उसका ध्यान रखना। अब यह जो भी हो, लेकिन प्रेम नहीं है। लड़कियों को ही प्रेम की नई संज्ञा निर्मित करनी होगी। स्त्रियों के बदलने मात्र से समाज नहीं बदलेगा, जब तक पुरुष अपने आप में बदलाव नहीं लाएँगे, जब तक वे ही पुरुषतंत्र

पर चोट नहीं करेंगे, तब तक पुरुषतंत्र द्वारा निर्मित प्रेम की संज्ञा भी एक ही जगह पर ठिठककर खड़ी रहेगी।

पुरुषों ने तो पुरुषों के लिए बता ही दिया है कि स्त्री का प्रेम कैसा होना चाहिए। पुरुष के बिना स्त्री का जीवन मूल्यहीन है। इसलिए पुरुष के मर जाने पर स्त्री को भी मरना होगा। सती-दहन की प्रथा इसी का बड़ा उदाहरण है। जो स्त्री मृत पति की चिता में कूदकर आत्महत्या करेगी, वही सती है, यानी वह स्त्री सचमुच पुरुष से प्यार करती है। सतीदाह की प्रथा पर ब्रिटिश राज ने पाबन्दी लगा दी थी, तो फिर स्त्री अब कैसे अपने पुरुष से प्रेम करेगी, यह बात अब भी पुरुषों के मन-मस्तिष्क में उसी तरह बिंधी हुई है। प्रेम की पुरुषतांत्रिक संज्ञा से स्त्रियाँ भी संक्रमित होती हैं। हालाँकि सतीदाह की चर्चा समाज में नहीं होती, लेकिन आग अभी भी है, जिस आग में स्त्रियाँ आज भी जाने या अजाने झुलस रही हैं। आज भी समाज उस स्त्री को सती कहता है, आदर्श नारी कहता है, जो अपने स्वार्थों को विसर्जित करके पुरुषों के स्वार्थों की रक्षा करती है, जो स्त्री अपनी इच्छा-आकांक्षाओं को विसर्जित करके पुरुषों की इच्छाओं और आकांक्षाएँ को पूरा करती है, जो स्त्री पुरुषों के घर-संसार में उनके आदेशों को मानकर एक तरह की दासीवृत्ति करती है। पुरुषों ने यदि उपेक्षा की तो उन तमाम स्त्रियों का जीवन अर्थहीन हो जाता है, और फिर वे आत्महत्या करने से नहीं हिचकतीं। सतीदाह की आग आजकल दिखाई नहीं देती। लेकिन गहराई से देखें तो हर कोई समझ जाएगा कि उस प्राचीनकाल की सतीदाह की चर्चा घर-घर में चल रही है।

प्रेम के न रहने पर, या पति के न रहने पर स्त्री का जीवन अर्थहीन और मूल्यहीन हो जाता है—यह विचार स्त्रियों के दिमाग़ में डाल दिया गया है, इसलिए जिस तरह उस ज़माने की स्त्रियाँ पति की चिता पर कूदने के लिए बाध्य होती थीं, ठीक उसी तरह इस समय की स्त्रियाँ, साबिरा होसैन-जैसी लड़कियाँ आत्महत्या के लिए गले में फन्दा डाल लेती हैं या कि डालने को बाध्य होती हैं।

अग्निपरीक्षा सिर्फ़ सीताओं को देनी पड़ती है

पिछले साल के आख़िर-आख़िर में कोलकाता गई थी। सुबह दस बजे सड़क पर पैदल चल रही थी और अवाक हो रही थी, कोलकाता इतना ख़ाली-ख़ाली कभी नहीं लगा था! मानो समूचा कोलकाता कहीं दावत में खाने गया हुआ हो। शाम को तारापद राय के यहाँ मैंने सुना कि इतवार को कोलकाता कोलकाता में ही रहता है, लेकिन वह घर से बाहर नहीं निकलता, कारण कि दूरदर्शन में तब 'महाभारत' दिखाया जाता है। शहर भर में चर्चा शिखर पर थी कि किस दिन द्रौपदी का चीरहरण होगा। युवक लोग गुप्त रूप से इंतज़ार में हैं कि चीरहरण के दृश्य में रूपा गांगुली की देह के दर्शन कर लेंगे। चीरहरण के फ़िल्मांकन को लेकर उन दिनों पत्र-पत्रिकाओं में काफ़ी गहमागहमी का माहौल था।

एंटेना ऊँचा करके इस देश में मैंने भी कुछ दिनों तक 'रामायण' धारावाहिक देखा था। कुछ देखने पर उसका इरा-सिरा जब तक न जान लूँ, तब तक मुझे आराम नहीं आता। रामायण की विभिन्न घटनाओं में सीता कहती हैं, 'हे नरव्याघ्र, राम, आपको छोड़कर मुझे स्वर्ग में भी कोई रुचि नहीं है (2/27/21)। आपके विरह में, राम मुझे अपने प्राण त्यागने होंगे (2/28/5)। आपने यदि मुझे त्याग दिया फिर तो मेरी मृत्यु ही भली (2/30/20)।' यह क्या सिर्फ़ और सिर्फ़ प्रेम है? प्रेम में अन्धी होकर सीता का स्वर्गत्याग? प्रेम के अतल जल में डूबकर यदि कोई मृत्यु की बात भी करता है, सुनने में बुरा नहीं लगता। लेकिन सीता पर पतिव्रता-धर्म आरोपित कर जब ब्राह्मण लोग कहते हैं—पति ही परम देवता है (2/19/16); इहलोक और परलोक में सर्वदा पति ही पत्नी की एकमात्र गति

है (2/27/6); वह प्रासाद के ऊपर, विमान में, आकाश में जहाँ भी हो पति के क़दमों की छाया में ही विशिष्ट स्थान पाती है (2/27/9)—तब अवश्य ही इसे और कुछ कहें, लेकिन प्रेम कहने में खटकता है।

सीता कौशल्या से कहती हैं कि तंत्रीहीन वीणा नहीं बजती। पहियों के बिना रथ नहीं होता। पतिहीना स्त्री के सौ पुत्र हों तो भी उसे सुख नहीं मिलता (2/39/29)। सीता राम से कहती हैं कि स्त्री की एक गति है उसका पति, दूसरी गति उसका बेटा, तीसरी उनके रिश्तेदार और चौथी कोई गति नहीं होती (2/61/24)।

स्त्री के लिए पति नामक चीज़ यानी पुरुष नामक चीज़ बहुत क़ीमती है। पुरुष यदि बूढ़ा हो जाए तो स्त्री उसके देह की परजीवी लता हो जाती है। वृक्ष के आश्रय के बिना जिस तरह परजीवी लता जीवित नहीं रह पाती, उसी तरह पुरुष के आश्रय के बिना स्त्री का जीवित रहना भी असम्भव है।

बहुत दिनों तक सीता को न देख पाने के बाद सीता को पहली बार देखकर राम कहते हैं—युद्ध करके मैंने जो विजय प्राप्त की है वह तुम्हारे लिए नहीं है (6/115/15)। यह मेरे विख्यात वंश के कलंक को मिटाने के लिए है (6/115/16)। राम और भी कहते हैं—जाओ, वैदेही, तुम मुक्त हो। मेरे लिए जो करणीय था वह मैंने कर दिया है। मुझे पति रूप में पाकर तुम राक्षस के घर में जराग्रस्त न हो जाओ इसलिए मैंने राक्षस की हत्या कर दी है। मेरे-जैसा धर्मबुद्धिसम्पन्न व्यक्ति किसी और के द्वारा ले जाई गई स्त्री को किस तरह एक क्षण के लिए भी धारण कर सकता भला? तुम सच्चरित्र हो या दुश्चरित्र मैथिली, मैं आज तुम्हारा भोग नहीं कर सकता, तुम उस घी की तरह हो जिसे कुत्ते ने चाटा है (रामायण 3/275/10-13)।

राम ने बड़ी सहजता से सीता को सारे बन्धनों से मुक्त कर दिया था। सीता से प्रेम की वजह से उन्होंने रावण की हत्या नहीं की थी, हत्या इसलिए की थी कि राम की पत्नी होकर सीता यदि रावण के प्रासाद में जराग्रस्त हो जाए, तो राम के शौर्य को क्षति पहुँचेगी। राम स्वयं के शौर्य की क्षति नहीं चाहते थे, इसलिए उन्होंने रावण की हत्या की थी। राम सूक्ष्म धर्मबुद्धिसम्पन्न व्यक्ति हैं, वे परपुरुष द्वारा स्पर्श की गई स्त्री को कैसे धारण कर सकते हैं

भला? इसलिए सीता सच्चरित्र हो या दुश्चरित्र हो, राम के लिए उनका भोग कर पाना सम्भव नहीं। जिस तरह कुत्ते द्वारा चाटे गए घी का उपयोग यज्ञ में नहीं किया जाता, वैसे ही परपुरुष के द्वारा स्पर्श की गई पत्नी उसके पति के काम नहीं आती।

मुझे लगता है, राम ने ही सीता के साथ सबसे ज़्यादा अन्याय किया है, इतना अन्याय तो पापी रावण ने भी नहीं किया था। राम ने कभी जानना नहीं चाहा कि रावण ने सीता के साथ दुष्कर्म किया कि नहीं, केवल संदेहवश राम ने सीता को बदनाम किया। केवल स्त्री के 'सतीत्व' को लेकर ज़बर्दस्त हंगामा किया, लेकिन सती शब्द का कोई पुल्लिंग प्रतिशब्द नहीं है। इस लम्बे वियोग के समय में राम ने क्या किया, किसे छुआ या उन्हें किसी ने छुआ या नहीं, यह सवाल पूछने का दुस्साहस किसी में नहीं था।

अपने सतीत्व और पवित्रता के प्रमाण के लिए सीता को अग्निपरीक्षा देनी पड़ी। प्रजा के सन्देहों को दूर करने के लिए वाल्मीकि ने सीता को फिर से अग्निपरीक्षा के लिए कहा था। जीवित रहतीं तो सीता को जीवन भर अग्निपरीक्षा देते रहना पड़ता, उन्हें किसी भी दशा में मुक्ति नहीं मिलनी थी, असहाय स्त्री को परपुरुष ने स्पर्श किया था—इस अक्षम्य अपराध से उन्हें मुक्ति नहीं मिलनी थी।

सीता ने पृथ्वी से आश्रय माँगा था। किसी पुरुष ने उन्हें आश्रय नहीं दिया था। योग्य सम्मान नहीं दिया था। इसलिए किसी पुरुष से, पुरुषशासित समाज से सीता ने आश्रय नहीं माँगा। अपने व्यक्तित्व की रक्षा के लिए उन्होंने चरम सच्चाई की शपथ लेकर ख़ुद को बचाया था। तमाम असत्य और अन्यायों से, अपमान से यह एक तरह से बच जाना ही है।

पति स्त्री की एकमात्र गति है। उसे पत्नी पर सन्देह करने, उसका त्याग करने और सज़ा देने का अबाध अधिकार है। सारे पुरुषों को स्त्रियों के चरित्र पर सन्देह करने का अधिकार है, उस सन्देह के बल पर उसे निरपराध स्त्री को दंड देने का अधिकार भी है। रामायण ने स्त्रियों को मनुष्य का सम्मान नहीं दिया, बल्कि यह शिक्षा दी कि समाज पुरुष की एकनिष्ठता की माँग नहीं करता, और स्त्रियाँ अपनी एकनिष्ठता से, सतीत्व और शुचिता से भी समाज

में सम्मान प्राप्त नहीं कर पातीं—उसे अग्निपरीक्षा देकर बार-बार प्रमाणित करना पड़ता है कि उसके 'सतीत्व' का नाश नहीं हुआ है।

चूँकि 'सतीत्व' शब्द केवल स्त्रियों के लिए गढ़ा गया है, चूँकि सतीत्व शब्द पुरुषों के लिए नहीं है, इसलिए पुरुष को अग्निपरीक्षा के झमेले में नहीं पड़ना पड़ता। स्त्री को अकेले ही सती होना पड़ता है, शुद्ध होना पड़ता है और पति के भोग के लिए स्वयं को योग्य बनाना पड़ता है।

सीता के सतीत्व को देखकर लोग मुग्ध हो जाते हैं। सीता के अग्निप्रवेश को देखकर लोग तृप्त होते हैं। सीता की सच्चाई से लोग प्रमुदित होते हैं। रामायण-महाभारत में स्त्री की चरम अवमानना निर्लज्ज असंकोच के साथ असंख्य बार उच्चारित हुई है। इन्हीं रामायण और महाभारत को देखने के लिए लोग टूट पड़ते हैं। इस पृथ्वी पर यदि सभ्यता नाम की कोई चीज़ है तो फिर शर्म के मारे उसे भी सीता की तरह कहना चाहिए—'माधवी देवी (पृथ्वी) मुझे विवर (आश्रय) दें। यदि मैं सत्यनिष्ठ हूँ तो माधवी देवी मुझे विवर दें।'

चरित्रहनन : अचूक हथियार

पुरुष पाठकों से कह रही हूँ, मान लीजिए आपको लगा कि किसी एक लड़की ने आपके साथ अन्यायपूर्ण आचरण किया अथवा नहीं किया, देख-सुनकर आपको महसूस हुआ कि वह लड़की बहुत घमंडी है, उसके पैर ज़मीन पर नहीं पड़ते, ज़रूरत से ज़्यादा अहं दिखाती फिरती है, कहीं मुड़कर नहीं देखती, किसी को तवज्जोह नहीं देती—तब यदि आप उससे बदला लेना चाहें तो एक बढ़िया उपाय आपके हाथ में मौजूद है। वह लड़की आपको घास नहीं डालती, न डाले—इससे आपको कोई परेशानी नहीं है। आप इसे लेकर ज़रा भी नहीं सोचेंगे। आप पुरुष हैं—पौरुष आपके ख़ून में उबल रहा है। आपके हाथ में एक मारक अस्त्र है, जिसका उपयोग कर उस लड़की का सारा अहंकार या उसकी सरलता, अब जो भी कहें, आप पूरी तरह से ज़मीन में मिला सकते हैं। सिर्फ़ इतना ही नहीं, लड़की की यदि रीढ़ मज़बूत हो, तो उसे चूर-चूर करने और यदि लड़की अपना सिर ऊँचा रखती हो तो उसे झुका देने की क़ूवत भी आप रखते हैं।

किसी गँड़ासे या छुरे की ज़रूरत नहीं पड़ेगी, उन सबके झमेले में मत जाइएगा, कारण कि इनसे काटकर मारा तो सारे मामले-मुक़दमे शुरू हो जाएँगे, ख़ामख़ाह गाँठ के कुछ पैसे ख़र्च होंगे। पिस्तौल में भी मुसीबत कम नहीं है। गोली की आवाज़ सुनकर एक सौ एक लोग आ धमकेंगे। सुनते हैं कि आजकल एसिड के भी परिणाम अच्छे नहीं आ रहे हैं। आँखें ठीक से अन्धी नहीं हो रही हैं—गाल, जैसा चाहते हैं, वैसे झुलस नहीं रहे हैं—हाथों का दबाव यदि ठीक न हो तो उसका भी कोई फ़ायदा नहीं।

निश्चय ही उस विकट अस्त्र को जानने की बड़ी इच्छा हो रही है! क्या है वह अस्त्र—यह कोई आधुनिक हथियार नहीं है—लेकिन अकसर इसका उपयोग किया जाता है। फाँसी का फंदा नहीं, सख़्त कलाई वाले दो हाथ—जिन हाथों से, मौक़ा मिलने पर, गले को दबाया जा सकता है—वे भी नहीं! तो क्या गला काटने की ब्लेड, या कि जूता—मौक़ा ताड़कर जिसे फेंककर मारा जा सकता है? नहीं, इन सबमें से कुछ नहीं। मैं निश्चित हूँ कि इसे जो भी पुरुष पाठक पढ़ रहे हैं, उनमें से शत-प्रतिशत लोग जानना चाहते हैं कि हाथ की मुट्ठी में वह कौन-सा हथियार है! असल में हाथ की मुट्ठी में कहना ठीक न होगा, अस्त्र आपकी जीभ की नोक पर है। ज़्यादा नहीं, आपको केवल एक वाक्य उचारना होगा। आप किसी भी एक व्यक्ति के सामने वह वाक्य उचारेंगे। वह वाक्य ही आपका अस्त्र है, जिस अस्त्र की मदद से आप अपने गंतव्य की ओर अग्रसर होंगे। जो वाक्य घटना को चरम सफलता प्रदान करेगा, वह है—'इस लड़की का चरित्र ठीक नहीं है।' बस, क़िला फ़तह। अब आप बढ़िया बदन पर फूँक मारते हुए घूमें-फिरें या कि दरवाज़ा बन्द करके सुनसान में सो जाएँ—आपको फिर उस ओर देखने की ज़रूरत ही नहीं पड़ेगी कारण कि वह वाक्य ही बाक़ी सारा काम निपट लेगा। इसी को कहते हैं अकेले ही एक सौ। यह किसी भी पार्थिव अस्त्र से अधिक धारदार, अधिक नुकीला होता है।

यह वाक्य इतना मीठा है कि लोग इसे एक घर से दूसरे घर, एक आँगन से दूसरे आँगन, एक अड्डे से दूसरे अड्डे, एक शहर से दूसरे शहर लिये-लिये फिरते हैं। चरित्र—यदि वह स्त्री का चरित्र हो तो फिर उसके-जैसा नाज़ुक काँच आपको कहीं और नहीं मिलेगा। वह इतना ही नाज़ुक होता है कि यदि उस पर फूँक भी मार दो तो वह टुकड़े-टुकड़े होकर बिखर जाता है। आपको चिन्तित होने की कोई ज़रूरत नहीं है। कारण कि इसके लिए किसी साक्ष्य-प्रमाण की ज़रूरत नहीं होती, कोई कठघरा नहीं है, कोई जेल-जुलुम भी नहीं है।

पुरुष पाठक, मान लीजिए, आपने इस अस्त्र का प्रयोग किया और उसके फलस्वरूप उस लड़की को क्या-क्या परेशानियाँ भोगनी पड़ रही हैं, इसका अनुभव आपको तभी हो सकेगा, यदि आप लड़की के रूप में नया जन्म लें।

यदि ऐसा नहीं हुआ तो मेरे लिए किसी भी दशा में आपको समझाना सम्भव नहीं कि लड़की इस समय सामाजिक रूप से इस-इस अवस्था में है। आपके लिए बात को समझने का कोई उपाय है ही नहीं, ऐसा नहीं है—एक उपाय है, यदि आप किसी परिवार में सामाजिक रूप से रह रहे हैं और आपकी बहन उस परिवार में बड़ी हो तो फिर उसके बारे में एक वाक्य आप ख़ुद फैला दें और फिर बढ़िया महसूस कर सकते हैं कि वह वाक्य कहाँ और कितनी दूर जाता है और किन-किन कारनामों को अंजाम देता है। उस वाक्य के पीछे आप पूँछ की मानिंद लगे रहिए और फिर ग़ौर से देखें, निश्चय ही आप मुतमइन होंगे कि आज मैंने जिस अस्त्र के बारे में आपको बताया वह कोई ख़ास बुरा नहीं है।

'चरित्र' एक बहुमूल्य वस्तु है। पुरुष के लिए उसे सँभालकर रखने की ज़रूरत न भी हो लेकिन स्त्रियों के लिए ज़रूरी है। स्त्री उसे यदि संदूक़ में ताला लगाकर रखती है तो वह अमानत ऊँचे दामों में बिकती है। इन दिनों चरित्र एक फ़ायदेमंद व्यापार वाला मामला बन गया है। और उसे लेकर हमारे समाज के धुरंधर सौदागर लोग बढ़िया व्यापार कर रहे हैं।

पुरुष पाठकों के साथ फ़िलहाल बातचीत बन्द कर रही हूँ। अब स्त्री पाठकों से कहती हूँ—मैंने पुरुषों को जो अभी इतने क़ायदे-क़ानून सिखाए, असल में वे इनके प्रयोग-प्रक्रिया के बारे में मुझसे कहीं ज़्यादा जानते हैं। फिर भी मैंने सिखाए ताकि उन्हें पता रहे कि उनकी प्रक्रियाओं को मैं यानी स्त्रियाँ भी जान गई हैं। जिस रहस्य से पर्दा उठ जाता है, उसकी धार अपने आप ही थोड़ी कुंद पड़ जाती है।

सबसे आख़िर में स्त्री पाठकों के लिए 'चरित्र' शीर्षक से एक कविता प्रस्तुत है—

तुम लड़की हो
तुम ख़ूब अच्छे से याद रखना
तुम जब घर की चौखट लाँघोगी
लोग तुम्हें तिरछी नज़रों से देखेंगे।
तुम जब गली से गुज़र रही होगी

लोग तुम्हारा पीछा करेंगे, सीटी बजाएँगे।
तुम जब गली पार कर बड़े रास्ते पर पहुँचोगी
लोग तुम्हें चरित्रहीन कहकर गाली बकेंगे।

यदि तुम निकम्मी हुईं
तो मुड़कर देखोगी,
और ऐसा न हुआ
तो जिस तरह जा रही थी, चली जाओगी।

नारी शरीर

'निःशब्द' देखकर आने के बाद लग रहा था, 'क्या इसका उलट भी हो सकता था? कि साठ साल की एक स्त्री के प्रेम में एक अठारह साल का लड़का पड़ा है, इस कहानी को लेकर फ़िल्म?' नहीं, ऐसा नहीं हो सकता था। पुरुष कितना ही बूढ़ा क्यों न हो, कितना ही कुत्सित क्यों न हो, आख़िरकार वह है तो पुरुष। वह विराट है, महान है। इसलिए विराट के प्रेम में पड़ना सहज है। साठ साल की स्त्री फिर वह जो कुछ भी हो, कितनी ही ज्ञानी हो, गुणी हो, कितने ही आकर्षक व्यक्तित्व की अधिकारी क्यों न हो, उसका एक परिचय होगा कि वह बूढ़ी है, लोलचर्मसर्वस्व वृद्धा। स्त्रियों को उनके शरीर से परखा जाता है। शरीर गया तो स्त्री भी गई। लेकिन पुरुष नहीं जाता। अमिताभ अपनी त्रिबली के साथ किशोरी के प्रेमी हो सकते हैं, मेगास्टार के रूप में इस भारत में राज कर सकते हैं। लेकिन माधवी अपनी त्रिबली के साथ और कुछ भी बन जाएँ, लेकिन फ़िल्म स्टार नहीं हो सकतीं। सौमित्र चट्टोपाध्याय झुर्रियों भरी त्वचा के साथ भी स्टार के रूप में शहर में धूम मचाते फिर रहे हैं। जबकि सुचित्रा सेन को वर्षों से कमरे में नज़रबन्द रहना पड़ रहा है। रेखा को टिके रहने के लिए अपनी त्रिबली हटानी पड़ती है, लेकिन अमिताभ को इसकी ज़रूरत नहीं पड़ती।

ये तो केवल मिसालें हैं। समस्या सिनेमा जगत की नहीं है। समस्या समाज की है। स्त्रियों का सौन्दर्य ही उनकी सम्पदा है, यह धारणा या विश्वास पूरी तरह से राजनीतिक है। राजनीतिक इसलिए कि यह पुरुषसत्तात्मक व्यवस्था को टिकाए रखती है। स्त्रियों का सौन्दर्य यदि उनकी सम्पदा के रूप में विवेचित न हो, तो फिर शिक्षा को लेकर उनकी जागरूकता, बोध-बुद्धि, दक्षता-विचक्षणता

वग़ैरह गौण न होकर मुख्य हो जाएँगी। और यदि ऐसा हुआ तो यह पुरुषतंत्र के लिए विपत्तिजनक हो जाएगा। फिर स्त्री को खिलौने और गुड़िया बनाकर नियंत्रित करना सम्भव नहीं हो सकेगा।

किसी व्यवस्था को यदि समाज में बहुत दिनों तक टिकाए रखना हो, तो उसके पीछे अत्यन्त चालाक राजनीति काम करती है। जन्म के बाद से ही बच्चे की लिंग-आधारित विषमता के माहौल में परवरिश करना, पुरुष सामने, स्त्री पीछे, पुरुष बुद्धिमान, स्त्री बुद्धू, पुरुष स्वामी, स्त्री दासी...यह सबक़ उसके मस्तिष्क में घुसा देना सामाजिक नहीं, राजनीतिक मामला है। पुरुषतंत्र या पुरुषवाद की राजनीति इतनी मज़बूत है कि इस दुनिया में पूँजीवाद में दरार आ सकती है, समाजवाद टूट सकता है, लेकिन पुरुषतंत्र जैसा था वैसा ही अटल रहता है, बल्कि वह पहले से और भी मज़बूत होता है।

स्त्रियों का कुछ भी अपना नहीं है। अपना जो जीवन है, वह जीवन भी स्त्रियों का नहीं है। स्त्री पुरुषों की सम्पत्ति है, सिर्फ़ पुरुषों की नहीं, पुरुषशासित इस 'समाज की भी सम्पत्ति है।' समाज कड़ी नज़र रखता है कि स्त्री का यौनांग अक्षत है या नहीं, स्त्री की पोशाक, उसका चाल-चलन 'ठीक' है या नहीं, उम्र होते ही शादी हुई या नहीं, वह ठीक तरह से पति की सेवा कर रही है या नहीं, पुत्र संतान को जन्म दे रही है या नहीं, सती-सावित्री की तरह जीवनयापन कर रही है या नहीं। समाज को यदि सन्तुष्ट न कर सकी तो समाज स्त्री के लिए दंड का विधान करता है। कठिन दंड।

स्त्रियों के सतीत्व पर जो लोगों की कड़ी नज़र रहा करती थी, विशेष रूप से पश्चिम के देशों में, वह अब स्त्रियों के शरीर के आकार-प्रकार की ओर मुड़ गई है। गला, गरदन, सीना, पेट, पेट का निचला हिस्सा, जाँघ, पैर आदि की आकृति कैसी होगी, यह तय कर दिया गया है, और यदि उसके अनुरूप न हुआ तो स्त्रियों को खरी-खोटी सुननी पड़ती है, धिक्कार सहना पड़ता है, लोग छि:-छि: करते हैं। कम उम्र की लड़कियाँ लड़की-पसन्द करने के बाज़ार में टिके रहने के लिए खाना-पीना बन्द कर दिया है और बुलीमिया, ऐनोरेक्सिया-जैसी बीमारियों से जूझ रही हैं। शरीर के किन कोने-अँतरों में किस तरह पेच-ओ-ख़म के रहने से लोगों की आँखों को सुकून मिल सकेगा,

इसके लिए लड़कियाँ हाड़-तोड़ मेहनत किये जा रही हैं। जगह के हिसाब से ख़म चाहिए, ग़लत जगह यदि ख़म पड़ जाए तो उसे दूर करने के लिए महँगी दवाई लगानी पड़ रही है, उससे भी काम न हुआ तो कॉस्मेटिक सर्जरी के लिए दौड़ना पड़ रहा है।

अहा, उन्नीसवीं सदी में स्त्रियों को मॉडल बनाकर जितने चित्र और जितनी मूर्तियाँ बनाई गई हैं, आज देखें तो नहीं लगेगा कि वे सब स्त्रियाँ नौ महीने की गर्भवती थीं! स्त्रियों के जिस शरीर को कुछ समय पहले तक स्वाभाविक समझा जाता था, आज उसे अस्वाभाविक कहा जा रहा है। स्त्रियों का शरीर क्या होगा, कैसा होगा इस बात का निर्णय स्त्रियाँ कभी भी नहीं ले सकीं। जो स्त्रियाँ पुरुषतंत्र के सहयोगी के रूप में नाम कमा रही हैं, उन्हीं आधुनिक स्त्रियों ने इस समय स्त्रियों को सजाने का ज़िम्मा लिया है। पण्य को और भी आकर्षक पण्य के रूप में पुरुषों के सामने परोसने का ज़िम्मा।

'स्त्रियाँ सुन्दर हैं'—स्त्रियों की प्रगति के विरुद्ध यह एक धारदार राजनीतिक हथियार है। स्त्रियों का यह सौन्दर्य टिका रहे, वे असुन्दर के रूप में चिह्नित न हों—स्त्रियों पर इस बात का भारी दबाव है। इन दिनों उन्हें गधे की तरह मेहनत करनी पड़ रही है, प्रसाधन-सामग्री पर ढेर सारा पैसा ख़र्च करना पड़ रहा है। स्त्रियों को दिन में करोड़ों रुपयों की प्रसाधन-सामग्री का उपयोग करने के लिए बाध्य होना पड़ रहा है! चेहरे पर, गालों, आँख, भौंहों, बालों, ठोड़ी पर लगाने के लिए कितने ही रंग, कितने ही रसायन, कितनी गोंद, कितने ही काजलों से आज पटे पड़े हैं बाज़ार! क्यों? उसका जो चेहरा है, वह काफ़ी नहीं है? गाल, आँखें, भौंहें परफ़ेक्ट नहीं हैं? तो क्या लड़कियाँ इम्परफ़ेक्ट होकर जन्म लेती हैं? एबनॉर्मल? अपाहिज के रूप में? इसीलिए क्या उन्हें इसे कम करके, उसे बढ़कर, वह पोतकर, उसे हटाकर परफ़ेक्ट होना होगा! उन्हें अपने अपाहिजपन को दूर करना होगा? ख़ुद को परफ़ेक्ट बनाने का ज़िम्मा जो लड़कियाँ ले रही हैं, वे निश्चय ही स्वीकार करती हैं कि इनके बिना वे परफ़ेक्ट नहीं हैं, सम्पूर्ण नहीं हैं। इस झूठ को वे जाने-अनजाने स्वीकार कर लेती हैं। इस झूठ को मान लेने का अर्थ हुआ स्त्रियों को इनसान के रूप में ज़रा भी महत्त्व न देना। इस झूठ को मान लेना मतलब स्त्रियों से नफ़रत करना,

जघन्य रूप से उनका अपमान करना, और उन्हें पण्य में तब्दील करने की राजनीति में सक्रिय रूप से हिस्सेदारी करना।

इस चीज़ का विज्ञापन सब तरफ़ है कि लड़कियाँ दिखने में कैसी होंगी। सिनेमा में, टीवी पर, बिलबोर्ड, पत्रिकाओं, गुड़ियों में। कोई निस्तार नहीं है। सौन्दर्य के गोरखधन्धे में लड़कियों को ऐसा अटका दिया जाता है कि सौन्दर्यचर्चा पर ही उन्हें अपना पूरा जीवन और अपनी सारी कमाई ख़र्च करनी पड़ेगी। उन्हें अपने अधिकार-अनधिकार के विषय में सोचने-विचारने के लिए समय ही नहीं मिलेगा। इस चर्चा में अपनी गाँठ के पैसे इस तरह ख़र्च करने होंगे कि अन्तिम सहारे-जैसा भी कुछ नहीं बचेगा। हमारे छोटे-छोटे बच्चे इस धूर्त जाल में फँस चुके हैं। सर्वेक्षण करने पर पता चलेगा कि नब्बे प्रतिशत लड़कियाँ मानती हैं कि वे ख़ूबसूरत नहीं हैं, उनकी छातियाँ छोटी हैं, पैर चिकने, कमर मोटी, नितंब बेढब, बाल पतले, रंग साँवला, नाक चपटी, आँखें छोटी, त्वचा सिकुड़ी हुई है—अपने शरीर की किसी-न-किसी बात को लेकर लड़कियों में रोज़ असन्तोष और ग्लानि बढ़ती ही जा रही है। स्त्रियों के आत्मविश्वास को कम कर देने की राजनीति भयंकर है। यदि आत्मविश्वास न रहे, ख़ुद को लेकर डर की भावना यदि दूर न हो तो पुरुषतंत्र को चैलेंज करने की ताक़त और साहस दोनों ही कपूर की तरह उड़ते तो हैं ही, अपनी आज़ादी के सवाल पर ज़रूरी जागरूकता भी सड़, मरकर नष्ट हो जाती है।

सबसे दुखजनक यह है कि शिक्षा, आत्मनिर्भरता स्त्रियों को एक क़दम आगे ले जा रही है तो दो क़दम पीछे खींच रही है। शिक्षित और आत्मनिर्भर स्त्रियों में अपने शरीर को लेकर हताशा बहुत तेज़ी से बढ़ रही है, बढ़ रही है इसलिए सारी मेधा शरीर के पीछे ख़र्च हो रही है। मौलिकता को विदा करके वे लोग शरीर को कृत्रिमता से इस तरह लपेटकर रखने की कोशिश कर रहे हैं कि यह शरीर प्रसाधन व्यापार, प्रचार माध्यम और पुरुषतंत्र के षड्यंत्र के हिसाब से प्रस्तावित शरीर के साथ पूरी तरह से मेल खा जाए। मेल खा जाने पर ही विजय है। समाज ने स्त्रियों को इसी तरह विजेता होना सिखाया है। स्त्रियों ने इसी तरह अपने बोध, अपनी बुद्धि को विसर्जित करना सीखा है।

आजकल की लड़कियों के मुक़ाबले सिर्फ़ उनकी नानी नहीं, नानी की

माँ और उनकी नानियाँ भी इस मामले में बहुत ज़्यादा आज़ाद थीं। उन पर ख़ूबसूरत होने का दबाव नहीं था। तब दासी होने का गुण होने पर ही काम चल जाता था। लेकिन आज केवल दासी होने से काम नहीं चलता, आज 'ख़ूबसूरत दासी' होना होगा। यदि सही माप की छाती, कमर, टाँगें और नितंब न हुए तो आप पास न हो सकेंगे। त्वचा तनी न हुई, त्वचा का रंग सही नहीं हुआ तो पास होना सम्भव नहीं। यह दुनिया पुरुषों की है, समाज-संसार पुरुषों का है, यहाँ स्त्री असल में पूरी तरह से एक 'देह' ही है, और कुछ नहीं।

पुरुषतंत्र का नियम है, मनुष्य के रूप में स्त्रियों के प्राप्य अधिकारों को मसल-कुचल कर नष्ट कर देना, स्त्रियों के स्वतंत्र अस्तित्व को स्वीकार न करना, अपने स्वार्थ के लिए स्त्रियों का उपयोग करना। स्त्रियों को तवज्जोह न देना। नारी-आन्दोलनों के माध्यम से जैसे ही स्त्रियों का मूल्य बढ़ाने की कोशिशें हुईं, वैसे ही उसे किसी भी तरह कम करने का इंतज़ाम करना पुरुषतंत्र का पावन कर्तव्य समझा गया।

जब स्त्रियों का मूल्य कम होता रहता है, उनका शरीर ही उनका एकमात्र परिचय-पत्र बन जाता है, जिसे दिखाकर उनका जीवन चलता है। मूल्य के कम होने पर उनका साज-सिंगार बढ़ जाता है, ब्यूटी पार्लर की संख्या बढ़ती जाती है। मूल्य के कम हो जाने पर दहेज का रुपया बढ़ जाता है। गृहिणीपना बढ़ जाता है। वेश्यावृत्ति बढ़ जाती है। कन्याभ्रूण हत्या बढ़ जाती है। घरेलू हिंसा की घटनाओं में इज़ाफ़ा होता है। दुष्कर्म बढ़ते हैं। स्त्रियों की हत्याएँ बढ़ जाती हैं। समाज में स्त्रियों का मूल्य कम है इसलिए स्त्री-विरोधी तमाम क्रियाकर्म इतने निर्विघ्न और निश्चिन्त रूप से चल पाते हैं।

पुरुषों और पुरुषतंत्र की माँग के हिसाब से स्त्रियाँ जब एक देह shape और beauty बनकर रह जाती हैं, तब उनका जीवन तुच्छ, नितान्त तुच्छ किसी चीज़ में तब्दील हो जाता है। समानाधिकार के लिए आवाज़ उठाने वाली आवाज़ तब अपने आप ही बुझ जाती है। रिश्वत लेकर क्या गाली दी जा सकती है? समझौता कर लेने पर क्या अकड़कर खड़े हो सकते हैं?

पुरुषतंत्र शायद किसी और षड्यंत्र में उतना सफल नहीं है, जितना स्त्रियों को स्त्रियों के विरुद्ध ही लगा देने के षड्यंत्र में है।

शरीर को लड़कियों की मूल सम्पदा माना जाता है

चिकित्सा शास्त्र में 'कॉस्मेटिक स्टिच' नामक एक तरह की स्टिच का ज़िक्र है। शल्यक्रिया के बाद रोगियों की त्वचा पर ये स्टिच लगाई जाती हैं। यह सिलाई इस तरह की होती है कि सूई त्वचा के बाहर बिलकुल भी नहीं चुभाई जाती, सूई को भीतर-ही-भीतर चुभोकर सिलाई का काम पूरा किया जाता है। इसके फलस्वरूप जब सिलाई सूख जाती है तो ऐसा महसूस ही नहीं होता कि उस स्थान पर कभी शल्यक्रिया की गई, धारदार ब्लेड से उस स्थान को काटा गया।

हमारे देश में चमड़े को सिलने के दो तरीक़े मौजूद हैं। गाय-घोड़े का चमड़ा नहीं, मनुष्य के शरीर का चमड़ा। आमतौर पर इस चमड़े को चार टाँकों की विधि से सिला जाता है, और इस सिलाई के दाग़—यदि दस सिलाई लगाई गई हो तो दोगुने यानी धागे के बीस दाग़ उभर आएँगे और व्यक्ति उसे जीवन भर वहन करने के लिए बाध्य होगा। और दूसरी तरह की सिलाई को कहा जाता है कॉस्मेटिक स्टिच। उसके दाग़ बिलकुल भी नहीं रहते, ऐसा नहीं है। तलाश करने पर हमें एक पतले-से धागे की छाया दिखाई देगी। सिलाई कितनी भी लम्बी हो, बारह सिलाई कि अठारह सिलाई, फिर भी उस एक धागे की ही छाया वहाँ होगी। निश्चित रूप से कॉस्मेटिक स्टिच अत्यन्त उन्नत क़िस्म की सिलाई है। उन्नत देशों में इससे भी अधिक उन्नत क़िस्म की सिलाई की चर्चा होती है। हमारे देश में चार टाँकों वाली सिलाई का चलन ही अधिक है, कॉस्मेटिक सिलाई का बहुत उपयोग होता है। लेकिन इसका उपयोग

कुछेक निर्दिष्ट क्षेत्रों में होता है, लड़कियों के क्षेत्र में, ख़ासतौर पर कुँवारी लड़कियों के क्षेत्र में। कुँवारी लड़कियों के शरीर पर हर तरह की शल्यक्रिया के बाद कॉस्मेटिक स्टिच दिये जाते हैं। लेकिन विवाहित या अविवाहित लड़कों के मामले में इस तरह की सिलाई नहीं लगाई जाती। लड़कियाँ यदि कॉस्मेटिक सिलाई के बारे में कोई अनुरोध न भी करें तो भी शल्य चिकित्सक अपने ही उत्साह की वजह से लड़कियों को इस मामले में विशेष अपनापन दिखाते हैं।

पास-पास की दो टेबलों पर सोलह-सत्रह साल की एक लड़की और एक लड़के का एपेंडिसेक्टॉमी ऑपरेशन चल रहा था। लड़की के लिए कॉस्मेटिक स्टिच और लड़के के लिए चार टाँके वाली सिलाई लगाई गई, मैंने जब सिलाई के इस अन्तर के बारे में पूछा तो डॉक्टर ने बताया—लड़की की शादी नामक घटना को सुगम बनाने के लिए इस दाग़विहीन सिलाई की व्यवस्था की गई है। शरीर में कोई दाग़ या त्रुटि रह जाए तो लड़कों को कोई असुविधा नहीं होती। असुविधा लड़कियों को होती है। शादी के मामले में लड़कियों का 'शरीर' बहुत महत्त्वपूर्ण विषय है। लेकिन लड़कों के मामले में नहीं है। लड़कियों का शरीर यदि त्रुटिहीन नहीं हुआ तो शादी के बाज़ार में लड़कियों के दाम गिर जाते हैं। और चूँकि लड़कों को इस तरह की कोई समस्या नहीं होती तो शल्य चिकित्सक लोग भी लड़कों के मामले में इस सिलाई की ज़रा भी ज़रूरत महसूस नहीं करते।

शरीर को लड़कियों की मूल सम्पदा माना जाता है। इसलिए बचपन से ही लड़कियों के बालों और त्वचा की देख-रेख को लेकर इतना ज़्यादा ज्ञानदान किया जाता है कि लड़कियाँ विद्या और बुद्धि को लेकर सोच-विचार नहीं करतीं, वे केवल शरीर को लेकर ही विवेचना करती रहती हैं। इसलिए त्वचा और बालों के सौन्दर्य की रक्षा की प्रसाधन-सामग्रियाँ जिस तरह बाज़ार में छा गई हैं, ठीक वैसे ही हर मोड़ पर ब्यूटी पार्लर की हुड़क लगी हुई है। उस दिन मैंने न्यू मार्केट के एक पुस्तक-विक्रेता से पूछा—बिक्री का क्या माहौल है। विक्रेता बोला, हम लोग क्या स्नो-पावडर बेचते हैं जो बिक्री अच्छी होगी?

लड़कों की त्वचा रूखी हो, बाल अस्त-व्यस्त हों तो कोई ख़ास फ़र्क़ नहीं पड़ता। लेकिन लड़कियों के मामले में इस उदासीनता पर आपत्ति जताई जाती है। लड़कियों को अपना शरीर घिस-माँजकर, साफ़-सुथरा रखना पड़ता है। आँखों में काजल, गालों पर पावडर, होंठों पर लिपस्टिक, नाख़ूनों पर नेलपॉलिश लगानी पड़ती है, कान में, नाक में, गले, पैर कलाइयों में गहने पहनने होते हैं। शरीर एवं केवल शरीर को ही लड़कियों की एकमात्र सम्पदा कहकर घोषणा की जाती है। जिनके लिए शरीर ही मुख्य और एकमात्र वस्तु है, वे यदि काली और बदसूरत हुईं, बेढंगी हुईं तो फिर वे कितनी ही विदुषी क्यों न रही हों, कितनी ही गुणवती क्यों न हों उनकी शादी की बात आगे नहीं बढ़ती। और जिनकी देह अच्छी है, जिनका चेहरा सुन्दर है, जिनके देह की बनावट नैनों को आनन्दित करे, उनके विवेक-बुद्धि की कोई परवाह नहीं करता, उम्र होने से पहले ही उनकी शादी की धूम मचने लगती है। चूँकि शादी को ही लड़कियों का एकमात्र गंतव्य माना जाता है, इसलिए सुपात्र को लड़की समर्पित कर देने से लड़की तथा उनके घरवाले, जो लड़की के जन्म के बाद साँस को जिस तरह रोके-से रहते हैं, उस रुकी हुई साँस को उन्मुक्त होकर छोड़ पाते हैं।

शल्य-चिकित्सक लोग केवल लड़कियों के मामले में ही कॉस्मेटिक स्टिच के नियम का पालन करते हैं, सम्भवत: इस वजह से लड़कियाँ ख़ूब उल्लसित रहती हैं। असल में यह किसी भी जागरूक लड़की के लिए ग्रहणयोग्य बात नहीं है। चूँकि 'कॉस्मेटिक स्टिच' सबसे उन्नत सिलाई है, तो फिर इस उन्नत चिकित्सा से पुरुष रोगियों को क्यों वंचित रखा जाता है? यदि इस सिलाई का उपयोग किया जाता है तो फिर स्त्री-पुरुष सभी रोगियों के मामलों में एक ही तरह की सिलाई और इलाज की एक ही पद्धति का प्रयोग किया जाना चाहिए।

पक्षपात क्या हमेशा ही मंगलकारी होता है? पक्षपात क्या हमेशा ही कल्याणकारी होता है? मैं स्त्री हूँ इसलिए क्या मुझे इस पक्षपात का समर्थन करना चाहिए चूँकि यह पक्षपात एक विशेष वर्ग की स्त्रियों के प्रति ही किया जाने वाला विशेष पक्षपात है? स्त्रियों के प्रति इस सहानुभूति का मैं कभी भी

समर्थन नहीं कर सकती, स्त्रियों के प्रति इस विशेष अत्याचार को मैं अत्याचार माने बिना नहीं रह सकती।

सम्प्रति यह अतिशय देखभाल असल में कोई देखभाल नहीं है। सम्प्रति उमड़ आया यह अतिशय प्यार दरअसल कोई प्यार नहीं है। सम्प्रति यह अति शुश्रूषा असल में कोई शुश्रूषा नहीं है। स्त्री के प्रति यह 'अति' की अतिशयता ही स्त्री के पतन के सारे दरवाज़े खोल देती है।

दुनिया की सर्वोत्तम सामग्री है स्त्री

बचपन में पेड़ों के नीचे से गुज़रते वक़्त 'गेछो भूत'[1] के डर से पूरा शरीर सिहर उठता था; अब सुनती हूँ कि 'गेछो स्त्रियों'[2] के डर से पुरुषों की देह सिहरन से भर जाती है। पेड़ों पर चढ़ना जिन लड़कों को पसन्द है उन लड़कों को लेकर नहीं, लड़कियों को लेकर ही तमाम परेशानियाँ हैं। प्रकृति पुरुष और स्त्री को अलग नज़रों से नहीं देखती, लेकिन समाज देखता है। पेड़ पर जब एक अमरूद पकता है, उसे पहले हाथ में लेने के लिए बच्चे के मुक़ाबले बच्ची का आग्रह कम नहीं रहता। बच्ची अपने आग्रह का दमन करती है, कारण 'गेछो लड़की' के रूप में आख्यायित होने पर घर और बाहर उसका सम्मान नहीं रहेगा। सम्मान यदि अरबी के पत्ते हैं, तो लड़की उस पर एक बूँद पानी है। सम्मान हिला-डुला कि लड़की गई। सम्मान को आश्रय कर, सम्बल कर लड़कियाँ जीवित रहती हैं।

उस बेताब बचपन में माँ ने मुझे एक भी फलदार पेड़ पर चढ़ने नहीं दिया, बोलीं—'लड़कियों के पेड़ पर चढ़ने से पेड़ मर जाता है।' बड़ी होने पर वनस्पति शास्त्र खँगालकर देख लिया लेकिन स्त्रियों के स्पर्श के साथ पेड़ के मरने-बचने के सम्बन्ध के बारे में कुछ नहीं मिला।

'गेछो' शब्द से एक तरह की चंचलता, प्रचंडता का बोध होता है, जो लड़कियों पर नहीं फबता। लड़कियाँ यदि लज्जा से न झुकी रहें, दूसरों पर निर्भर

---

1. 'गेछो भूत' यानी गाछ पर रहने वाला भूत, जो अपनी इच्छानुसार तमाम पेड़ों पर विचरण करता रहता है।
2. 'गेछो स्त्रियाँ' शब्द का प्रयोग बेपरवाह, स्वेच्छाचारी स्त्रियों के लिए किया जाता है।

न हों, डरपोक और दुविधाओं से न घिरी रहें, स्वल्पभाषी और नीचे स्वर में बात करने वाली न हों तो समाज उन्हें अच्छी नज़रों से नहीं देखता। किसी पुरुष के चरित्र में उपरोक्त दोष दिखाई दें तो उसे 'स्त्री-सुलभ' कहकर दोषारोपण किया जाता है। दूसरी ओर दुस्साहस, दर्प, दंभ, क्रोध, चंचलता, आत्मनिर्भरता, अकुंठचित्तता आदि गुणावली यदि किसी लड़की में दिखाई दें तो उसे 'पुरुष-सुलभ' कहकर दोष दिया जाता है। लेकिन 'स्त्री-सुलभ' और 'पुरुष-सुलभ' विशिष्टता का किसी के शारीरिक गठन या चरित्र के साथ कोई सम्बन्ध नहीं होता। जो आदमी अपने आग्रहों का दमन करना सीख लेता है, जो अपनी नज़रों को झुकाना सीख जाता है, जो अपने क़दमों को दायरे में रखना सीख जाता है, जो अपनी बाँहों को समेटकर रखना जान जाता है, जो अपनी जीभ पर नियंत्रण सीख लेता है, वह निश्चित रूप से अपनी देह को प्रताड़ित करता है। करता है, क्योंकि शरीर नहीं—समाज द्वारा निर्धारित 'स्त्री-सुलभ स्वभाव' को उसे अपनी देह पर आरोपित करना पड़ता है, अन्यथा सम्मान चला जाता है।

बंगाली लड़कियों के लिए 'सतीत्व की रक्षा' बहुत ही महत्त्वपूर्ण विषय है। कारण कि एक ही विवाह करने की रीति केवल स्त्रियों के लिए होती है, पुरुषों के लिए नहीं। किसी अन्य पुरुष के साथ संगम करने से पतिव्रता होने का धर्म नष्ट हो जाता है और सतीत्व का नाश हो जाता है। सामाजिक वैधता को अतिक्रमित करने पर स्त्री को 'पतिता' बनना पड़ता है, लेकिन पुरुष स्वेच्छाचारी हो तो उसे 'पतित' नहीं होना पड़ता। एक़ पुरुष कितना ही बहुगामी क्यों न रहा हो लेकिन शादी करते समय कुँवारी के अलावा—नैव नैव च। मुझे कुछ प्रगतिशील शिक्षित पुरुषों के बारे में पता है, जिन्होंने पत्नी के साथ संगम करते वक़्त पलंग पर सफ़ेद चादर बिछाई थी ताकि पत्नी के सतीत्व के बारे में पता चल सके। चादर पर ख़ून के दाग़ न मिलने पर उन्होंने स्त्री के चरित्र को लेकर सवाल उठाए थे। स्त्रियों के योनिमुख पर एक पतली अधूरी-सी झिल्ली होती है, यूनानियों की विवाह की देवी 'हाइमेन' के नाम पर उस झिल्ली का नाम हाइमेन 'सतीच्छद' रखा गया है। प्रसिद्ध गायनोकॉलोजिस्ट सर नॉरमन जेफ़कॉट ने कहा है—'पहले संगम में हाइमेन फट जाती है, इसके फलस्वरूप मामूली-सा ख़ून बह सकता है या नहीं भी बह सकता है। हाइमेन

को क्षति पहुँचाए बग़ैर भी संगम सम्भव है। इसलिए कौमार्य साबित करने की यह एक निशानी है ज़रूर, लेकिन विश्वासयोग्य नहीं है।'

सत् एवं सदाचार के साथ 'सती' शब्द का यदि ज़रा-सा भी रिश्ता है तो मुझे लगता है कि एक स्त्री दस पुरुषों के साथ यौन सम्बन्ध रखकर भी 'सती' रह सकती है और एक स्त्री केवल एक पुरुष के साथ यौन सम्बन्ध करके भी 'अ-सती' हो सकती है।

'नष्ट' शब्द पुरुषों के लिए नहीं, स्त्रियों के लिए प्रयुक्त होता है। अंडे नष्ट हो जाते हैं, दूध नष्ट हो जाता है, नारियल नष्ट हो जाते हैं और लड़कियाँ नष्ट हो जाती हैं। हमारे समाज में जिस किसी वस्तु की तरह लड़की को 'नष्ट' कहकर चिह्नित किया जाता है। इस देश की शिक्षित रुचिशील लड़कियाँ उन सब 'नष्ट लड़कियों' से ख़ुद को अलग करने के मामले में बहुत सतर्क हैं। अलग होने की चाहत दरअसल बेवक़ूफ़ी है। जहाँ सारी ही स्त्रियाँ किसी-न-किसी तरह से उत्पीड़ित हैं, वहाँ पर वर्गभेद का सवाल नहीं उठता। मौक़ा लगते ही लड़कियों को 'नष्ट' उपाधि देने के लिए यह समाज घात लगाए बैठा रहता है। समाज की दुष्टता का दायरा इतना विराट है कि चाहने भर से लड़कियाँ इसके पंजों के वार से ख़ुद को नहीं बचा पातीं।

20 अक्टूबर, 1989 को राष्ट्रीय ग्रंथ केन्द्र में 'पुस्तकों के आवरण एवं अलंकरण' विषय पर आयोजित एक सेमिनार में अध्यापक मुस्तफ़ा नूरुल इसलाम ने इसलिए क्षोभ प्रकट किया था कि किताबों के प्रकाशक किताबों को 'माल' कहते हैं। यह निश्चित रूप से एक अन्यायपूर्ण उच्चारण है। मैं यह सोचकर अवाक हो जाती हूँ कि इसमें भला कितना अन्याय हुआ, इनसान यदि इनसान को 'माल' कहे तो? माल एक अरबी शब्द है, जिसका अर्थ है ख़रीदी-बेची जाने वाली सामग्री। मुसलिम हदीस शरीफ़ में लिखा है—'दुनिया में सब कुछ भोग की वस्तु है और दुनिया की सर्वोत्तम सामग्री है स्त्री।' समाज में स्त्री का अवस्थान विनिमय की वस्तु के रूप में, मूल्यवान दासी के रूप में और बहुमूल्य सामग्री के रूप में ही है, इसलिए स्त्री को 'माल' कहकर बुलाने में किसी को दुविधा नहीं होती। वे बुलाते हैं, कारण कि धर्म उन्हें ईंधन मुहैया कराता है, समाज और राष्ट्र उन्हें उकसाते हैं।

स्त्रियों को मैं 'मनुष्य से अधिक मनुष्य' कहना ही पसन्द करती हूँ

मैं जब ख़ुद पर नज़र डालती हूँ—अपने शरीर की ओर, तो मुझे महसूस होता है कि मैं अपने शरीर के कुछ हिस्सों को लेकर अतिरिक्त रूप से सतर्क रहती हूँ। यह सतर्कता आज इस उम्र में अचानक नहीं पैदा हुई है। इसका बोध तबसे है—जब मेरे तेरह साल के भाई ने गर्मी की वजह से आँगन भर लोगों के सामने अपनी कमीज़ उतार दी थी। उससे भी ज़्यादा गर्मी से कातर होते हुए भी, मैं उसकी हमउम्र बहन, बिना किसी दुविधा के अपनी कमीज़ नहीं उतार सकी।

एक बार लम्बी यात्रा के दौरान यात्रियों को ज़ोर से पेशाब लगी। पुरुष यात्रियों ने सड़क के किनारे किसी नाली या पेड़ की ओट में इस क़ुदरती काम को निपटा लिया। बस में बैठी स्त्री सवारियाँ भी समान आवेग के बावजूद इस क़ुदरती काम को निपटाने के लिए नीचे नहीं उतर सकीं। यदि इस काम के लिए कोई एकाध भी आगे बढ़तीं, तो मुझे पता है, बस के सारे यात्रियों के लिए वह दृश्य ख़ासा दर्शनीय होता। इस लज्जा और संकोच के चाक़ू ने स्त्रियों के शरीर को सैकड़ों बार काटा है इसलिए उस विषम प्रयोजन के समय भी कोई भी स्त्री बस की सीट छोड़कर नहीं उठ सकी। मैंने उस तेरह साल की उम्र से ही अपनी कमीज़ के बटन बहुत मज़बूती से लगाए थे। गर्मी में उबल भी जाऊँ तो भी मुझे कमीज़ उतारने में किसी ओट की दरकार हुआ करती थी। मैं खुली हवा में कपड़े उतारकर स्नान नहीं कर सकती।

जो व्यक्ति इतने बन्धन, इतने प्रतिबन्धों को सहते हुए जीवन की शुरुआत करता है, वह बहुत कम विपत्तियों, कम सँकरी गलियों, कम अँधेरों, कम

अरण्यों को पार कर वयस्क नहीं होता। हर कोई स्त्री अपने बदन पर एक बेड़ी महसूस करती है, नारीत्व की बेड़ी। (चूँकि वह स्त्री है और उसके समूचे अंगों पर नारीत्व की बेड़ी है—इसलिए उसका रास्ता नपा-तुला होता है और उसकी मंज़िल तयशुदा।) वह अपने सीमित आँगन में चहलक़दमी करके अपने क़दमों को मर्यादित और संक्षिप्त करती है। वह प्रतिबन्धों की जितनी रूबरू होती जाती है, वह उतनी ही अपने अनुभवों के भीतर नई चेतना को महसूस करने लगती है। इसलिए स्त्रियों को मैं 'मनुष्य से अधिक मनुष्य' कहना ही पसन्द करती हूँ।

स्त्रियों में धारण करने की क्षमता इतनी अधिक होती है कि मैं स्वयं स्त्री होकर विस्मय का बोध करती हूँ। जिसने अपने शरीर के भीतर और एक शरीर को धारण करने का अनुभव अर्जित कर लिया हो उसके सम्मुख पृथ्वी के समस्त निर्माण तुच्छ होने के लिए बाध्य हो जाते हैं। वह अपने अस्तित्व के अनुरूप और एक अस्तित्व का अपने भीतर पालन कर सकती है, और इसी तरह असंख्य अस्तित्वों को भी पाल सकती है। मैं इस धारण करने की तुलना किसी के साथ करने की हिम्मत नहीं जुटा पाती।

उस दिन मेरी आँखों के सामने एक युवती तीन लोगों के साथ, जो शायद उसके रिश्तेदार ही थे, मेले में घूम रही थी। चलते-चलते एक समय वह बिलकुल मेरे पास आकर रुक गई, मैंने ग़ौर किया कि पास ही होंडा से टिके बीस-इक्कीस साल के दो लड़कों ने आमड़ा[1] खाकर उसकी गुठली उस लड़की की ओर फेंक दी। वह गुठली जाकर लड़की के बालों से चिपक गई। लड़की ने चारों ओर देखा, चारों ओर देखने की अपेक्षा वह तीनों रिश्तेदारों की ओर ही ज़्यादा देखती रही। उसकी आँखें शर्म और शंका से झुक गईं। उसने बालों से गुठली जल्दी से निकाली और इस तरह देखा मानो उसने उस समय कोई बहुत भयानक अपराध कर डाला है और लड़कों-छोकरों की बदतमीज़ियों के लिए वह ख़ुद ज़िम्मेदार है, चूँकि वह स्त्री है, इसलिए स्त्री-जन्म का प्रायश्चित्त वह

---

1. एक प्रकार का खट्टा-मीठा फल। इसे अंग्रेज़ी में 'हॉग प्लम' कहा जाता है। कच्चे आमड़ा का अचार बनता है।

इसी तरह करती है कि वह शर्मिन्दा होती है, सहम जाती है, ख़ुद को अपराधी मान लेती है और वहाँ से तेज़ी से निकल जाना चाहती है। जिन लोगों ने यह दुष्कर्म किया, घृणा या धिक्कार उनकी ओर नहीं जाते, नज़रें लड़की की ओर जाती हैं। क्यों, चारों ओर इतने तो सिर थे, लेकिन आमड़ा की गुठली किसी और सिर पर न लगकर इसी सिर पर क्यों लगती है? निश्चय ही इसी सिर का दोष होगा। सारे दोष, सारी बदनामी, पुरुषों के सारे बुरे कर्मों के परिणाम वह अकेले ही धारण करती है। वह पुरुषों की तमाम अस्थिरताएँ, बीमारी और स्वेच्छाचारों को धारण करती है। इन सबको धारण करके वह परिवेश को स्वस्थ बनाए रखती है, संसार और समाज को स्वस्थ रखती है। जिस स्त्रियों के पति खुलेआम अन्य स्त्रियों से सम्बन्ध रखते हैं—वह स्त्री क्या दाम्पत्य के सारे स्खलनों को धारण नहीं करती? तेरह वर्ष की उम्र में जिन्होंने कमीज़ के बटन मज़बूती से लगाए थे—जीवन के सारे कष्टों को वे सीने के भीतर उसी मज़बूती के साथ लगाए रहती हैं।

पुरुष लोग स्त्रियों के शरीर पर और भी बहुत कुछ धारण करते देखना चाहते हैं। स्त्री को माता रूप में, बहन के रूप में, प्रिया के रूप में देखने पर पुरुषों को बड़ा सुख मिलता है। वे एक के भीतर तीन के बड़े अभिलाषी होते हैं। उनकी बड़ी इच्छा होती है—वे जब घर लौटें—स्त्रियाँ स्वादिष्ट भोजन पकाकर ख़ुद न खाकर माँ की तरह उनकी प्रतीक्षा करें। बड़ी बहन की तरह वे उनके सामान को सजाकर रखें, उनके कपड़े-लत्ते धोकर रख दें। प्रेमिका की तरह बिस्तर पर अपनी अनिंद्य सुन्दर देह पसार दें।

पुरुष लोग घर के विभिन्न कार्यों में अपनी सुविधा के मुताबिक़ स्त्री को विभिन्न रूपों में पाने के आग्रही हैं। स्त्री से विभिन्न तरह के अभिनय करवाकर वे वाहवाही कर रहे हैं, तालियाँ बजा रहे हैं। स्त्रियाँ अभिनय में जितनी ज़्यादा पारंगत होती हैं, पुरुष के मन और शरीर को उतना अधिक लाभ और आनन्द प्राप्त होता है।

बन्धन क्या तभी से शुरू हो जाते हैं, जब गर्मी की दोपहर में तेरह साल की लड़कियाँ अपनी कमीज़ नहीं उतार पातीं? प्राकृतिक विभेद के अलावा स्त्री और पुरुषों में असल में कोई विभेद नहीं होता। और प्राकृतिक विभेद ही—इस

समाज की सबसे बड़ी पूँजी है। इसी पूँजी को लगाकर वे लोग व्यापार कर रहे हैं, मुनाफ़ा लूट रहे हैं।

जिस मिट्टी को लोग पैरों से पीसकर मारते हैं, खोदकर निकाल लेते हैं—उस मिट्टी को नाम दिया गया है जननी। मिट्टी को नारी की तरह माना जाता है, चूँकि वह 'धारण' करती है, चूँकि उसे मसला जाता है—चूँकि वह कटने, विदीर्ण होने और चूर-चूर हो जाने में किसी तरह की दुविधा नहीं दिखाती।

स्त्री को एक ऐसा खिलौना बनाया जाता है कि जिसमें चाबी भरते ही वह पुरुष के बाड़े में एक बार ढोल बजाती है और एक बार बाँसुरी। मूल रूप से वह पुरुष को सुकून देती है, और साथ-ही-साथ तरह-तरह के आनन्द भी मुहैया कराती है।

पुरुषों के सुख-संसाधन का ज़रिया है स्त्री

पति धर्म, पति कर्म, सारात्सार पति।
पति से अलग रमणी की नहीं है कोई गति।
पति आज्ञा, सती हित वेदों के समान।
पति तुष्ट, तो तुष्ट होंगे देव और भगवान।

एक समय था जब बंगाली गृहस्थों के घरों में इस तरह की सचित्र 'सती कथा-सार' बड़े सम्मान के साथ शोभा पाती थी। लड़कियाँ रंगीन धागों से लिखा करती थीं—'पुरुष तमाल तरु प्रेम अधिकारी, नारी तो माधवीलता आश्रिता है उनकी।' पृथ्वी लगातार चक्कर लगा रही है, फिर भी 'पति प्राण, पति मान, पति ही भूषण' जाने कब यह बात मनुष्य के मस्तिष्क के कोषों में गूँथ दी गई थी, वह आज भी अमलिन है।

पति के बिना रमणी की नहीं है कोई गति।
पति के बारे में हम बताते हैं सविशेष।
पति जो कहे वही तुम करना।
परम जतन से पति की सेवा में रहना।
पति खाए तो खाना, न खाए तो न खाना।
पति सोए तो सोना, न सोए तो न सोना।

लड़कियाँ इस तरह के हितोपदेशों को धर्म की वाणी की तरह याद किया करती थीं। वे सिर झुकाए कहती थीं—'पति की महिमा का वर्णन मैं भला

क्या करूँ। जो भागीरथी न कर सके, मैं तो हूँ क्षुद्र नारी।' स्त्री ख़ुद मान लेती है कि वह क्षुद्र है। स्त्रियाँ अन्धों की तरह विश्वास करती हैं कि वे क्षुद्र हैं, अतिशय क्षुद्र। जिस स्वामीभक्ति या पतिव्रता होने का चित्र उस ज़माने की स्त्रियाँ अपने मन में पाला करती थीं, आजकल की स्त्रियाँ भी किसी भी अंश में उनसे कम नहीं हैं। कितने ही विश्वास टूटते हैं, बदलते हैं—लेकिन स्त्रियों को लेकर जो विश्वास बने हुए हैं, उनका केवल विस्तार होता रहता है, वे विलुप्त नहीं होते। स्वामी (पति) शब्द के अर्थ हैं—प्रभु, मालिक, अधिपति वग़ैरह। बँगला भाषा में जब तक स्वामी शब्द का उपयोग किया जाता रहेगा पुरुष तब तक संगत कारणों से ही मुखिया, प्रभु और मालिक बना रहेगा। बेगम रोकेया ने तर्क दिया था—'दासी शब्द पर कई सौभाग्यवतियाँ आपत्ति कर सकती हैं। लेकिन मैं पूछती हूँ, स्वामी शब्द का अर्थ क्या है? दानकर्ता को दाता कहने पर जिस तरह ग्रहणकर्ता को ग्रहीता कहना ही पड़ता है, उसी तरह एक व्यक्ति को 'स्वामी, प्रभु, ईश्वर' कहने पर दूसरे को दासी न कहकर और क्या कहा जा सकता है?'

रोकेया बेगम ने मनुष्य की तुलना दो पहियों वाले छकड़े से करते हुए अपने प्रबन्ध 'अर्द्धांगी' में लिखा है—'जिस छकड़े का एक पहिया बड़ा (पति) और एक पहिया छोटा (पत्नी) होता है, वह छकड़ा ज़्यादा दूर तक नहीं जा पाता—वह केवल एक ही जगह (घर के कोने में) पर घूमता रहता है।'

इस देश में पैतृक परिचय के आधार पर ख़ानदान का निर्धारण होता है। पैतृक परिचय ही समाज का महत्त्वपूर्ण विषय होता है इसीलिए स्त्री के सतीत्व पर कड़ी नज़र रखी जाती है और 'यौन शुचिता' पुरुषों के लिए भले ही न हो लेकिन स्त्रियों के लिए बहुत ज़रूरी होती है। यह सब तर्क दिखाकर समाज के धूर्त लोग तमाम तरह की सुविधाएँ ले रहे हैं, जो लोग इन सुविधाओं का उपभोग कर रहे हैं, वे सभी 'स्वामी' के दल के लोग हैं।

धर्म ने उन्हें यथेच्छाचारी बना दिया है। आदिम से लेकर आधुनिक समाज तक—सभी ने उन्हें ढेरों सुविधाएँ प्रदान की हैं। कारण कि इन सबके रचयिता एवं निर्माता स्वामी-दल में शामिल पुरुष ही हैं। इसलाम ने उन्हें चार शादी करने का अधिकार दिया है। उस दिन अनिता नामक एक पाकिस्तानी लड़की

ने स्त्री के चार विवाह की बात उठाई थी। यह सुनकर स्वामी-दल के लोग आतंकित हो उठे थे कि कहीं अपने द्वारा बनाया गया आसन कहीं डोल न जाए।

इहलोक की ही नहीं, उन्होंने परलोक में भी अपनी व्यवस्था को आरामप्रद कर रखा है। सत्तर हूरों से घिरा जीवन वे केवल लोग भोग करेंगे, और लड़कियों की क़िस्मत में केवल इहलोक वाला पति जुट पाएगा। किसी भी जागरूक व्यक्ति के लिए यह पक्षपात अत्यन्त पीड़ादायक है। लेकिन मनुष्य जागरूक नहीं है। मनुष्य सुविधाभोगी है, वह स्वार्थी है। मनुष्य का स्नायुतंत्र अब शुभ कार्यों के लिए नहीं, अशुभ कार्यों के लिए ही अधिक विकसित होता है। और जो कुछ लोग हैं, जिन्हें 'स्त्रियाँ' कहना ही पसन्द करते हैं, वे केवल ताली बजाते हैं। सबसे नीचे, सबसे पीछे, सर्वहाराओं की क़तार में खड़े होकर उनका काम केवल ताली बजाना होता है। लोग जो भी कहें, उसे स्वीकार कर लेना।

वे असल में मनुष्य नहीं हैं। वे भोग्यवस्तुएँ हैं। 'स्त्री, सन्तान, सोना-चाँदी और चिह्नित अश्व के झुंड, गाय इत्यादि पशु तथा खेत-खलिहान के प्रति आसक्ति मनुष्य के लिए मनोरम है। यह इहलोक की भोग्यवस्तुएँ हैं।' यह बात मेरी नहीं है। सूरा अल इमरान की चौदहवीं आयत में ऐसा कहा गया है। आयत में मनुष्य का विवरण इस प्रकार है—जो किसी भी तरह से स्त्री नहीं हैं, जो पुरुष हैं, स्त्री उनकी भोग्यवस्तु है। स्त्री केवल भोग्यवस्तु नहीं है। स्त्री फ़सल का खेत भी है। 'तुम्हारी स्त्रियाँ तुम्हारी फ़सल का खेत हैं। इसलिए तुम लोग अपनी फ़सल के खेत में जिस भी तरह चाहो गमन कर सकते हो।' (सूरा बक़रा, आयत 223)

बांग्लादेश में एक ओर इसलाम की चर्चा चलती है, और दूसरी ओर नारीमुक्ति आन्दोलन चलता रहता है। बहुत-से लोग कहते हैं कि इन दोनों में किसी तरह का भेद नहीं है। कहते हैं, इस्लाम ने स्त्रियों को जितना सम्मान दिया है, और किसी धर्म में स्त्रियों को उतना सम्मान नहीं दिया गया है। सूरा निसार की 34वीं आयत कहती है—'पुरुष स्त्री का स्वामी है, कारण कि अल्लाह ने ही उन्हें एक के ऊपर दूसरे की श्रेष्ठता प्रदान की है और पुरुष अपनी धन-सम्पदा व्यय करता है। इसलिए साध्वी स्त्रियाँ अनुगता हैं तथा लोगों की नज़रों की ओट में रहकर अल्लाह की हिफ़ाज़त में अपने सतीत्व

और पति के और तमाम अधिकारों की हिफ़ाज़त करती हैं। स्त्रियों में से जिनके अराजक होने की आशंका हो, उन्हें सदुपदेश दो फिर उनकी शैया वर्जित कर दो और उन पर प्रहार करो।' केवल इतने से ही अनुमान लगाया जा सकता है कि सम्मान की मात्रा कितनी है।

धर्म के व्यापारी 'पति के क़दमों के नीचे पत्नी का बहिश्त होता है' शीर्षक वाली किताब बेचकर ख़ासा मुनाफ़ा कमा रहे हैं। हमारे अर्द्धशिक्षित लड़के बड़े प्यार से अपनी पत्नी को उपहार में 'पति के प्रति पत्नी के कर्तव्य' पुस्तक देते हैं। शिक्षित लोग हो सकता है हाथों में कुछ न देते हों, लेकिन वे मन-ही-मन कुछ देते हैं। और वह देना हाथों में देने से कम मारक नहीं है। हमारे देश की अधिकांश स्त्रियाँ कुपोषण का शिकार होती हैं। इसका कारण यह है कि घर के पुरुषों के खा लेने के बाद जो बचा रह जाता है, स्त्रियाँ उसे खाकर उदरपूर्ति भले न कर पाएँ लेकिन हृदयपूर्ति अवश्य कर लेती हैं।

पति के जूठन को खाने का विश्वास बंगाली समाज में नया नहीं है। 12वीं शताब्दी ईसा पूर्व का जो चित्र वैदिक साहित्य वहन कर रहा है, उसमें हम देखते हैं—'भुक्तोच्छिष्टं वधैव ददात्' अर्थात खाने के बाद जूठन पत्नी को देना (गृह्यसूत्र 1/4/11)। फटे-पुराने जूते-कपड़े दास को देने और खाना खाकर जूठन पत्नी को देने का विधान शास्त्र में दिया गया है।

हमारे देश के अधिकांश लोग अशिक्षित हैं। और यह बात स्वीकार की जानी चाहिए कि अशिक्षित लोग अच्छे-बुरे की तालीम धर्म से लेते हैं। और हमारा धर्म जहाँ पर स्त्रियों के विरुद्ध तलवार ताने खड़ा है, वहाँ पर स्त्री-स्वतंत्रता को लेकर यह सब लिखना-पढ़ना पुरुष पाठकों के लिए फ़ुर्सत की मज़ेदार ख़ुराक जुटाने के अलावा और कुछ भी नहीं है।

काटकर नोचकर स्त्रियों से 'प्यार' कर रहे हैं पुरुष

जिस समाज में पुरुष स्त्रियों के स्वामी हैं, प्रभु हैं, स्त्रियों के नियंत्रक, नियंता, उस समाज में स्त्रियों के साथ पुरुषों का और जो कुछ भी हो, लेकिन प्रेम नहीं हो सकता। छेना मक्खन खाकर बड़े हुए पुरुष जूठन खाकर बड़ी हुई स्त्री के साथ बहुत हुआ तो प्रणय-कलह कर सकता है, प्रेम नहीं। स्त्री के प्रति पुरुष की करुणा और पुरुष के प्रति स्त्री के आदरभाव को इस समाज में प्रेम के रूप में विवेचित किया जाता है। यह प्रेम हृदय और शरीर दोनों को ही योग्य अथवा अयोग्य पात्र में डाल देता है। स्त्री के हृदय को लेकर पुरुष जो करता है, वह बहुत-से लोगों को पता है। लेकिन वह शरीर को लेकर क्या करता है? पुरुषों के मन में स्त्री को लेकर चूँकि किसी प्रकार की श्रद्धा नहीं होती, तो उसकी देह के प्रति भी कोई आदर का भाव नहीं होता। स्त्री के शरीर को पाना पुरुष के लिए बाघ का हिरण को पाने-जैसा होता है। हिरण के लिए बाघ के मन में किसी प्रकार के श्रद्धा के भाव नहीं होते। चीर-फाड़कर खाने में बाघ को किसी प्रकार की ग्लानि नहीं होती। भूख लगी तो उसने शिकार करके खा लिया। खाकर डकार लेते हुए वह अपनी टेरीटरी में लौट जाएगा, फिर जब दोबारा भूख लगेगी तो वह किसी नये हिरण पर झपटेगा, हिरण न मिला तो भैंस या फिर मनुष्य को दबोच लेगा।

पुरुष स्त्री के होंठों पर काट खाएँगे और इसका नाम देंगे चुम्बन। जो स्त्री इसी तरह चुम्बन के अनुभव अर्जित करती है, वह तो इसे ही चुम्बन

समझती है, धारदार दाँतों का काटना, होंठों का सूजना, उनका फट जाना, लहूलुहान हो जाना। होंठों को काटने के बाद पुरुष स्त्रियों की छाती पर पिल पड़ते हैं। उसे मसलकर कुचलकर उसका सर्वनाश कर देते हैं। घड़ी-घड़ी नोचते-खसोटते हैं। नाख़ून से खरोंचते हैं, दाँत से काटते हैं। स्त्रियों से यदि प्यार करते तो पुरुष उनकी देह से भी प्यार कर सकते थे, प्यार करते तो उँगलियाँ मुलायम हो जातीं, दाँत और नाख़ून छिपे रहते। पुरुष को सिर्फ़ अपने आनन्द के अलावा किसी और बात की परवाह नहीं होती। स्त्री को किस चीज़ से अच्छा लगेगा, किस चीज़ से नहीं लगेगा, उन्होंने कभी भी इस बात की जानकारी लेने की कोशिश ही नहीं की। जानकारी यदि रही भी तो उन्होंने उस बात को महत्त्व नहीं दिया, पुरुषों ने स्त्रियों के सुख-दुख की कभी परवाह ही नहीं की।

स्त्रियों को कई बार यह पता नहीं रहता कि क्या करने से उन्हें अच्छा लगेगा, क्या करने पर शरीर को सुख मिलेगा। पुरुष स्त्रियों को जिस तरह जो भी समझा देते हैं, स्त्रियाँ उसे उसी तरह समझ लेती हैं। उनमें क्या अलग से अपना दिमाग़ और दिल लगाकर कुछ सोचने की क़ूवत होती है? नहीं होती। शरीर के बारे में पुरुष 'द मास्टर, मैग्लोमैनियाक माचो' होते हैं, और स्त्रियाँ उनका खिलौना। पुरुष सुपीरियर होते हैं और स्त्री इनफ़ीरियर। पुरुष एक्टिव होते हैं, स्त्रियाँ पैसिव। स्त्रियाँ पैसिव न हों तो पुरुषों को मुश्किल होती है। जिस तरह हिरण के हिलने-डुलने से बाघ को उसे खाने में मुश्किल होती है, वैसी। इस जगत में पुरुष ही राजनीति में, अर्थव्यवस्था में, धर्म-अधर्म में, समाज, घर-परिवार, शिक्षा-स्वास्थ्य-संस्कृति में महान बाहुबली बना हुआ है। इन नीति-रीतियों को पुरुषमय बनाए रखने के लिए पुरुष लोग भयंकर रूप से सक्रिय हैं। ये सक्रिय पुरुष बिस्तर पर स्त्री नामक भोग की वस्तु को किस तरह सक्रिय होने की अनुमति देंगे भला? यह सम्भव ही नहीं है। अहं के घर में आग लग जाएगी। पुरुष स्त्रियों को उतना ही हिलने देंगे, जितने से उनके शरीर को पुलक महसूस हो। वात्स्यायन महाशय ने भले ही ऊँची आवाज़ में चौंसठ कलाओं की बात की हो, बंगाली बाबू लोग एक मिशनरी कला में ही तृप्त होते रहे हैं, उन्होंने बाक़ी तिरसठ कलाओं के पीछे समय ख़र्च न करके

स्त्री को पैसिव या पोई साग बनाकर रखने के क़ला-कौशल को अच्छी तरह सीख लिया है।

पुरुषों में रसबोध कम होता है। कम होता है इसलिए वे स्त्रियों के रसबोध को लेकर आतंकित रहते हैं। रससिक्तता न हो तो यात्रा सहज नहीं होती, यह जानते हुए भी रससिक्तता की राह पर चलने में पुरुषों को भारी आपत्ति होती है, आलस आता है। पुरुष चूँकि तैयार रहता है इसलिए सभी को तैयार रहना होता है। घोड़ा तैयार है, लगाम तैयार है, लिहाज़ा एक झटके में पुरुष को गहने के लिए स्त्री को तैयार हो जाना चाहिए। अन्यथा तुम काहे की स्त्री हो? फिर किस बात की सेविका? आनन्द देने वाली, मनोरंजन करने वाली किस तरह की? पुरुषों की सुख-शान्ति-स्वस्ति के लिए आत्माहुति देने हेतु स्त्री हर जगह एक पैर पर खड़ी रहती है।

स्त्रियों को चरमसुख का पता है? कितनी स्त्रियों को इसका अनुभव है? स्त्रियों को यह मालूम है कि संसार के जितने भी सुख हैं, वे सभी पुरुषों के लिए हैं। स्त्रियों को बिलकुल भी सुख नहीं मिलता, ऐसा नहीं है, पुरुषों को सुख देना ही स्त्रियों का सुख है। इसके अलावा स्त्रियों के और सुख होने भी नहीं चाहिए। उनके लिए आनन्द-जैसे कुछ का अनुभव ग़ैरज़रूरी है। युगों-युगों से पुरुषों ने स्त्रियों के मस्तिष्क में त्यागी होने का मंत्र बिठा दिया है। स्त्रियों का यह त्याग ही पुरुषों की सबसे बड़ी चाहत है। स्त्रियाँ अपने व्यक्तित्व, अपने अलग अस्तित्व, अपनी इच्छाओं, अपने सुख सभी का ख़ुशी-ख़ुशी त्याग करेंगी और पुरुष लोग इसी त्याग का स्वाद ले-लेकर भोग करेंगे। इस दुनिया में कोई भी खाना स्त्रियों के त्याग-जैसा स्वादिष्ट नहीं होता।

स्त्रियाँ यदि समलैंगिक होतीं तो, बच जातीं। समलैंगिक न होने की तकलीफ़ यह है कि उन्हें अनादर, उपेक्षा, अपमान और असन्तोष को एक तरह से अपना साथी बनाकर ही जीवन काटने के लिए बाध्य होना पड़ता है। होना तो यह चाहिए था कि पुरुष पंख की तरह हौले-से स्त्री की समूची देह को स्पर्श करता, स्त्री, जिस तरह कली धीरे-धीरे फूल बनकर खिल उठती है, ठीक वैसे खिल उठती। वह बाघिन की तरह कामार्त नेत्रों से निहारती, हिरणी की तरह कातर आँखों से नहीं। पुरुष की साँसों, स्पर्शों, पसीने की

गन्ध, काम और आकांक्षा से प्रेम छलक उठता। छलकता है क्या? नहीं। दैत्य की तरह उठ आती है धर्षण की इच्छा। मैग्लोमैनिया। मैचिस्मो। स्त्री को पीसकर-निचोड़कर छोई[1] बना देने का मर्दानगी भरा सुख।

यह दुनिया पुरुषों की है। भारतवर्ष तो और भी अधिक पुरुषों का है। पुरुष की जब इच्छा होगी, वह स्त्री की कामना करेगा लेकिन स्त्रियों में कामना-वासना नहीं होनी चाहिए। और रहे तो उसे प्रकट नहीं करना चाहिए। स्त्री की देह को जागने की मनाही है, जाग जाए तो उसे नींद में सुलाए रखना ही मंगलकारी होता है। स्त्री को ख़ुद पहल नहीं करनी चाहिए। उसे चुम्बन नहीं लेना चाहिए। यौनिकता में स्त्री मुख्य भूमिका नहीं निभा सकती। स्त्री यौनप्रभु नहीं, 'यौनदासी' होती है। पुरुषों ने बड़े जतन से स्त्रियों को इस चरित्र का उपहार दिया है। यौनिकता में यदि स्त्री साथी की भूमिका निभाने लगती है तो पुरुष बुरी तरह से चौंक उठता है, उसका शिश्न शिथिल हो जाता है। जब तक स्त्री यौनदासी की भूमिका में नहीं उतरती, तब तक पुरुष का उत्थान अनिश्चित रहता है।

जो स्त्री यौनतृष्णा में सिसकारती हो, वह बुरी होती है, पुरुष यदि यौनतृष्णा में सिसकारे तो वीर्यवान, शौर्यवान माना जाता है। ऐसी विषमता के साथ क्या सचमुच स्त्री और पुरुष का स्वस्थ यौन-सम्बन्ध स्थापित हो सकता है? नहीं। नहीं हो सकता। घर-घर में स्त्री और पुरुष मिलकर जो यौन-सम्बन्ध बना रहे हैं, उसे चालू भाषा में कहा जाता है 'आदमी औरत से कर रहा है'। इस चालू भाषा से ही विषमता का बीभत्स चित्र उभर आता है। 'वे लोग कर रहे हैं' के बदले 'वह कर रहा है'। यानी एक व्यक्ति काम कर रहा है, दूसरा बैठा हुआ है, ऐसा है मामला। यौनिकता में स्त्री की कोई भूमिका नहीं है, नहीं रहनी चाहिए—यह सब लोगों द्वारा स्वीकृत राय है।

यह दुनिया उत्थानरहित लोगों से भरी हुई है। हालाँकि उन्हें देखकर इसे समझा नहीं जा सकता। किसी में इस बात को लेकर शर्म नहीं, किसी का सिर

1. गन्ने की वह गड़ेरी या गन्ना जिसे चबाकर/पेरकर रस निकाल लिया गया हो। आशय है—सारहीन वस्तु।

इससे नहीं झुकता, उन्हें कोई दुश्चिन्ता नहीं। उत्थानरहित लोगों का मस्तक उत्थित रहता है। और जो स्त्रियाँ उत्थानरहितों की शिकार हैं, वे ही बल्कि सिर झुकाए अपने दिन काटती हैं। असहनीय रातें काटती हैं। स्त्रियों को यौन-तृप्ति मिले, उत्थानरहित लोग क्या ऐसा आग्रहपूर्वक चाहते हैं? यदि चाहते तो ख़ुद को दुरुस्त करने की कोशिश करते। यौनिकता के नाम पर वे स्त्रियों पर अत्याचार करते नहीं रहते।

जिस दिन पुरुष स्त्रियों के समानाधिकार पर विश्वास करेंगे, जिस दिन वे स्त्रियों की आज़ादी को बिना किसी शर्त के सम्मान प्रदान करके धन्य होंगे, जिस दिन वे अपने कुत्सित मर्दवाद को विसर्जित करके, समूची मर्दवादी नृशंसता-जघन्यता को त्यागकर मनुष्य बनेंगे, वे मानवीय होंगे, स्त्रियों को प्रेमपूर्वक छुएँगे, जो प्रेम श्रद्धा से भरपूर होगा; उसी दिन स्त्री-पुरुष का सच्चा यौन-सम्बन्ध स्थापित हो सकेगा। उससे पहले तक वही घटना घटती रहेगी कि एक व्यक्ति भोग करता रहेगा और दूसरा भुगतता रहेगा।

'स्त्री-स्वाधीनता' का अर्थ 'यौन-स्वाधीनता' है—बहुत-से लोग ऐसा मन्तव्य प्रकट करते हैं। व्यंग्य करते हुए ऐसा कहा जाता है, लेकिन यह बात सच है। यौन-स्वाधीनता के बिना स्त्रियों को कभी भी सच्ची आज़ादी नहीं मिल सकती, नहीं मिली है। जिस स्त्री का शरीर उसके अपने अधिकार से बाहर चला जाता है, वह स्त्री किसी भी अर्थ में 'स्वाधीन स्त्री' नहीं होती। शिक्षा पाकर, आत्मनिर्भर होकर भी स्त्रियों से विद्वेष करने वाले इस समाज में स्त्रियों को 'यौन-दासता' से मुक्ति नहीं मिल पाती। इस दासता से मुक्त होकर, इस क़ैद से बाहर आकर स्त्रियाँ यदि यौन-स्वाधीनता का पूरी तरह से उपभोग कर सकें, तभी उस स्त्री को मैं 'स्वाधीन' मानूँगी। यौन-स्वाधीनता का मतलब पुरुष के मिलते ही उसके साथ सो जाना नहीं है, पुरुष के साथ न सोने का नाम भी स्वाधीनता है। चारों ओर दुष्कर्मियों की भीड़ है, इस समय दुष्कर्मी-नपुंसकों के आह्वान और आदेशों पर ध्यान न देने के लिए जिस यौन-स्वाधीनता की ज़रूरत है, हर स्त्री के पास वह स्वाधीनता होनी ही चाहिए। होंठ काटकर, स्तन नोचकर जो पुरुष अपनी मर्दानगी दिखाना चाहते हैं, वे फिर जो भी हों, उन्हें धक्के मारकर खदेड़ने की यौन-स्वाधीनता न मिले

तो स्त्रियों को मुक्ति नहीं मिल सकती। जो पुरुष केवल अपने यौनसुख को लेकर मग्न हैं, स्त्रियों के यौनसुख के बारे में जो सोचते तक नहीं, उन पुरुषों को बलपूर्वक अस्वीकार करने की यौन-स्वाधीनता स्त्रियों को किसी भी हालत में हासिल करनी ही होगी।

पाँच वर्ष की बच्ची को देखकर यौन उत्तेजना जागती है?

1

बांग्लादेश में पूजा नाम की एक बच्ची बलात्कार की शिकार हुई है। पूजा की उम्र पाँच वर्ष है। इस पाँच वर्ष की बच्ची का बलात्कार सैफ़ुल इसलाम नामक बयालीस साल के एक व्यक्ति ने किया है, जो चार बच्चों का बाप है। उत्पीड़न की यह घटना दिनाजपुर के पार्वतीपुर में घटी है। उस व्यक्ति को वह बच्ची 'बड़े पापा' कहकर पुकारती थी। वह व्यक्ति उसका पड़ोसी था। हो सकता है वह बच्ची सैफ़ुल इसलाम की बेटियों की खेल की साथिन रही हो। मुझे जहाँ तक पता है बच्चियों से बलात्कार की सत्तर प्रतिशत घटनाओं को परिवार के पुरुष, निकट के रिश्तेदार या फिर मोहल्ले के चाचा-ताऊ और दादाजी या फिर कोई परिचित ही अंजाम देते हैं। सैफ़ुल इसलाम पूजा के मोहल्ले के ताऊजी थे। इस व्यक्ति ने, मुझे आशंका है, अपनी बेटियों का भी बलात्कार किया है, बलात्कार का यदि मौक़ा न भी मिला हो, तो भी उसने बलात्कार के मौक़े ज़रूर तलाशे होंगे, मौक़े न पाकर मन-ही-मन इसने रोज़ बलात्कार किया होगा। इस पृथ्वी पर अब लड़कियों की 'सुरक्षा'-जैसा कुछ भी नहीं है।

जो अभी तक वय:संधि तक नहीं पहुँचे ऐसे बच्चों के प्रति यदि किसी को यौन आकर्षण रहे, तो उसे अंग्रेज़ी में 'पीडोफ़ाइल' कहा जाता है। पीडोफ़ाइल के लिए कोई बँगला शब्द है या नहीं मुझे नहीं पता, फ़िलहाल मैं ही इसका बँगला किये देती हूँ—शिशुधर्षणेच्छुक। स्त्रियों के मुक़ाबले पुरुष ही अधिक शिशुधर्षणेच्छुक होते हैं।

केवल पीडोफ़ाइल ही नहीं, समाज में हेबेफ़ाइल, एफ़ेबोफ़ाइल भी रहते हैं। हेबेफ़ीलिया यानी 11 से 14 वर्ष उम्र के बच्चों के प्रति यौन आकर्षण। एफ़ेबोफ़ीलिया यानी 15 से 19 वर्ष उम्रवालों के प्रति यौन आकर्षण। हेबेफ़ीलिया को मैं बँगला में छोटीकिशोरीधर्षणेच्छा, और एफ़ेबोफ़ीलिया को बड़ीकिशोरीधर्षणेच्छा कह रही हूँ। अब सवाल यह है कि यह जो पुरुष शिशु किशोरियों के प्रति यौन आकर्षण महसूस करते हैं, ये क्यों ऐसा महसूस करते हैं, ये कौन लोग हैं?

मनोवैज्ञानिक कहते हैं, ये हमारे आसपास के ही लोग हैं, हमारे ही साथ रहते हैं। ये लोग दिखने में तमाम अन्य साधारण-स्वाभाविक लोगों-जैसे ही होते हैं। हमारे ही पिता, भाई, हमारे ही मामा, चाचा, दोस्त, पड़ोसी। शिशुओं-किशोरियों के प्रति यौन आकर्षण महसूस करने वाले लोगों की संख्या समाज में बहुत बड़ी है, लेकिन ये सभी लोग यौन क्रिया या धर्षण के लिए तत्पर होते हैं, ऐसा नहीं है। ज़्यादातर पुरुष समाज का सोचकर अपने आप को नियंत्रित रखने की कोशिश करते हैं। वे जानते हैं कि उनकी कामना, वासना मानवताविरोधी है। कुछ पुरुष तो बाक़ायदा डॉक्टर की सलाह लेकर अपनी अतिरिक्त एवं अबाध यौनेच्छा को कम करने के लिए दवाई लेते हैं। वे टेस्टोस्टेरॉन हार्मोन को शरीर से कम करने की कोशिश करते हैं। जो लोग ख़ुद को नियंत्रित नहीं करते, वे मौक़ा मिलने पर शिशुओं-किशोरियों पर टूट पड़ते हैं।

मनोवैज्ञानिक कहते हैं, कुछ लोग हैं जो शिशुओं का धर्षण करते हैं, शिशुओं के अलावा वे किसी और के प्रति यौन आकर्षण महसूस नहीं करते। कुछ ऐसे लोग भी हैं जो शिशुओं का धर्षण करते हैं क्योंकि उन्हें इसका मौक़ा मिल गया है, केवल शिशु नहीं, बालिगों के प्रति भी उनके मन में एक-समान यौन आकर्षण रहता है। जो लोग बच्चों के अलावा किसी और के प्रति यौन आकर्षण महसूस नहीं करते, कुछ मनोवैज्ञानिक कहते हैं कि ऐसे लोग मानसिक रोगी हैं। उनका मस्तिष्क अन्य लोगों के मस्तिष्क-जैसा नहीं है। फिर कुछ वैज्ञानिक लोग कहते हैं कि बच्चों के अलावा किसी और के प्रति यौन आकर्षण का न होना कोई मानसिक समस्या नहीं है, यह तो नितान्त ही रुचि के अन्तर की बात है। इनमें भी जो लोग अच्छे तथा ज़िम्मेदार होते हैं वे अपनी यौनाकांक्षा

को नियंत्रित कर लेते हैं, और जो लोग ऐसे नहीं हैं, वे निहायत ग़ैरज़िम्मेदार ढंग से काम करते हैं, वे अन्याय करते हैं, वे धर्षण करते हैं।

अब चूँकि मस्तिष्क पर किसी का बस नहीं चलता, चूँकि वे लोग शिशुकामी के ही रूप में जन्म लेते हैं, या फिर किसी भी वजह से वे शिशुकामी हैं, हम लोग उन्हें उपदेश देते हैं कि वे बच्चों से बलात्कार बन्द करने के सारे प्रयास करें। बच्चों को चोट पहुँचाने, उन्हें उत्पीड़ित करने का उन्हें कोई अधिकार नहीं है, इसलिए वे बच्चों से बलात्कार करने-जैसा काम कभी न करें। यदि वे अकेले अपनी समस्या को सँभाल नहीं पा रहे हैं तो फिर उन्हें अपने शुभचिन्तकों को बता देना चाहिए कि वे शिशुकामी हैं और इस कामुकता को दूर करने में उन्हें सबके सहयोग की ज़रूरत है।

बहुत-से लोग हैं जिनकी इच्छा लोगों की हत्या करने की होती है। लेकिन वे हत्या नहीं करते। हत्या अच्छी बात नहीं है, इसलिए नहीं करते। इसी तरह जिनकी धर्षण करने की इच्छा होती है, काश वे भी सोच लेते कि धर्षण करने की इच्छा हो तो रही है लेकिन मैं ऐसा नहीं करूँगा, कारण कि धर्षण करना अच्छी बात नहीं है।

हम उन्हें दोष नहीं दे सकते, उनकी धर्षण करने की इच्छा क्यों होती है? मस्तिष्क बहुत जटिल है, समाज के भले-बुरे के हिसाब से यह निर्मित नहीं होता, हम इसे अच्छे और बुरे की शिक्षा देकर बड़ा करते हैं।

2

जिन सब देशों में बहुत कम बलात्कार होते हैं, उन सब देशों में पुरुषांग काट डालने या मौत की सज़ा देने का प्रावधान नहीं है। लेकिन उन सब देशों में स्त्रियों को मान-मर्यादा देने की व्यवस्था है। वहाँ स्त्रियों की आज़ादी और उनके अधिकार अन्य देशों की तुलना में बहुत ज़्यादा हैं, उन सब देशों में स्त्रियाँ शिक्षित हैं, वे आत्मनिर्भर हैं, आरक्षण के बिना ही उनकी संसद में पचास प्रतिशत स्त्रियाँ हैं।

जिन देशों में बालिग-नाबालिग सभी के साथ बलात्कार होते रहते हैं, जिन

देशों के अधिकांश पुरुष स्त्रियों को भोग की वस्तु, दासी-बाँदी, सन्तान उत्पादन की मशीन, बुद्धिहीन प्राणी, नीची जाति की जीव आदि मानकर चलते हैं; उन सब देशों में वेश्यालयों की भरमार है, सैकड़ों बच्चियों को यौन-तस्करी का शिकार बनाया जा रहा है; यौन-उत्पीड़न, बलात्कार, पति के अत्याचार, दहेज के लिए अत्याचार, दहेज न देने पर हत्या—ये सारी दुर्घटनाएँ रोज़ घटित हो रही हैं, ये होती ही चल रही हैं।

बलात्कार के साथ यौन-संगम का ताल्लुक़ है। लेकिन बलात्कार का मतलब ही यौन-संगम नहीं है। अधिकांश बलात्कारी यौन-पिपासा मिटाने के लिए बलात्कार नहीं करते। लगभग सभी बलात्कारियों के स्थायी यौन-साथी होते हैं। बलात्कार नितान्त मांसपेशियों की ताक़त है, पुरुष की ताक़त है, पुरुषांग की ताक़त है। मुद्दे की बात यह है कि पितृसत्तात्मक समाज के परमपूजनीय पुरुषांग के घुटे हुए सिर पर मुकुट पहनाने या विजयपताका फहराने का दूसरा नाम बलात्कार है।

बलात्कार कब बन्द होंगे या फिर क्या करने से बन्द होंगे? इस सवाल का सबसे अच्छा जवाब है, 'जिस दिन पुरुष बलात्कार करना बन्द कर देंगे, उसी दिन से बलात्कार बन्द हो जाएँगे।' किस दिन कब बन्द करेंगे, यह पूरी तरह से पुरुषों का मामला है। वे सामूहिक रूप से निर्णय लें कि इस दिन से या कि इस सप्ताह से या फिर इस साल से वे अब से अपनी ही प्रजाति पर इस तरह के भयावह बीभत्स उत्पीड़न नहीं करेंगे।

3

पूजा हिन्दू परिवार की लड़की है। पूजा के जीवन में जो घटित हुआ, उसे देखकर मुझे आशंका हो रही है, बहुत-से हिन्दू परिवार अपनी बेटियों की सुरक्षा की बात सोचकर इस देश को छोड़ने का निर्णय लेने वाले हैं।

पुरुषों की ज़रूरत ख़त्म हो चुकी है

पुरुषों की ज़रूरत ख़त्म हो चुकी है। विज्ञान बहुत ज़ोर-शोर से यह बात कह रहा है। जिस काम के लिए पुरुषों की सबसे ज़्यादा ज़रूरत थी, वह है शुक्राणुओं का उत्पादन करना। कुछ वर्ष पहले ही स्टेम सेल यानी मूल कोशिकाओं के शोधकर्ताओं ने बताया था कि स्टेम सेल से स्पर्म यानी शुक्राणुओं को तैयार किया जा सकता है। हालाँकि वे अभी तक तैयार करके नहीं दिखा सके हैं। विज्ञान के मामले में भी केवल मुँह-बोली बात पर विश्वास नहीं किया जा सकता, यहाँ भी प्रमाण दिखाने पड़ते हैं, घटनाओं को घटित कराकर दिखाना पड़ता है कि वे घटित हुई हैं। चीन के एक डॉक्टर ने चूहों के स्टेम सेल से स्पर्म तैयार किये हैं। स्टेम सेल भ्रूण की नाभि से एकत्र किये जा सकते हैं। एक नये शरीर को तैयार करने के लिए जितनी मूल कोशिकाओं की ज़रूरत होती है, उतनी ख़र्च होने के बाद, शेष कोशिकाएँ नाभि में सुरक्षित पड़ी रहती हैं। उन बची हुई कोशिकाओं से बाद में शरीर के तमाम अंग-प्रत्यंग तैयार किये जा सकते हैं। चूहों की मूल कोशिकाओं से यदि स्पर्म तैयार किये जा सकते हैं, तो फिर मनुष्य की मूल कोशिकाओं से भी स्पर्म तैयार किये जा सकते हैं। ऐसा है क्या? जी हाँ, ऐसा ही है। चूहों की मूल कोशिकाओं से तैयार स्पर्म इस वक़्त चूहों के बच्चे तैयार करने में व्यस्त हैं।

पहले-पहल चूहों पर, गिनिपिग या फिर बन्दरों पर परीक्षण किये जाते हैं, अच्छे परिणाम निकलने पर मनुष्यों पर भी परीक्षण किये जाते हैं। मनुष्य पर किये गए परीक्षणों के यदि अच्छे परिणाम निकले, तब हम अनुमान लगा पाते हैं कि कौन-सी घटना घटने जा रही है। करोड़ों मूल कोशिकाओं

से करोड़ों स्पर्म तैयार किये जाएँगे। हर मोड़ पर स्पर्म बैंक उभर आएँगे। स्पर्म बैंकों से ही स्पर्म लेने का चलन शुरू हो जाएगा। तब स्पर्म के लिए कोई भी पुरुषों पर निर्भर नहीं रहेगा। हम ऐसे दृश्य की कल्पना तो कर ही सकते हैं कि मानव प्रजाति को स्त्रियों ने जीवित रखा है, अकेली स्त्रियों ने ही। इसमें पुरुषों की कोई भूमिका नहीं है। निश्चय ही अब स्त्रियाँ पुरुषों को प्रभु नहीं मानेंगी। पुरुषों से विवाह करने के सामाजिक दायित्वों से उन्हें रिहाई मिल जाएगी। किसी और चीज़ से तो पुरुषतंत्र को उखाड़ना सम्भव नहीं हुआ, सम्भवतः सन्तान की उत्पत्ति में पुरुषों की भूमिका का न रहना ही उनके आधिपत्य को तोड़ देगा। तभी समानाधिकार की चर्चा की सम्भावना बन सकेगी। लेकिन विकास की यात्रा में क्या पुरुष ही लम्बे समय तक टिके रहेंगे? इस जगत-संसार में जो लोग अप्रयोजनीय हैं, उनमें से बहुत सारे धीरे-धीरे विलुप्त हो जाते हैं।

इस समय पुरुष यदि अपनी प्रयोजनीयता समझाने के लिए घर-संसार के कार्यों में अपना मन लगाए, बच्चों के पालन-पोषण पर ध्यान दे, तो फिर स्त्रियों के लिए पुरुषों का महत्त्व बढ़ भी सकता है। मैं नहीं चाहती कि पुरुष विलुप्त हो जाएँ। मैं चाहती हूँ कि पुरुष स्त्रियों के सहयोद्धा और सहयात्री के रूप में बचे रहें। सेक्स के लिए स्त्रियों को पुरुषों की ज़रूरत नहीं है। स्त्रियाँ स्वमैथुन की अभ्यस्त हो सकती हैं। लेकिन और अधिक आनन्द के लिए स्त्रियों को पुरुषों की ज़रूरत पड़ भी सकती है। आनन्द देने में पुरुष कोई ख़ास बुरे नहीं होते।

अब पुरुष न तो स्वामी हैं और न ही दास। आधिपत्य को विसर्जित करके मॉन्स्टर के आसन से उतरकर वह अब मनुष्य के आसन पर बैठा है। ऐसे दृश्य को देखने की मेरी बड़ी इच्छा होती है। मुझे पता है, मेरे जीते-जी इसके घटित होने की कोई सम्भावना नहीं है। हो सकता है भविष्य में लोगों को इसका स्वाद मिले।

मूल कोशिकाओं के शोध पर कोई ख़ास उत्साह नहीं दिखाया जाता। क्योंकि शोध मनुष्य की मृत्यु को रोक सकती है। मृत्यु न हुई तो इस ग्रह पर लोगों का सैलाब आ जाएगा, मृत्यु न हुई धर्म ग़लत साबित हो जाएँगे। मनुष्य का जन्म, उसकी मृत्यु सब भगवान या अल्लाह के हाथों में है—फिर ऐसा

नहीं कहा जा सकेगा। आमतौर पर सामान्य कार्यों में बाधाएँ आती हैं, तो मूल कोशिकाओं के शोध में भी बाधाएँ आ रही हैं।

इस पृथ्वी से कितनी ही प्रजातियाँ लुप्त हो गई हैं। हम मनुष्य प्रजाति को लुप्त होने देना नहीं चाहते। हम चाहते हैं जैसे भी हो यह प्रजाति टिकी रहे। सभी प्रजातियाँ टिके रहना चाहती हैं। मनुष्य भी कोई अलग नहीं है। मानव-शिशु को तैयार करने में यदि सच में स्त्री और पुरुष दोनों की संयुक्त रूप से ज़रूरत न हो, यदि स्त्री अकेले ही प्रजाति को बचाए रखने के लिए काफ़ी हो, तो फिर स्त्री को दुर्बल समझकर आज कितना ही प्रताड़ित क्यों न किया जाए, कल यही स्त्री उठ खड़ी होगी, यही स्त्री मानवजाति के लिए एकमात्र भरोसा होगी। यदि इस स्त्री की अवहेलना, अपमान, अत्याचार और उत्पीड़न करना ही पुरुष का कार्य है, तो फिर मानवजाति के हित में पुरुष के ही विलुप्त होने की ज़रूरत है। और यदि स्त्री को आनन्द देकर, सुख देकर, स्त्री की सेवा-जतन करके, प्यार देकर, श्रद्धा और सम्मान देकर पुरुष उसके साथ रहे, तभी कहा जा सकता है, अब भी समाज में पुरुषों की ज़रूरत है। यदि ऐसा न हुआ तो गुडबाय। पुरुषों से बहुत बड़ा और शक्तिशाली प्राणी इस धरा से विदा ले चुका है। इतिहास से पुरुषों ने आज भी सबक़ नहीं लिया कि बाहुबल ही अन्तिम बात नहीं है, बाहुबल के दम पर कोई भी प्रजाति टिकी नहीं रह सकती, बाहुबल दिखाकर थोड़ी-बहुत हिंसा ही की जा सकती है, इससे अधिक कुछ नहीं।

30 करोड़ वर्षों में पुरुष अपने वाई क्रोमोज़ोम (गुणसूत्र) से सैकड़ों जीन (वंशाणु) खो चुका है। पुरुष यदि विलुप्त हुए तो वे अपने वाई क्रोमोज़ोम की वजह से ही होंगे, वैज्ञानिक यह बात बहुत वर्षों से कह रहे हैं। एक्स क्रोमोज़ोम यानी स्त्री-क्रोमोज़ोम में 1000 स्वस्थ जीन्स हैं। स्त्रियों के पास दो एक्स हैं। इसका मतलब यह हुआ कि स्त्रियों के शरीर में स्वस्थ जीन्स की संख्या अधिक है। एक समय वाई क्रोमोज़ोम में भी एक्स क्रोमोज़ोम की तरह जीन्स हुआ करते थे। लेकिन वे सब नष्ट होते-होते अब जो बचे हैं, बहुत-से वैज्ञानिक कहते हैं कि वे तो केवल कचरा हैं। पुरुष के शरीर में केवल एक ही क्रोमोज़ोम है, एक्स, अकेला। स्त्रियों में चूँकि दो हैं, स्त्रियों के

एक्स शक्तिशाली हैं। कुछ वैज्ञानिकों ने कहा है, पुरुषों को लुप्त होने में 50 लाख वर्ष लगेंगे। कोई-कोई वैज्ञानिक कहते हैं, इन 50 लाख वर्षों के भीतर ही कोई ऐसा वैज्ञानिक जन्म लेगा जो वाई क्रोमोज़ोम की अस्वस्थता को दूर कर देगा। और यदि सभी कुछ असफल हो जाए, तो फिर एक ही उम्मीद बचेगी। जापान में स्पाइनी नामक चूहे पाए जाते हैं, ये चूहे वाई क्रोमोज़ोम के बिना भी जीवित रह रहे हैं।

पुरुष क्या ज़रा भी स्त्री के प्रेम के योग्य है?

मुझमें एक भारी दोष है कि मैं प्रेम में पड़ जाती हूँ। प्रेम में पड़ते ही मैं पुरुषों के प्रति ख़ूब हार्दिक हो जाती हूँ। मैं तब पुरुषों के सात ख़ून माफ़ कर देती हूँ। मैंने बहुत बार अपने आप को चेतावनी दी है। कह चुकी हूँ, 'और जो मन चाहे करना, लेकिन प्रेम क़तई न करना।' मेरा हृदय, शरीर कोई भी इस चेतावनी को नहीं मानता। हृदय का दरवाज़ा खुला रखती हूँ इसलिए कोई भी सुदर्शन अचानक उसमें प्रवेश कर सकता है। सभी को देखकर पहले-पहल लगता है, 'यह पुरुष पुरुषतंत्र को नहीं मानता, यह धर्म, अन्धविश्वास और रूढ़िवादिता वग़ैरह से लाखों मील दूर है। यह पुरुष असाधारण प्रेमी के सिवा और कुछ नहीं हो सकता।' प्रेम मुझे कल्पना के सात सागरों में डुबोए रहता है। वह डूबी हुई मैं सोच लेती हूँ कि पुरुष स्त्रियों के प्रति आदरभाव रखने वाले हैं, वे स्त्री-स्वाधीनता में सौ प्रतिशत विश्वास रखते हैं और स्त्रियों के अधिकारों के लिए ख़ुद ही लड़ाई करेंगे। लेकिन जैसे-जैसे दिन बीतने लगते हैं वह डूबी हुई मैं ऊपर आने लगती हूँ, आख़िरकार किनारे उठ आती हूँ। मुझे हताश करता हुआ प्रेमी समझा देता है कि और दस लोगों की तरह वह भी स्त्री-विद्वेषी है, वह भी मौक़ा मिलने पर स्त्री का सर्वनाश करने से बाज़ नहीं आता।

'पुरुष लोग स्त्रियों का प्रेम पाने योग्य नहीं हैं', इस बात पर विश्वास करके भी मैं प्रेम करती हूँ और पुरुषों के साथ ही करती हूँ। इसका कारण है कि मैं कोशिश करके भी समलैंगिक नहीं बन सकी, और मेरी प्रकृति में पुरुष-काम प्रचंड है। सुदर्शन, सुडौल, छरहरे, धारदार पुरुष-देह को भोगने में मुझे बड़ा आनन्द आता है। पुरुषों की जिंस हो जाना मेरा काम नहीं। मैं भी क्या यह

चाहती हूँ कि पुरुष मेरा जिंस हो जाए! नहीं चाहती। इस स्त्री-विद्वेषी समाज में जहाँ स्त्री ही घर-घर में पुरुषों की जिंस बनकर रह रही है, वहाँ पुरुषों को जिंस में तब्दील करना असम्भव है। यदि सम्भव होता तो मैं प्रतिशोध लेने के लिए एक बार उन्हें जिंस में बदलकर देखती। मुझे जो चीज़ चाहिए, वह यहाँ नहीं मिलती। उसका नाम है समानाधिकार। समानाधिकार क्या चीज़ है, यहाँ के पुरुषों को उसकी धारणा भी नहीं है। जिन लोगों ने समानाधिकार की कहानियाँ सुनी हैं, उन्होंने केवल सुनी हैं, समझा कुछ नहीं।

दरअसल सभी पुरुष एक-जैसे हैं। पूर्व-पश्चिम-दक्षिण और उत्तर के सभी पुरुष एक ही हैं, उनमें कोई फ़र्क़ नहीं है। फ़र्क़ यदि है तो वह बाहरी है। भीतर से वे सभी एक हैं, अभिन्न हैं। आत्मनिर्भर, परनिर्भर, उच्चश्रेणी, निम्नश्रेणी सब एक हैं। निम्नश्रेणी का एक परनिर्भर अनुकम्पा पाने के लिए बहुत दिनों तक मेरे पीछे-पीछे चला था। मैं भला क्या अनुकम्पा करती! मैंने एक बार उस पर प्रेम उड़ेल दिया था, उसे जैसे ही प्रेम मिला, वह तुरन्त सिर चढ़ गया। सिर पर चढ़ते ही उसने मुझे पहचानने से ही मना कर दिया, मेरे बदन को थपथपाते हुए बोला, 'एई तू कौन है रे? कौन है तू?' पुरुषों को प्रश्रय देना और प्रेम देना एक ही बात है। वे प्रेम लेना जानते हैं, उन्होंने प्रेम देना कभी नहीं सीखा। वे कैसे सीखेंगे, उन्हें कौन सिखाएगा! जन्म के बाद घर के भीतर ही उन्हें पहला पाठ मिल जाता है, पिता और माँ की दो भिन्न भूमिकाएँ उन्हें नज़र आ जाती हैं। वे देखते हैं कि माँ प्रेम दे रही है, आदर दे रही है, सेवा कर रही है, और पिता निश्चिन्त होकर मज़े से सब कुछ भोग रहे हैं। पाठों का क्या कोई अन्त है! घर से बाहर निकलते ही दूसरा पाठ, तीसरा पाठ।

घर और बाहर पुरुषों की ही जय-जयकार है। पुरुष प्रभु की भूमिका में हैं, समाज की राजनीति और अर्थव्यवस्था के सरदार हैं वे। इस आराम को कोई भी पुरुष नहीं छोड़ना चाहता। चलिए यह तो भारतवर्ष की तसवीर है। पश्चिम के जिन देशों में स्त्रियों की हैसियत ख़ासी बढ़ चुकी है, वहाँ की तसवीर भी ऐसी ही है। मैंने गोरे प्रेमियों को भी हीनताबोध से ग्रस्त, ईर्ष्याकातर, दुष्ट और दंभ से भरा देखा है। असल में पुरुष की ज़ात ही भीषण रूप से स्त्री-विद्वेषी है। ज़ात को दोष देना शायद ठीक न होगा। पुरुषों को स्त्री-विद्वेषी बनाया गया

है। कई शताब्दियों से पुरुषों को यही तालीम मिली है कि वे ज़्यादा समझते हैं, ज़्यादा जानते हैं, उनके शरीर में ज़्यादा ताक़त है, उनके दिमाग़ में ज़्यादा बुद्धि है, वे उन्नत प्रजाति के मनुष्य हैं। इसलिए यह स्वाभाविक ही है कि कम जानने वाली, दुर्बल और बुद्धिहीन औरत-ज़ात को मर्द लोग नहीं पूछेंगे, वे केवल अपने स्वार्थ के लिए उसका उपयोग करेंगे।

मुझे ख़ुद पर बहुत ग़ुस्सा आता है। मैं इतना सिर उठाकर चलने वाली इनसान हूँ, इतनी आज़ाद, आत्मनिर्भर, इतनी मज़बूत, इतनी बलशाली, शक्तिमान, और प्रेम में पड़ते ही मैं एक दुर्बल दो पैरों वाला जीव हो जाती हूँ। प्रेम में पड़ने पर यह बुद्धिदीप्त मैं जाने किस हवा के झोंके में बिला जाती हूँ। एक बुद्धू, मूढ़ मैं अपने प्रेमी की ज़द में पड़ी रहती हूँ। मैं फिर अपने पेट की चर्बी को लेकर परेशान होने लगती हूँ, मेरी डबल चिन को लेकर मेरी दुश्चिन्ताओं का कोई अन्त नहीं होता। मेरी नाक, मेरी आँखों और मेरे चेहरे का आकार बेतुका लगता है। पके बाल सहन नहीं होते, बालों का विन्यास जघन्य लगता है। मुझे तब रेखा-जैसी सूरत चाहिए, सुष्मिता सेन-जैसा फ़िगर चाहिए। मेरा अपना कुछ भी मुझे तब पसन्द नहीं आता। मैं तब प्रेमी की नज़र से ख़ुद की ओर देखने लगती हूँ, कारण कि उस समय मेरी अपनी कोई नज़र नहीं रहती। प्रेमी की नज़र में मैं असन्तोष ठूँस देती हूँ। उस असन्तोष के माध्यम से मैं अपने आप को देखती हूँ। बार-बार देखती हूँ। हज़ार बार देखती हूँ। मैं जितना देखती हूँ उतनी निस्तेज होती जाती हूँ। मैं जितना देखती हूँ, प्रेमी को मुग्ध करने के तमाम आयोजनों में उतनी ही अस्थिर होती जाती हूँ। भोथरे दिमाग़ से मूर्खताएँ, हीन भावनाएँ और विवशताएँ निकलने लगती हैं। प्रेमी की आग मेरे आत्मविश्वास को जलाकर राख कर देती है। मैं अपने आप को ही नहीं पहचान पाती। मैं झुकी हुई, स्तब्ध और नम्र हो जाती हूँ ताकि मेरा यह रूप देखकर प्रेमी आह्लादित हो उठे, मेरे गुण देखकर आमोदित हो जाए, मैं जी-जान से इसी की कोशिश करती रहती हूँ। मेरा अपना कोई बोध शेष नहीं रहता। मेरी इन्द्रियाँ धीरे-धीरे काम करना बन्द करने लगती हैं। केवल खोपड़ी पड़ी रहती है, भीतर मस्तिष्क-जैसा कुछ नहीं बचा रहता। मैं अपने आप को खोने लगती हूँ। मेरा व्यक्तित्व, मेरा अहंकार, मेरी दृढ़ता, मेरी बलिष्ठता, मेरी शक्ति और

मेरा साहस प्रेम के तूफ़ान में टुकड़े-टुकड़े होकर उड़ते रहते हैं। यह जितने उड़ते रहते हैं, मैं जितनी एक दीन-हीन जड़ वस्तु में तब्दील होती रहती हूँ, मैं अपने प्रेमी को उतना ही ताक़तवर आदमी बनते देखती हूँ। मैं जितनी झुकती हूँ, वह उतना ही आनन्दित होता है, वह उतना ही फूल-फूल कर ढोल बनता जाता है, वह उतना ही मैग्लोमैनियेक, इनक्रैडिबल हल्क, उतना ही वह 'मुझे किसकी परवाह...'-जैसा रवैया अपनाने लगता है।

मुझे किसने प्रेमी को ख़ुश करना सिखाया है? मेरे भीतर क्या कोई पुरानी तालीम अब भी घात लगाए बैठी है? कैन्सर रोग-जैसी यह तालीम, जीवन का विनाश करने वाली यह तालीम, हमारा सर्वनाश करके छोड़ती है। वह मुँह खोलकर खड़ी मौत को खींच लाती है और समूचे जीवन को ही उसके भीतर ठूँस देती है। और प्रचंड प्राणशक्ति से भरपूर जीवन जीने वाली, इस धरती के सारे धर्मों और कट्टरवाद के विरुद्ध, कुत्सित पुरुषतंत्र, युद्ध और रक्तपात के विरुद्ध संग्राम करने वाली, मानवता के लिए विश्वव्यापी लड़ाई करने वाली मैं, जो झुकी नहीं, जिसने समझौते नहीं किये, वह अमानवीय पुरुष के समक्ष झुक जाती हूँ। पुरुषतंत्र की सुविधा का भोग करने वाले, युगों-युगों से स्त्रियों को कुचलकर, पीसकर आराम करने वाले पुरुष के समक्ष झुक जाती हूँ।

अब मैं इसके लिए क्या तर्क दूँ! इस भूल के लिए, इस अध:पतन के लिए! एक ही तसल्ली है कि पीठ पर चाबुक के पड़ते ही मेरा यह नशा काफ़ूर हो जाता है। पुरुष जैसे ही सिर चढ़ जाता है वैसे ही मेरा सिर घूमने लगता है। एक ही तसल्ली है कि तब उसे नीचे उतारे बिना मेरा काम नहीं चलता। पुरुष को सिर से उतारते समय, मकड़ी की तरह जीवन को जकड़े हुए पुरुष को ठेलकर हटाते समय मेरे मन और शरीर में अद्‌भुत शक्ति आ जाती है। प्रेम की ज़ंजीर को तोड़कर, प्रेमी की धूल-कालिख को झाड़कर मैं फिर से उठ खड़ी हो सकती हूँ। यह उठ खड़ी हुई मैं किसी विषमता के साथ समझौता नहीं करती। यह उठ खड़ी हुई मैं पीछे मुड़कर नहीं देखती। खड़ी हुई मैं पुरुषों को नहीं पूछती। इस खड़ी हुई मैं सिर्फ़ एक के साथ प्रेम कर सकती है, सिर्फ़ एक के साथ ही उसकी दोस्ती हो सकती है, और वह है इनसान। इस समाज के पुरुष अब भी सिर्फ़ पुरुष हैं, वे अब तक इनसान नहीं बन सके हैं। वे

जब तक 'इनसान' नहीं बनते, तब तक उनसे प्रेम नहीं, नहीं, नहीं हो सकता।

पुरुष क्या कभी ज़रा भी इनसान बन सकेंगे! घोर पुरुषतंत्र में डूबे रहकर और जो कुछ भी बनें, लेकिन 'इनसान' नहीं बना जा सकता। इनसान मैं उसे मानती हूँ जिसमें इनसानियत होती है, जिसमें मानवीय गुण होते हैं, जो मानवतावाद में विश्वास करता है। मैं उसे इनसान मानती हूँ जो इनसान के साथ अन्याय नहीं करता, जो इनसानों के बीच असमानता को स्वीकार नहीं करता, केवल लैंगिक रूप से स्वयं को उन्नततर जीव नहीं मानता। वे लोग ही इनसान होने के हक़दार हैं, जो स्त्री और पुरुष के बीच मामूली-सी विषमता को भी स्वीकार नहीं करते, जो विषमता के विरुद्ध प्रतिवाद करते हैं, लड़ते हैं, और अपने जीवन में विषमता को लेकर ज़रा-सी भी चर्चा नहीं करते। स्त्री का अपमान करना, स्त्री होने की वजह से उनकी अवज्ञा करना पुरुष का चरित्र है। पुरुष क्या भला 'चरित्रहीन' होना चाहेगा? जब प्रेमी के भीतर से पुरुष बाहर निकल आता है, तब वह प्रेमी नहीं रह जाता। यह मैंने अपने जीवन में बार-बार देखा है। प्रेमी को पुरुष नहीं, इनसान समझकर मैंने बार-बार भूल की है।

जो स्त्रियाँ मेरी ही तरह प्रेम में विश्वास करती हैं, जो भुगतती हैं, मर जाती हैं, वे भी यदि मेरी तरह उठकर खड़ी हो पातीं, पुरुषों की धूल-गंदगी को झाड़कर पुरुषहीन मानवीय जीवन जी पाती, तो यह धरती बहुत ख़ूबसूरत हो जाती। यदि पुरुषतंत्र से बाहर न निकले तो कोई भी पुरुष, मैं सच कह रही हूँ, स्त्रियों के प्रेम का एक क़तरा भी पाने योग्य नहीं है।

वे लड़के हैं तो उनके सात ख़ून माफ़

लड़कों की बदनामी के मुक़ाबले लड़कियों की बदनामी की प्रकृति और परिणाम बहुत अधिक भयंकर होते हैं। मान लीजिए एक लड़का है जो थोड़ा लापरवाह क़िस्म का है, जैसे कि उसके नहाने-खाने का कोई ठीक-ठिकाना नहीं है, घर में उसका मन नहीं लगता, वह बाहर भटकता फिरता है। एक लड़के के चरित्र के वर्णन में यदि इस शब्दावली का उपयोग किया जाए तो लोगों में उस लड़के के प्रति दया के भाव उमड़ेंगे, लेकिन एक लड़की के मामले में इसी शब्दावली का उपयोग करें तो लोग नाक सिकोड़ेंगे।

हर लड़की को समय से नहाना-खाना निपटा लेना चाहिए। शरीर के मैल को घिस-माँजकर साफ़ करना होगा। खाने के दौरान अपनी थाली में मांस-मछली के बड़े टुकड़े लेना उन्हें शोभा नहीं देता। भोली बिटिया की तरह थोड़ा-सा खाकर उदरपूर्ति भले ही न हो, लेकिन हृदयपूर्ति करनी चाहिए। कहीं मन लगाने के उपादान न हों, तो घर में मन लगाना चाहिए। नियमित रूप से खाना पकाना, सिलाई वग़ैरह के साथ-साथ घर की सुन्दरता को बढ़ाने में सक्रिय होना पड़ेगा। अब यह हुई न लड़कियों वाली बात!

एक लड़के का यदि घर में मन न लगे, तो इसमें कोई अन्याय नहीं है, लेकिन ऐसा यदि एक लड़की के साथ हो—तो फिर वह चेहरा दिखाने लायक़ नहीं रहती। शाम को लड़कों की अड्डेबाज़ी बड़ी सहजता से स्वीकार कर लेने योग्य घटना है। लेकिन यदि शाम को एक लड़की की अड्डेबाज़ी की आदत पड़ जाए तो फिर घर में और बाहर भी उसकी इज़्ज़त नहीं होती।

अकसर लड़के ही गर्दन घुमाकर लड़कियों को देखते हैं। मैं एक बार

एक सुन्दर लड़के को बार-बार मुड़कर देख रही थी। मेरे साथ के रिश्तेदार इस पर छिः छिः कर उठे, वे बोले—लड़कियों को इस तरह गर्दन घुमाकर लड़कों को नहीं देखना चाहिए। लोग इसे बुरी बात कहते हैं। मैंने कहा—लड़के भी तो हमें देखते हैं?

मेरे रिश्तेदार बोले—उनके देखने में कोई नुक़सान नहीं है। वे लड़के हैं।

वे लड़के हैं तो उनके सात ख़ून माफ़। मैं लड़की हूँ तो इसलिए एक अनूठे सुदर्शन लड़के की ओर कुछेक बार देख भी नहीं सकती।

छत पर जो किशोरी पड़ोस की छत वाले लड़के साथ हँसकर बातें करती है, मोहल्ले के लोग उस लड़के पर नहीं, किशोरी पर व्यंग्य करने लगते हैं। लड़के की ढेर सारी चिट्ठियों के बदले लड़की यदि एक छोटी-सी टिप्पणी भी लिख दे, तो फिर, अपने लिखे के लिए लड़का बेपरवाही से घूमता-फिरेगा लेकिन लड़की की क़िस्मत में अभिभावकों के थप्पड़ होंगे। पार्क में घूम-फिरकर लड़के जिस उत्साह से घर लौटते हैं, लड़कियाँ वैसा नहीं कर सकतीं। उनके क़दम छोटे और निःशब्द होते हैं, उसकी साँसें तेज़ होती हैं कारण कि यदि किसी को इस बात की ख़बर हो जाए तो फिर वे मोहल्ले में मुँह दिखाने लायक़ नहीं रहेंगी।

लड़के और लड़की यदि कहीं रात में रुक जाएँ तो लड़का तो बड़ी सहजता से निस्तार पा जाता है, लड़की की बदनामी कारख़ाने के काले धुएँ की तरह हवा में बिखर जाती है। तब उस लड़की का समाज-संसार सब तबाह हो जाता है।

लड़का और लड़की किसी आवेगवश अन्तरंग हो जाएँ, तो फिर सामाजिक दुर्दशा तो है ही शारीरिक दुर्दशा भी लड़की को ही भोगनी पड़ती है। यानी लड़की गर्भवती हो जाती है और इस घटना के लिए जो ज़िम्मेदार है, वह तो समस्या से हाथ झाड़ लेता है। हर तरह के दाय-दायित्वों से मुक्त।

दो लोगों के लिए एक ही कर्म, एक ही घटना के परिणाम भिन्न-भिन्न होते हैं। लड़कों के बदन पर धूल-मिट्टी की तरह जो कुछ भी लगा हो उसे झाड़ लेने भर से साफ़ हो जाता है, और लड़कियों के चेहरे पर बदनामी की जो कालिख लगती है, उसे धोने के लिए कोई भी सामाजिक साबुन उपलब्ध नहीं हो पाता।

मुझे पता है प्रत्येक क्रिया की एक विपरीत प्रतिक्रिया होती है। लेकिन भिन्न-भिन्न वस्तुओं पर प्रतिक्रिया भी अलग-अलग तरह से होती है। लेकिन वह यदि जड़ वस्तु न होकर जीव हो, वह पशु न होकर यदि मनुष्य हो—तो फिर मनुष्यों पर प्रतिक्रिया इतनी अलग-अलग क्यों है! बदनामी क्यों अकेली लड़की की होती है, लड़कों की नहीं होती?

एक बार एक लड़की अपने शराबी और बहुगामी पति की गृहस्थी छोड़कर चली आई, लड़की ने सोचा था कि समाज उसे आश्रय देगा, अभिभावकों ने उस लड़की के खाने-सोने की व्यवस्था कर तो दी थी लेकिन घर-गृहस्थी छोड़ देने की वजह से घूरे जाने, वक्रोक्ति, व्यंग्योक्तियों इत्यादि से उसे निजात नहीं दी थी। लड़कियों के अपने घर से घर बदलने को ही एक तरह की सुरक्षा मान लिया जाता है। इसीलिए सुरक्षा की वजह से पुरुषतांत्रिक समाज के सभी मुखिया लड़कियों को बड़े कौशल से दूसरी बार घर-गृहस्थी करने के लिए भेज देते हैं।

लड़कियों की शादी लॉटरी-जैसा मामला है। पति एकगामी है या कि बहुगामी, पति शराबी है या नहीं, पति पत्नी की पिटाई करेगा कि नहीं करेगा, पति सन्तान को जन्म देने के लिए सक्षम है या अक्षम यह जाने जाने बग़ैर ही एक लड़की ज़िन्दगी भर के लिए उसे ग्रहण करती है। उस लड़की का दूसरा पति पैसों का लालची, बर्बर, हीनता से भरा, नपुंसक व्यक्ति है। लड़की सारी ज़ंजीरों को तोड़कर निकल आना चाहती है। लड़की बाहर के उजाले और हवा में जीवित रहने के लिए साँस लेना चाहती है। लड़की उस नारकीय जीवन से मुक्त होना चाहती है। लेकिन वह ऐसा नहीं कर पाती। नहीं कर पाती क्योंकि उसे बदनामी का डर है। कारण कि घर से निकलते ही लड़की की बदनामी होगी, लड़के की नहीं।

जानवरों-जैसे स्वभाव वाला कोई भी पुरुष स्त्री पर चाहे जितने अत्याचार करे, इसमें उसका कुछ भी दोष नहीं होता। दोष उसका होता है जिस पर अत्याचार किया गया। कारण कि पुरुष जितना भी अत्याचारी क्यों न हो, उसके सात ख़ून माफ़ हैं।

स्त्री पुरुषतंत्र के जाल में अटक जाती है

1

कुछ बेवक़ूफ़ लोग हैं, जो कहते हैं कि स्त्रियाँ ही स्त्रियों की दुश्मन हैं, कारण कि बंगालियों में सास-बहू का विवाद बहुत दिनों से है। सास बहू पर अत्याचार करके सुख पाती है। हम सोचकर देख सकते हैं कि कोई स्त्री—वह जब बेटे की पत्नी की सास बनती है तब उसके स्वर ऊँचे होते हैं या कि तब जब वह अपनी बेटी के पति की सास बनती है, तब? बेटी के मामले में वह अवश्य ही विनम्र और समझौतापरस्त होती है, लेकिन बेटे के मामले में वह ठीक इसके विपरीत हो जाती है। कारण की स्त्रीमात्र ही पुरुषतांत्रिक समाज की शिकार है; शादी के माध्यम से लड़के के हाथों में लड़की को सौंपने, और बेटे की गृहस्थी एवं वंश की रक्षा करने की ज़िम्मेदारी लेने के माध्यम से ही स्त्री पुरुषतंत्र के जाल में अटक जाती है।

बेटे की पत्नी की सास जब किसी बेटे की पत्नी थी, तब उसने भी ऐसा ही उत्पीड़न सहा था। बेटे की शादी करवाने के फलस्वरूप वे यदि बेटे के पक्ष की एक प्रतिनिधि होती हैं, और ज़ाहिर है वे प्रतिनिधि हैं, और चूँकि बेटा संगत कारणों से ही पुरुषतंत्र का धारक है, लिहाज़ा वे भी यानी बेटे की माँ भी पुरुषतंत्र की धारक हुईं। इस बात से कोई इनकार नहीं कर सकता कि स्त्रियाँ ख़ुद ही पुरुषतंत्र की धारक और वाहक हैं।

दूसरी ओर स्त्री जब अपनी बेटी का विवाह करवाती है, तब वह ख़ुद अपनी बेटी को पुरुषतंत्र के समक्ष अर्पित करती है, उस समय वह पुरुषतंत्र की

धारक नहीं होती। तब वह स्त्री-पक्ष होती है, उत्पीड़ित, स्त्रियों की प्रतिनिधि; और इसलिए वह उस समय विनत, अनुद्धत, श्लील, संयत और वशंवद होती है। दूसरी ओर बेटी की सास उसी की तरह मिज़ाज की तेज़, नाख़ुश, ग़ुस्सैल और हाथ में तलवार लिये रहती है, जिस चरित्र के साथ वह ख़ुद अपने बेटे की पत्नी के सामने मौजूद रहती है।

चुनाँचे, हम बिना किसी दुविधा के इस नतीजे पर पहुँच सकते हैं कि स्त्री एक ही साथ पुरुषतंत्र की धारक भी है और वाहक भी। पुरुषों की नुमाइंदगी करते हुए स्त्री को स्त्री के ऊपर ही उत्पीड़न का हाथ पसारना पड़ता है—वही उत्पीड़न, जो वह ख़ुद भुगत रही है, उसकी बेटी भुगत रही है, और जब पुरुषतंत्र उसकी अपनी मुट्ठी में है—वह एक और व्यक्ति को भुगतने के लिए मजबूर कर रही है। यह एक चक्र है। इसी आवर्त के भीतर मनुष्य का संचरण है। समय और परिवेश के बदलाव के साथ-साथ पुरुषतंत्र के माध्यम से एवं तमाम तरह से स्त्री चक्कर लगाती रहती है।

वह जब उस प्रकार की स्त्री होती है, जो स्त्री पुरुषतंत्र की धारक की भूमिका में है, तभी वह किसी दूसरी स्त्री को उत्पीड़ित करने के परिवेश में पतित होती है, तब उसका स्त्री के रूप में कोई पृथक अस्तित्व नहीं रह जाता। तब वह पुरुषतंत्र की निर्जला प्रतिनिधि के अलावा बिन्दुमात्र भी कुछ और नहीं होती। वह तब वह स्त्री नहीं होती, जो स्त्री पुरुष अधिकृत समाज के शोषण और उत्पीड़न की शिकार एक शरीर रूपी मांस का पिंड भर होती है।

2

कुछ बेवक़ूफ़ लोग कहते हैं, जिस तरह मुल्ले लोग विज्ञापनों में स्त्रियों के उपयोग को पसन्द नहीं करते, उसी तरह नारी आन्दोलन के कार्यकर्ता भी इस बात को पसन्द नहीं करते। तो फिर दोनों पक्षों में फ़र्क़ क्या रहा।

कट्टरपंथी कहते हैं कि स्त्री की जगह घर में है, वह हमेशा पर्दे में रहेगी, उसके लिए बाहर आकर विज्ञापन करने पर मनाही है। मैं ऐसा कदापि नहीं कहती। मैं स्त्री को स्वावलम्बी होने, ताक़तवर होने तथा अपने व्यक्तित्व को

प्रधान बनाने की बात करती हूँ। स्त्री के मनोमुग्धकारी शरीर का उपयोग कर वाहवाही लूटने के पक्ष में मैं बिलकुल भी नहीं हूँ; मैं चाहती हूँ वह अपने रूप के बल पर नहीं बल्कि अपने गुणों के दम पर प्रतिष्ठा अर्जित करे। मैं निश्चय ही विज्ञापनों में स्त्रियों की हिस्सेदारी का अनुमोदन करती हूँ—लेकिन किसी भी तरह से अप्रासंगिक और अतार्किक हिस्सेदारी नहीं। लेकिन कट्टरपंथी लोग स्त्री को कमाने योग्य, आत्मनिर्भर और गतिमय नहीं देखना चाहते। वे उन्हें बन्दी अवस्था में, अँधेरे से घिरी सामाजिक गुफा के भीतर रहते देखना चाहते हैं। वे स्त्रियों की मुक्ति नहीं चाहते, वे उन्हें हथकड़ी-बेड़ियों में देखना चाहते हैं। चूँकि पूँजीवादी लोग स्त्री-स्वाधीनता के नाम पर गुप्त रूप से स्त्री को ही सौदे की वस्तु में तब्दील कर देते हैं, उसे सौदे की वस्तु बनाकर बेड़ियों में जकड़ लेते हैं, इसलिए जो लोग स्त्रियों का कल्याण चाहते हैं, वे बाज़ार के सौदे में तब्दील करने वाली पूँजीवादी ज़ंजीरों से स्त्रियों को मुक्त करने की कोशिश करते रहते हैं। कट्टरपंथियों की पृष्ठभूमि पूरी तरह से भिन्न होती है। वे स्त्रियों को उजाले में नहीं आने देते, वे स्त्रियों को मनुष्य के रूप में स्वीकृति प्रदान नहीं करते। गहराई में जाकर देखें तो पूँजीवादी और कट्टरपंथियों में अन्तर्निहित एकरूपता बहुत स्पष्ट रूप से दिखाई दे जाती है। पूँजीवादी लोग स्त्रियों को जो ज़ंजीर पहनाते हैं वह रंग-बिरंगी और मनोहर होती है। और कट्टरपंथियों की ज़ंजीरें सूरा-कलमा पढ़ना, फूँक मारना वग़ैरह है, जो निहायत बेरंग होती है। एकरूपता यह है कि दोनों एक ही चीज़ से स्त्रियों के जीवन को सख़्ती से बाँधते हैं—और वह होती है ज़ंजीर।

और मैं, मैंने यदि स्त्रियों के कल्याण की ज़रा-सी भी कामना की हो—तो किसी भी तरह की ज़ंजीरें नहीं चाहती। स्त्रियाँ जब तक तमाम ज़ंजीरों को तोड़कर इस धरती के रूप-रस-गन्ध को जिस भी तरह से भोग करने के अधिकार अर्जित नहीं कर लेती हैं, तब तक मैं ज़ंजीर की हिमायत करने वालों की ओर नफ़रत फेंककर मारती रहूँगी, नफ़रत और नफ़रत।

जीवन सार्थक होता है पति के चरण में!!

1

लड़कियों की आँखों के नीचे के हिस्से को खींचकर तुम क्या देखती हो बुबू?

मैं एनीमिया देखती हूँ।

एनीमिया क्या चीज़ है बुबू?

ख़ून की कमी।

पेट की चमड़ी खींचकर तुम क्या देखती हो?

मैं डिहाइड्रेशन देखती हूँ।

डिहाइड्रेशन क्या चीज़ है बुबू?

पानी की कमी।

लड़कियों के हाथ-पैरों को इतना दबा-दबाकर क्या देखती हो?

घोड़े का अंडा[1] देखती हूँ, कहकर अकसर मैं अपनी छोटी बहन को परे हटा दिया करती थी। मेरी वह छोटी बहन अब बड़ी हो गई है। उसे अब बताने की इच्छा होती है कि मैं लड़कियों के कुपोषण को देखती हूँ रे, बहन। उनके कुपोषण को देखती हूँ। तुम-जैसी लड़कियाँ हैं ही कितनी, जो खा-पीकर मज़े से जी रही हैं, कितनी लाखों-लाख स्त्रियाँ कुपोषण की शिकार हैं, उसकी ख़बर कौन रखता है! वे क्यों शिकार हैं, उनके घर के पुरुष तो कुपोषण के इतने शिकार नहीं हैं, जितनी स्त्रियाँ हैं।

उन्हें यह पता है कि पति के क़दमों के नीचे बहिश्त है, पति का जूठन

---

1. इस बँगला मुहावरे से आशय है—मिथ्या वस्तु, सारहीन वस्तु

खाने से उन्हें पुण्य मिलता है—हमारे देश की अधिकांश स्त्रियाँ ही उस पुण्य को अर्जित करने के लिए निरन्तर मेहनत करती रहती हैं।

समाज की रीति की रक्षा के तक़ाज़े के तहत जब तक घर के पुरुष लोग खा-पीकर डकार न ले लें, उससे पहले स्त्रियाँ खाने को छूती तक नहीं, भले ही दोपहर का खाना खाते-खाते शाम ढल जाए। पुरुषों के खा लेने के बाद आमिष-निरामिष जो भी खाना बचता है, उसमें से कुछ हिस्सा आँगन की बतख़ और मुर्ग़ियों को दे दिया जाता है, कुछ हिस्सा घर की स्त्रियों को मिलता है और इसके बाद भी यदि कुछ बचता है तो उसे अगले दिन के लिए रख दिया जाता है (वह स्त्रियों के लिए ही होता है)—यही साधारण गृहस्थ घरों की रोज़ की तसवीर है।

2

मेरी एक रिश्तेदार का सिर बचपन से ही जूँ से भरा रहता था। एक बार दवाई से उसके सिर की सारी जूँएँ मारी गईं। जूँओं के मरने से उस रिश्तेदार को फ़ायदे की बजाय नुक़सान हो गया। उसे रात में नींद न आने की शिकायत हो गई, आँखों के आगे अँधेरा छाने लगा, खाना खाने में रुचि ख़त्म हो गई। आख़िर में उस रिश्तेदार ने पता लगाया कि सिर में जूँ न होने की वजह से ही उसकी यह हालत हो रही है। दो महीने बेहद बेचैनी में गुज़रने के बाद उन्होंने सिर में जूँएँ डालने के लिए हमें मजबूर कर दिया। अब वे पूरी तरह से स्वस्थ हैं।

असल में उपद्रव सहते-सहते स्त्रियों की हालत यह हो गई है कि उपद्रव के बिना अब वे जी नहीं सकतीं।

हर रात पत्नी को पीटे बिना नहीं सोने वाले पुरुषों को यदि ढूँढ़ निकाला जाए तो मुझे नहीं लगता कि उनकी संख्या बहुत कम होगी। अभी मैंने उस दिन इसी तरह के उत्पीड़न की अभ्यस्त एक बहू से कहा था—उलटे आप ही उसकी पिटाई लगाइए, या फिर उस पापी को त्याग दीजिए।

यह सुनकर घूँघट से ढकी वह बहू आतंकित हो उठी। उसके बदन पर चोट के जो काले-काले निशान थे, वे भी शर्म के मारे लाल हो गए। सम्भवतः

स्त्रियों के रक्त-मांस में एक गहरे विश्वास का बीज अंकुरित हो ही गया है कि स्त्रियों ने लांछित होने, तमाम तकलीफ़ों को सहने और दुर्गतियों को भोगने के लिए ही जन्म लिया है। इसलिए कितनी भी उत्पीड़ित होने में उन्हें ज़रा भी अपमान का बोध नहीं होता।

3

शास्त्र कहता है—'अष्टवर्षा भवेद गौरी नववर्मा तु रोहिणी / दशवर्षा भवेत कन्या ऊर्ध्वं रज:स्वला' इत्यादि। इसका मतलब है—आठ वर्ष की कन्या को गौरी कहा जाता है, नौ वर्ष की कन्या को रोहिणी, और दस वर्ष की कन्या को—कन्या। जिनकी उम्र दस से अधिक हो उन्हें रज:स्वला कहा जाता है।

बारह वर्ष की हो जाने के बाद भी जो पिता कन्यादान नहीं करते, उनके पितृलोक के रिश्तेदार हर माह उस कन्या के ऋतुकालीन शोणित का पान करते हैं। कन्या को रज:स्वला देखने से माँ, पिता और बड़े भाई को नरक जाना पड़ता है। जो ब्राह्मण अज्ञानतावश अन्धा होकर उस कन्या से विवाह करता है, वह सम्भाषण के अयोग्य होता है, उसके साथ एक पंगत में बैठकर भोजन नहीं करना चाहिए।

उस ज़माने में लड़कियों के माँ की गोद से उतरते-न-उतरते ही लोग दौड़-भाग शुरू कर देते थे—कि कौन किससे पहले अपनी लड़की का बलिदान कर पाता है।

इस ज़माने में बलिदान कम हो गया है इस बात पर, यदि मैं पिछले एक महीने में अपने देश के पच्चीस गाँव घूमकर नहीं आती तो, मैं भी विश्वास कर लेती। पूरी तरह से पाँच-छह साल की भले ही न हो लेकिन बारह से पन्द्रह वर्ष की अधिकांश लड़कियों को मैंने शादीशुदा ही देखा है। सतीदाह से यह बाल्यदाह कम मारक नहीं है।

उस ज़माने और इस ज़माने के बीच मुझे बस समय का ही एक बड़ा अन्तराल दिखाई देता है, विश्वासों में मुझे ज़रा भी अन्तर नहीं दिखाई देता।

4

स्त्री तो इसी समाज की इनसान है, जिस समाज ने उसे स्त्रीत्व के तमाम कौशल सिखाए हैं। स्त्री तो इसी समाज की इनसान है, जिस समाज में इस तरह का पोथीकाव्य रचा जाता है—

पतिभक्ति करो सदा जब तक है जीवन
पतिभक्ति करती है सती-साध्वी जी जान से
सती-साध्वी अबला का यही है धरम
पति की सेवा से करें सार्थक जीवन
पति सेवा रमणी के प्यार का है धन
पाकर यह धन करे सार्थक जीवन
सती का लक्षण, हो इस बात का यक़ीन
उसे कुछ नहीं पता पति-सेवा बिन
शयन में स्वप्न ध्यान में और जागरण में
जीवन सार्थक होता है पति के चरण में
कैसे उजली हो सकेगी पति की गृहस्थी
दिन-रात यही सोच हो अन्तर में उसकी
पति के आनन्द के सिवा शान्ति की नहीं है कामना
सती के मर्म की व्यथा है पति की व्यथा में
पति के सुख से सुखी दुख से दुखिनी
पति की सेवा में काटती दिवस और रजनी

और इस प्रकार की गाथाएँ ही घर-घर में ज़बर्दस्त लोकप्रिय होती रही हैं। स्त्री तो इसी समाज की इनसान है, जिस समाज की नीति और नियमों के कन्धों को नोचकर पेट के निचले हिस्से में कसकर दो लात जमाने जाओ तो शोर मचाते सात करोड़ जंगली साँड़ चारों ओर से धावा बोल देते हैं। स्त्री तो इसी समाज की इनसान है, जिस समाज में आख़िरकार उसे हाथ-पैर-सिर समेटकर घोंघे की तरह सामाजिक खोल से अपने आप को ढक लेना पड़ता है।

महिलाओं का प्रवेश निषेध

1

अधिकांश शादीशुदा लड़कियों के साथ मैं पन्द्रह सेकंड से ज़्यादा बातचीत नहीं कर पाती। इसकी वजह यह है बातचीत की शुरुआत में ही ये लोग सुनाने लगती हैं कि इनके पति आमतौर पर क्या खाना और क्या पहनना पसन्द करते हैं। इसके सिवा इनके पास अपने बारे में बताने के लिए कोई बात नहीं होती। यह सब बातें करके ये लोग समाज में टिके रहना चाहती हैं कारण कि इन्हें लगता है टिके रहने के लिए कोई अन्य व्यवस्था इनके पास नहीं है।

इसलिए पति यदि प्यार से महँगी साड़ी ख़रीद दे या कि सोने के गहने गढ़वा दे या फिर और भी अधिक प्यार से ज़मीन की एक दलील उसके हाथ में थमा दे—फिर तो ख़ैर नहीं। इन सब विषय-सम्बन्धी सम्मोहनों के समक्ष दुर्बल लड़कियाँ क्रमशः पराजित होती जाती हैं। कोई बहुत तेज़ी से पराजित होती हैं, तो कोई धीरे-धीरे। असल में संसार का यह जो सुख नामक मोह है, वह एक छोटे कुएँ-जैसा होता है। जिस प्रकार मेढक उस कुएँ को ही विशाल जलाशय समझकर ख़ुशी से उछलता रहता है, ठीक वैसे ही दो साड़ी और नाक-कान में लटकाने वाली धातुई चीज़ें पाकर वे अपने घर-संसार के कुएँ को ही विश्वब्रह्मांड समझने की भूल कर बैठती हैं। लोग भूल जाते हैं कि आज़ादी उनका सबसे पहला अधिकार है। स्त्री एक घर के बदले अपनी आज़ादी बेच देती है। यदि लोगों को समझ में आ जाए कि घर किसी की दुनिया नहीं है, घर आराम और निहायत ही व्यक्तिगत कार्यों के लिए एक निजी ओट भर

है। लेकिन जब कोई पुरुष शादी करता है, तो वह स्त्री को घर-गृहस्थी और ज़ंजीर दोनों का ही उपहार देता है। असल में पुरुष अकेले यह सब नहीं देता। पुरुषतांत्रिक समाज ही यह सब दे देता है।

घर-संसार किसी का कर्म हो सकता है, किसी का वर्म (कवच) भी हो सकता है, लेकिन किसी का धर्म नहीं हो सकता। जो लोग किसी पर इस प्रकार का धर्म थोपना चाहते हैं, वे और जो कुछ भी हों धार्मिक तो हो ही नहीं सकते, असल में वे मनुष्य भी नहीं होते।

2

विज्ञापनों में स्त्रियों का उपयोग किया जाता है। कारण कि बेची जाने वाली किसी भी चीज़ के विज्ञापन में स्त्री अपनी आकर्षक देहवल्लरी और साज-सज्जा लिये इस तरह उपस्थित होती है कि बेची जाने वाली चीज़ के मुक़ाबले स्त्री ही मुख्य हो जाती है। और उस स्त्री की वजह से बेची जाने वाली वह वस्तु लोकप्रिय होती है। इससे व्यावसायिक रूप से मुनाफ़ा तो ज़रूर होता है लेकिन जो स्त्री इन चीज़ों के विज्ञापन के नाम से ख़ुद ही एक वस्तु की तरह उपयोग में लाई जाती है, उसका क्या होता है? इस देश में बेची जाने वाली किसी भी चीज़ के विज्ञापन की स्त्री भी एक तरह से बेची जाने वाली चीज़ ही होती है। उसकी आँखें, भौहें, बाल, नाक, होंठों की हँसी, उसके पीन उन्नत उरोज, उसके सात चक्कर वाले नाच को बाज़ार की पण्यवस्तु से भी अधिक पण्य की तरह माना जाता है। ये विज्ञापनदाता पण्य के व्यापारी पण्य की अपेक्षा स्त्री को ही मुख्य बनाने की कोशिश करते रहते हैं। पुरुषों की शेविंग के लिए ब्लेड, सिगरेट, शर्टिंग-सूटिंग, जूते, मोज़े, शैम्पू, साबुन इन सभी में अनावश्यक रूप से स्त्री को हाज़िर किया जाता है। वे स्त्रियाँ असल में इनमें से कोई काम नहीं कर रही हैं, उनका यहाँ उपयोग किया जाता है। और इस समाज में सम्भवत: स्वयं को इस तरह के उपयोग की वस्तु बनने देना ही उनका मुख्य काम होता है।

3

उस दिन एक क़ब्रिस्तान में प्रवेश करते-करते मैंने देखा कि साइनबोर्ड पर लिखा हुआ था 'महिलाओं का प्रवेश निषेध'। इतने समय से सुनती आई थी कि गाय, बकरियों के लिए प्रवेश निषेध होता है। अब देख रही हूँ, महिलाओं के लिए भी प्रवेश निषेध! सम्भवतः जन्तुओं और स्त्रियों के मामलों में ही तमाम तरह के निषेध जारी हुआ करते हैं।

मृत्यु ही स्त्रियों को क़ब्रिस्तान में घुसने की आज़ादी दे सकती है। तो क्या यही सच है कि मरे बिना स्त्रियों को आज़ादी नहीं मिल सकती?

4

इसे लेकर वे मुझे दो बार ज़िबह करने की कोशिश कर चुके हैं। वे लोग आलिम, इसलामी राजनीति के नेता और इसलामी चिन्तक लोग हैं। एक बार सलमान रुश्दी की किताब 'सटैनिक वर्सेस' के प्रसंग में लेखकों की आज़ादी के समर्थन में बयान की वजह से और दूसरी बार स्त्रियों की पर्दाप्रथा के विरुद्ध वक्तव्य प्रकाशित करवाने की वजह से उन्होंने राष्ट्रीय अख़बारों में बयान दिया था कि मेरा क़त्ल करना वाजिब है।

मैं इस बात पर अविश्वास नहीं करती कि किसी भी दिन वे लोग 'अल्लाहो अकबर' कहते हुए मुझे ज़िबह कर सकते हैं। नहीं, लेकिन मुझे ज़रा भी डर नहीं लग रहा है। सड़क दुर्घटना हो सकती है, यह जानते हुए भी क्या मैं सड़क पर नहीं उतरती? बिजली का करंट लगकर मौत हो जाती है, लेकिन इस वजह से क्या मैं बिजली के उपकरणों का उपयोग नहीं करती? करती हूँ। मुझे इसी समाज के भीतर रहना होगा, यह जानते हुए भी कि यह समाज बार-बार फ़न उठाकर मुझे डसने की कोशिश करेगा। मुझे नहीं पता कि वे लोग अब हैं या नहीं, जिनकी आवाज़ में अभी भी ज़ंग नहीं लगी है, जिनकी क़लम ने अभी तक समझौते की भाषा नहीं सीखी है—या कि वे लोग हैं, बहुत-से लोग हैं, लेकिन चूँकि मैं 'स्त्री' हूँ इसलिए मेरे साथ खड़े होने में

उन्हें संकोच होता है, भले ही मैं सच के पक्ष में खड़ी हूँ।

सम्भवतः ख़ुद को निःशब्द 'क़त्ल' होने देकर मुझे स्त्री-जन्म का प्रायश्चित्त करना पड़ेगा।

5

इटली के प्रख्यात पत्रकार ओरियाना फ़ालासी कहती हैं—'मैंने अपने भीतर के भ्रूण से कहा है, प्रिय बच्चे यह जीवन एक लड़ाई है, निरन्तर लड़ाई। मैंने जानना चाहा कि वह इस पृथ्वी पर जन्म लेना चाहता है कि नहीं। उसने कहा, तुम नरक में जाओ माँ। मैं अब जन्म नहीं ले रहा।

भारतवर्ष में केवल पुरुष जीवित रहेंगे

बालिग लोगों में स्त्री और पुरुषों की संख्या का अनुपात ऐसा ही रहता है—स्त्रियाँ अधिक और पुरुष कम। एक हज़ार पुरुषों में अमूमन एक हज़ार पाँच स्त्रियाँ। स्वस्थ समाज हो तो ऐसा ही होता है। लेकिन समाज यदि अस्वस्थ हो तो इसमें हेर-फेर हो जाता है। भारत में कुछ-कुछ समाजों में अस्वस्थता पहले से ही थी, अब उसने महामारी का रूप धारण कर लिया है। कोई इस पर विश्वास करे या न करे, यह सच है।

उन्नीस सौ बानवे में जब जयललिता मुख्यमंत्री थी तब तमिलनाडु सरकार ने एक अनाथालय की योजना चलाई थी कि अवांछित कन्या-शिशुओं को लोग वहाँ छोड़ जाएँगे। उस वर्ष सतहत्तर बच्चियाँ आईं तो ज़रूर, लेकिन उन्हें गोद लेने से पहले केवल बीस ही जीवित बचीं। इस व्यवस्था पर फिर किसी की आस्था नहीं रही। उन्नीस सौ तिरानबे के अप्रैल महीने से लेकर दिसम्बर तक देखा गया कि तमिलनाडु के उस अंचल में ग्यारह सौ चौरानबे कन्या शिशुओं का जन्म हुआ था, उनमें से एक सौ छप्पन कन्या-शिशुओं की हत्या कर दी गई थी, 243 बच्चियों को मार दिये जाने से बचा लिया गया था, और अनाथालय में केवल सात बच्चियाँ ही पहुँची थीं। अनाथालय की यह योजना आख़िरकार बन्द कर दी गई।

भारत के उत्तरी अंचल के मुक़ाबले दक्षिण में हमेशा से ही स्त्रियों की गरिमा अधिक रही है। यहाँ तक कि केरल में एक ज़माने में मातृकुल-आधारित समाज हुआ करता था। माँ की सम्पत्ति बेटी को मिला करती थी। शादी के बाद दुल्हनें घर-गृहस्थी के लिए पति के घर नहीं जाया करती थीं। वे अपने

घर में रुतबे के साथ रहा करती थीं, पति वहाँ आकर कुछ दिन बिता जाते थे। उस मातृकुल-आधारित समाज के टूट जाने के बाद भी केरल में स्त्रियों की मान-मर्यादा भारत के अन्य किसी भी राज्य के मुक़ाबले ज़्यादा थी। वहाँ लड़कों के अनुपात में लड़कियाँ अधिक हुआ करती थीं। लड़कियाँ अधिक शिक्षित और अधिक आत्मनिर्भर थीं। लड़कियों के ऐसे स्वर्गराज्य केरल में भी इन दिनों लड़कियों की हत्या की जा रही है। तमिलनाडु, आंध्रप्रदेश और कर्नाटक भी बदलते जा रहे हैं। विशेष रूप से तमिलनाडु। इस राज्य के कुछ गाँवों में योजनाबद्ध रूप से लड़कियों की हत्या की जा रही है, सम्भव हुआ तो जन्म से पहले ही, अन्यथा जन्म के बाद में। उसिलंपट्टी, सेलम, धरमपुर, उत्तर आरकट, पेरियार, दिन्दीगुल, मदुरै-जैसे अंचल नवजात कन्या की हत्या के अंचल के रूप में चिह्नित हैं। मैंने सुना है कि तमिलनाडु के कुछ अंचलों में नवजात कन्या की हत्या की परम्परा है। माँ, दादी नवजात कन्या के मुँह में दूध की बूँद डालते हैं, लेकिन वे लोग उस दूध में पीले कनेर का चूरा मिला देते हैं। जिन लोगों को विज्ञान में बहुत भरोसा है, वे दूध में थोड़ी-सी नींद की दवा पीसकर डाल देते हैं, या फिर थोड़ा-सा कीटनाशक। नवजात कन्या की हत्या की परम्परा केवल उस अंचल में ही नहीं है। मानो यह परम्परा समूचे देश में है। भले ही अलग-अलग जगहों पर हत्या की पद्धति भिन्न-भिन्न है। गुजरात में माँ अपनी बेटियों को दूध में डुबोकर मार देती हैं, पंजाब में नवजात कन्या को मिट्टी के मटके में ठूँसकर उस मटके का मुँह अच्छी तरह बन्द कर दिया जाता है और उसे मिट्टी में दबा दिया जाता है। बहुत-से लोगों को पता ही नहीं है कि कन्या शिशु की हत्या कोई अपराध है। कई सम्प्रदायों में इसे बहुत स्वाभाविक काम माना जाता है।

शिशुओं की हत्या नृशंस मामला है। आजकल थाना-पुलिस का ख़ासा झमेला होने लगा है। इसलिए सबसे निरापद है कन्या-भ्रूण हत्या। चूँकि यह दिखने में नृशंस नहीं है इसलिए अपराधबोध का सवाल ही नहीं उठता। आजकल कम ख़र्च में स्कैनिंग हो जाती है। दूरवर्ती गाँवों में भी लिंग निर्धारण और गर्भपात की तमाम आधुनिक व्यवस्थाएँ प्रवेश कर चुकी हैं। पहले लोग बेटे की कामना में मंदिर-मंदिर भटका करते थे, साधु-संन्यासियों पर रुपये

ख़रचने पड़ते थे, अब तंत्र-मंत्र की ज़रूरत नहीं रही, भारत में भगवान से भी शक्तिशाली माध्यम आ चुका है, वह है विज्ञान। स्कैन मशीन, एमनियोसेंथेसिस तथा कई और वैज्ञानिक परीक्षणों के माध्यम से गर्भ के भ्रूण का लिंग देखकर, यदि 'ठीक लिंग' न हुआ तो उसे गर्भ से विदा कर दिया जाता है। ठीक लिंग यानी पुल्लिंग, ग़लत लिंग यानी स्त्रीलिंग।

तमिलनाडु की युवतियाँ स्वीकार कर रही हैं कि वे अपनी कन्या सन्तानों की हत्या कर रही हैं, और इस काम को करके वे ज़रा भी दुखी नहीं हैं। उनमें से किसी को भी पश्चात्ताप नहीं है। नाराज़ रोती हुई स्त्रियाँ कह रही हैं, 'तुम लोग क्या चाहते हो? हम अपनी बेटियों का क्या करें? हम उन्हें क्यों ज़िन्दा रहने दें? इसलिए कि वे उत्पीड़ित हों, जैसे हम हो रही हैं? इसलिए कि जीवन भर यातना भोगती रहें, जैसे हम भोग रही हैं?'

लड़कियाँ समाज में यह सबक़ सीखती हुई बड़ी होती हैं कि लड़कियों के जीवन का कोई मूल्य नहीं है, पुरुषों को यदि सुखी नहीं कर सकीं तो लड़कियाँ नाकारा, निकम्मी और अर्थहीन जीव के रूप में सामाजिक निंदा की शिकार होंगी। यह तो सच है कि स्त्रियों की समझ, उनकी बुद्धि, विचक्षणता, दक्षता, निपुणता का कोई मूल्य नहीं दिया जाता, स्त्रियों की यौनिकता को पण्य में तब्दील कर दिया जाता है, उनके चरित्र को दुर्बल माना जाता है, औरतज़ात को ही 'नीची ज़ात' माना जाता है। कन्या रूप में जन्म लेने पर जीवन कितना असहनीय हो उठता है, इस बात को समझते हुए स्त्रियाँ केवल पुत्र सन्तान की कामना कर रही हैं, वे कन्या सन्तान नहीं चाह रही हैं। परिवार और समाज का दबाव ही स्त्रियों को नवजात कन्या या कन्या-भ्रूण हत्या के लिए बाध्य कर रहा है। स्त्रियाँ इस हत्या-यज्ञ में हिस्सेदारी कर ज़रूर रही हैं, लेकिन मैं उन्हें दोष क्यों दूँगी! वे तो इस खेल की मोहरें भर हैं। क़ानून में यह हत्या अपराध है। असली अपराधी को सज़ा न देकर आजकल स्त्रियों को सज़ा दी जाती है। इस कुत्सित विषमता वाले समाज में भ्रूणहत्या या शिशुहत्या के अपराध में स्त्रियों को सज़ा देने पर, स्त्रियों को दो बार सज़ा मिलती है। एक तो कन्या रूप में जन्म लेने की, और दूसरे कन्या रूप में किसी और को जन्म लेने रोकने की सज़ा। स्त्रियाँ हत्या क्यों करती हैं, कारण कि कन्या को जन्म देने

पर लात खानी पड़ती है, अधिक कन्याओं को जन्म देने पर पति भगा देता है, अपने मायके में भी उसके लिए जगह नहीं होती। इसलिए कन्या की हत्या करके वे लोग अपनी बेटी को तो बचाती ही हैं, ख़ुद को भी बचा पाती हैं।

क़ानून में भले ही पाबन्दी हो लेकिन भ्रूणहत्या और शिशुहत्या बदस्तूर जारी है। स्त्री-उत्पीड़न पर भी क़ानूनी तौर पर पाबन्दी है। हो नहीं रहा? चार दीवारों वाले घर में किसका क़ानून चलता है? वहाँ पर पुरुष स्वामी का क़ानून चलता है। पुरुष के ख़िलाफ़ अभियोग लगाकर पुरुष शासित इस समाज में कौन स्त्री पार पा सकती है भला? बाक़ी का जीवन जीने के लिए कौन उसे ज़िन्दा रहने देगा?

वर्ष 92 में तमिलनाडु की नवजात कन्याओं को सुरक्षा देने के लिए एक क़दम उठाया गया था कि वर्ष 2000 तक शिशुहत्या को पूरी तरह रोक दिया जाएगा। जिनके यहाँ एक या दो बेटियाँ हैं, कोई बेटा नहीं है, उन माता-पिता में से यदि कोई एक नसबन्दी करवा ले तो उसे पैसे मिलेंगे। जब तक लड़की 21 साल की नहीं होती, उसके नाम से फ़िक्स्ड डिपॉज़िट में पैसा जमा किया जाएगा। लड़की के स्कूल के लिए ख़र्च होने वाली राशि उसके माँ-बाप के पास पहुँचा दी जाएगी। उस योजना के अन्तर्गत हर साल 20,000 परिवारों को शामिल किया जा रहा था। 1992 में सेलम ज़िले में 614 लड़कियों को पैसा मिला था, यह पैसा उन्हें डेढ़ वर्ष तक मिलता रहा। लेकिन आख़िरकार इस योजना को बन्द कर देना पड़ा। इसमें तमाम तरह की बाधा-विपत्तियाँ आईं। इसमें लम्पट पुलिस, सूदख़ोर और घूसख़ोरों ने घुसकर इस प्रकल्प का सर्वनाश कर दिया। 21 वर्ष की उम्र में जब लड़की के नाम पर जमा की गई राशि निकाली जाएगी तो उस राशि का उपयोग पहले से तय किये गए कार्य के अलावा किसी अन्य कार्यों पर नहीं किया जा सकेगा। कोई भी स्कीम शायद स्त्रियों के हालात नहीं बदल पाएगी।

6 साल उम्र तक लड़के और लड़की की संख्या का अनुपात, 1000 लड़कों पर 950 लड़कियाँ, होना चाहिए। उम्र बढ़ने पर यह बदल जाता है, लड़कियों की संख्या बढ़ जाती है और लड़कों की संख्या कम हो जाती है। कारण कि लड़कों के मुक़ाबले लड़कियों में जीवित रहने की क्षमता अधिक

होती है। उचित देखभाल मिले तो लड़कियों की संख्या 1005 तक जाती है। समानाधिकार मिले तो लड़कियों की संख्या लड़कों से काफ़ी ज़्यादा हो जाती है। लेकिन 6 साल तक यदि कन्या शिशुओं की संख्या 950 से कम होती है, तो समझ जाना चाहिए कि निश्चित रूप से लड़कियों की हत्या की जा रही है।

अमर्त्य सेन के एक अनुसंधान से पता चला है कि 1986 में इस भारत की तीन करोड़ सात लाख लड़कियाँ लापता थीं। यह जो लड़कियाँ लापता हो रही हैं, यह अचानक नहीं हुआ है। यह बहुत समय से चली आ रही पुत्र-पिपासा का इतिहास है। बहुत समय से अन्य किसी भी देश के मुक़ाबले भारत में लड़कियों की संख्या कम रही है। 1901 की आदमशुमारी से पता चला कि प्रति हज़ार लड़कों पर बालिग लड़कियों की संख्या केवल 972 थी। तब से जैसे-जैसे वर्ष बीत रहे हैं, लड़कियों की संख्या और भी कम होती जा रही है। वर्ष 2001 में यह संख्या थी 933। एक हज़ार लड़कों पर सत्तर लड़कियाँ कम। तो हिसाब यह हुआ कि एक करोड़ जनसंख्या वाले देश में उस साल 7 करोड़ लड़कियों की हत्या की गई थी। इतना विशाल देश है भारत, इस भारत में एक भी ऐसा राज्य नहीं कि जहाँ नवजात कन्या की संख्या में कमी आई हो। कुछ-कुछ राज्यों में कन्या-शिशुओं की संख्या 800 से भी नीचे चली गई है। पंजाब, हरियाणा, हिमाचल प्रदेश, गुजरात, महाराष्ट्र। पंजाब के गुरदासपुर में तो प्रति हज़ार लड़कों पर 729 लड़कियाँ ही हैं। गुजरात के मेहसाना में यह संख्या है 752। तमिलनाडु के सेलम में 763, हरियाणा के अंबाला में 772। उत्तर प्रदेश के शाहजहाँपुर में 678। इन सब अंचलों में प्रति हज़ार के मुक़ाबले दो सौ लड़कियाँ लापता हैं। पंजाब, हरियाणा में 1991 के बाद ही ख़तरे की घंटी बजनी थी। लेकिन शायद कोई अनुमान नहीं लगा सका था कि दस साल बाद यह संख्या और कितने नीचे चली जाएगी। 1991 में किसी भी राज्य में लड़कियों की संख्या 800 से कम नहीं थी, लेकिन दस साल के भीतर ही चार राज्यों में लड़कियों की संख्या 800 से कम हो गई।

एन.जी.ओ. चलाने वाले कहते हैं कि स्त्री यदि शिक्षित और कमाने योग्य हो जाए तो कन्या-शिशु या कन्याभ्रूण हत्या बन्द हो जाएगी। अधिकांश लोगों का मानना है कि कन्याओं की हत्या शायद ग़रीब और अशिक्षितों के

यहाँ होती है। लेकिन होता इसका उलट ही है। भारत में सबसे ज़्यादा लड़कों के अनुपात में लड़कियाँ दक्षिण दिल्ली में कम हैं, जहाँ शिक्षित और धनवान लोगों का वास है। वहीं पर सबसे अधिक विलुप्ति है। बड़े-बड़े राजनीतिविदों की नाक के नीचे यह हत्यायज्ञ चल रहा है। 904 से दस वर्षों में 845। इस दक्षिण दिल्ली से हर साल 28,000 कन्या-शिशुओं को ग़ायब किया जा रहा है। गुजरात के पटेलों को देख विस्मय होता है। वे धनी कृषक हैं। लेकिन उनके गाँवों में लड़कियों का नामोनिशान नहीं है। चंडीगढ़ में 853 लड़कियाँ। चंडीगढ़ शहर में यह औसत और भी कम है, 844। भारत के दरिद्र और अशिक्षित इलाक़ों के मुक़ाबले धनी और शिक्षित लोगों के इलाक़ों में कन्या शिशुओं का औसत कम है। सबसे ज़्यादा हत्याएँ वहीं हो रही हैं। लड़कियों के ख़िलाफ़ देश में होलोकॉस्ट चल रहा है। सामूहिक हत्याकांड। पश्चिम बंगाल के किसी भी अन्य हिस्सों के मुक़ाबले कोलकाता में लड़कियों की विलुप्ति अधिक है।

पिछले दो दशकों में गर्भपात के ज़रिये एक करोड़ कन्याभ्रूणों को मारा गया है। 1997 में आज़ादी के पचास साल पूरे होने के वर्ष में पाँच लाख कन्याओं को भारतभूमि पर जन्म लेने की आज़ादी नहीं मिल सकी, वह भारत, जो संसार के सबसे बड़े गणतंत्र के रूप में गर्व करता है।

इस देश में बहुत तेज़ी से लड़कियाँ विलुप्त होती जा रही हैं। यह लम्बे समय से स्त्री-विरोधी कुरीतियों के पालन का नतीजा है। बहुत सारे सम्प्रदायों में पुत्रों को ही सन्तान मानने का चलन है, पुत्रियों को नहीं। 1980 से पहले तक कन्या-शिशुओं के जन्म के बाद उनकी हत्या कर दी जाती थी। उन दिनों गर्भ में रह रही सन्तान को मारने का चलन शुरू नहीं हुआ था। भ्रूण हत्या जिस दर से बढ़ रही है, इस पर पाबन्दी लगाने के बावजूद, उससे आशंका होती है कि समाज में जब तक स्त्रियों के हालात बेहतर नहीं होंगे, तब तक इन हत्याकांडों और रक्तपात को रोकने के कोई उपाय नहीं हैं। उत्तर भारत ऐसी भयावह स्थिति तक पहुँच गया है कि आशंका की जा रही है 2021 तक शायद लड़की कहने को कुछ भी नहीं बचेगा।

हत्या के ज़रिये लड़कियों को तमाम तरह के झमेले, उत्पीड़न और दमन से सुरक्षा देना, यह आज की परम्परा नहीं है, यह बहुत पहले से विद्यमान रही

है। बहुत पहले से लड़कियाँ सीखती चली आ रही हैं कि जीवित न रहना ही इस समाज में उनकी सबसे बड़ी सुरक्षा है। ब्रिटिश लोगों ने अपने राज के दौरान ही कन्याओं की हत्या वाले इलाक़ों को चिह्नित कर लिया था। उन्होंने पता लगाया था कि 1805 में सौराष्ट्र के जडेजा राजपूतों में कन्या शिशु की हत्या का चलन था। उन दिनों पूर्वी उत्तर प्रदेश में एक गाँव हुआ करता था, जहाँ समूचे गाँव में एक भी कन्या शिशु नहीं थी। 1808 में बड़ौदा के शासक अलेक्ज़ेंडर वॉकर ने सारे सम्प्रदायों के प्रधानों को समन भेजा था कि वे सभी मुचलका लिखकर दें कि अब से कन्या शिशु की हत्या नहीं की जाएगी। 1870 में कन्या शिशु की हत्या को रोकने की व्यवस्था की गई। 1898 में सरकार ने कन्या शिशु की हत्या को अपराध घोषित कर दिया था। कन्या शिशु की हत्या को रोकने के लिए क़ानून भी बनाया गया था, जिसे किसी समय राजनीतिक कारणों से ही ख़त्म कर दिया गया।

मानवविज्ञानी कहते हैं, सभ्यता के आरम्भ से ही यह देखा गया है, जब भी खाद्य का अभाव हुआ, लड़कियों और शिशुओं की हत्या की गई। डार्विन ने कहा है, जन्म के बाद ही कन्या शिशुओं की हत्या कर दी जाती थी, इसका कारण उनकी मौत समाज को बचाए रखने के लिए ज़रूरी थी, ऐसा नहीं था। कारण यह था कि पुरुष-शासित समाज लड़कियों को बोझ माना करता था।

उन्नीसवीं सदी के भारत के दस्तावेज़ों में कन्या-शिशु विहीन कई गाँवों का ज़िक्र मिलता है। कुछ इलाक़ों में 343 लड़के थे और 54 लड़कियाँ। बॉम्बे में 1838 लड़के थे और लड़कियों की संख्या थी 603। हम यदि और पीछे जाकर तलाश करें, तो हमें क्या मिलेगा? कन्या-शिशु की हत्या का चलन शायद वैदिक युग से ही था। अथर्व वेद में कहा गया है, 'कन्या-शिशु को कहीं और जन्म लेने दें, यहाँ पुत्र-शिशु को जन्म लेने दें। पुत्र सम्पदा है। पुत्र आशीर्वाद है। बुढ़ापे में पिता को शक्ति देगा पुत्र। पुत्र पिता को मुखाग्नि देगा, और तब पिता स्वर्ग जा सकेंगे। पुत्र ही पिता को नरक से मुक्त करेगा।'

पहले स्त्रियों को 'परनिर्भर' रहने को कहा जा रहा है, इसके बाद कहा जा रहा है कि वे एक तरह से 'बोझ' हैं। लेकिन सच यह है, स्त्रियों को उस आदिकाल से लेकर आज तक पुरुषों की व्यक्तिगत सम्पत्ति बनाकर रखा गया है।

लम्बे समय से कन्या-शिशु की हत्या करते हुए आज गर्भपात के ज़रिये कन्या-शिशु को नष्ट कर देना परम्परा के बाहर का कोई काम नहीं है। यह काफ़ी हद तक खरपतवार को उखाड़ फेंकने की तरह, पुत्र-उत्पादन के लिए रखी गई गर्भ की मिट्टी से कन्या को उखाड़कर फेंक देना है। ऐसी पुत्र-पिपासु जाति के लिए कन्या की हत्या में तो आश्चर्य-जैसा कुछ भी नहीं है।

रामचन्द्र के पिता दशरथ ने तीनों पत्नियों को खीर खिलाई, और तुरन्त पत्नियों ने चार पुत्र-सन्तानों को जन्म दे दिया। पुराण की वह जादुई खीर भारत के दक्षिणी अंचल में कहीं-कहीं आज भी स्त्रियों को खिलाई जाती है, ताकि वे पुत्र को जन्म दे सकें।

किसी-किसी की राय है कि सीता इस समाज की कन्या-शिशु की हत्या के यज्ञ का शिकार हुई थी, बाद में उसका उद्धार किया गया। राजा जनक ज़मीन के नीचे दबाकर रखे गए एक मटके से सीता को बरामद किया था। वह जहाँ मिली थी, उस स्थान की परम्परा यह है कि वहाँ कन्या-शिशु को एक मटके में ठूँसकर, एक टुकड़ा गुड़ और थोड़ा-सा धागा साथ में रखकर मटके का मुँह कसकर बन्द कर दिया जाता था और फिर उस मटके को ज़मीन के अन्दर गाड़कर लोग चिल्ला-चिल्लाकर कहते थे, 'गुड़ खा और वहीं रह, कभी लौटकर मत आना, तू अपने भाई को भेज दे।' सम्भवतः, 'राम और सीता दोनों ही सेक्स सिलेक्शन के प्राचीन फ़ॉर्म के प्रोडक्ट थे।'

पुत्र-पिपासा में धर्म और जाति का कोई भेद नहीं होता। बादशाह अकबर ने पुत्र की कामना करते हुए शेख़ सलीम चिश्ती का आशीर्वाद प्राप्त किया था। उन्हें बेटा हुआ। बेटे का नाम रखा गया सलीम और बेटे के जन्म के उत्सव को मनाने के लिए फ़तेहपुर सीकरी नामक एक कमाल के शहर का निर्माण किया गया।

इस देश के कोनों-अँतरों में, कूचों-गलियों में धर्मशालाओं की भरमार है, जहाँ जाकर पुत्र की कामना की जा सकती है। हिन्दू, सिख, मुस्लिम, बौद्ध सभी को पुत्र की दरकार है। भारत में बाबाओं की भरमार होती जा रही है। बाबाओं के दर पर धरने दिये जा रहे हैं, फ़क़ीर और वैद्यों की कोई कमी नहीं है। भगवान, बाबा ये लोग कोई भी इतने परफ़ेक्ट नहीं हैं, जितना विज्ञान है।

विज्ञान अब लोगों को झाड़-फूँक, जादू-मंत्र, भगवान और बाबाओं से मुक्ति दिलाने के लिए आया है। भगवान से प्रार्थना करने के बाद भी, तमाम पूजा-अर्चना के बाद भी इतने अच्छे परिणाम कभी नहीं मिले, जो विज्ञान उन्हें दे रहा है। विज्ञान के आने से अब पेट के भीतर बच्चे का लिंग देखना सम्भव हो गया है, लिंग पसन्द न आए तो लिंग सहित बच्चे को दफ़ा किया जा रहा है। ट्रेडिशन और टेक्नोलॉजी का ऐसा समन्वय पृथ्वी में कहीं और इतने बीभत्स रूप में मौजूद नहीं है।

'विज्ञान के माध्यम से कई अनाकांक्षित गर्भों को विदा किया जा सकता है', विज्ञान के लोगों ने शुरू में ऐसा दावा भी किया था। स्कैन तो है ही, अब भ्रूण में किसी तरह की अस्वाभाविकता या डिफ़रमिटी या पंगुत्व है या नहीं, यह जानने के लिए एमनियोसेंथेसिस आ गया है। लेकिन भारत में इन उद्देश्यों से यह परीक्षण नहीं किया जाता। यह किया जाता है लिंग देखने के लिए। और जैसे ही पता चलता है कि स्त्रीलिंग है, उसे तुरन्त गुडबाई कर दिया जाता है। इस देश की मानसिकता में भ्रूण की अस्वाभाविकता उसके लिंग में ही छिपी होती है, पंगुत्व लिंग में ही है। स्त्रीलिंग में।

गर्भपात दो प्रकार के होते हैं। वैध और अवैध। वैध और अवैध के बीच में बारीक धागे जितना व्यवधान है। गर्भपात करवाना वैध है, लेकिन लिंग पता चलने के बाद किया गया गर्भपात अवैध है। भ्रूण में यदि किसी प्रकार की अस्वाभाविकता का पता चले तो एक स्त्री वैध रूप से गर्भपात करवा सकती है। लेकिन स्वाभाविक और अस्वाभाविक के बीच फ़र्क़ क्या है? चिकित्सा विज्ञान में जिस भ्रूण को अस्वाभाविक कहा जाता है, वह और स्वस्थ स्वाभाविक कन्या-भ्रूण, दोनों का एक ही अवस्थान है। सामाजिक रूप से दोनों भ्रूण ही अनाकांक्षित हैं।

अस्वाभाविक या कि अपाहिज भ्रूण और कन्या-भ्रूण दोनों को यदि जन्म लेने दिया जाता है तो ख़र्चे बहुत बढ़ जाते हैं। इससे मानसिक स्वास्थ्य बिगड़ जाता है, आर्थिक मेरुदंड टूट जाता है। इसके बदले इन्हें जन्म न लेने देना ही बेहतर होता है। कन्या-भ्रूण की हत्या में विश्वास रखनेवालों की यही राय होती है।

गर्भपात करानेवाले क्लिनिक एक विज्ञापन देते हैं। 'पचास रुपये ख़र्च करें, 50000 रुपये बचेंगे।' यानी 'इसे मार दे। यह यदि ज़िन्दा रही तो तेरे पचास हज़ार रुपये दहेज में चले जाएँगे।' अकेले वर्ष 2005 में ही 500 करोड़ रुपये की लागत के अल्ट्रासाउंड के कारख़ाने लगाए गए थे। पुत्र-पिपासुओं के लिए लिंग निर्धारण करनेवाले क्लिनिक ही आधुनिक मंदिर हैं।

गर्भपात के अधिकार के लिए यूरोप और अमेरिका में स्त्रियों को लम्बे समय तक संग्राम करना पड़ा। गर्भपात के अधिकार को हासिल करना स्त्री-स्वाधीनता के लिए एक विराट घटना थी। लेकिन भारत में जब एक लिंग-विशेष के लिए गर्भपात किया जाता है, और वह लिंग स्त्रीलिंग है, तब उसके साथ स्त्री-स्वाधीनता का तो कोई सम्बन्ध रहता ही नहीं, बल्कि इसमें पूरी तरह से स्त्री की पराधीनता की करुण कथा जुड़ी रहती है।

भारतीय लोग जिस भी देश में रहने जाते हैं, वे एक टुकड़ा भारत अपने साथ लिये जाते हैं। वे यूरोप, अमेरिका जहाँ भी रहें, उनकी पुत्र-लिप्सा नहीं मरती। वहाँ से कम ख़र्चीला होने के कारण वे भारत आकर गर्भपात करवाते हैं। और भी तमाम परीक्षण-निरीक्षणों का पता चला है जिनसे भ्रूण की अस्वस्थता देखने के बहाने आधुनिक पद्धतियों के सहारे गुप्त रूप से लिंग का पता लगाया जाता है। भ्रूण यदि ग़लत लिंग का हुआ, तो आँख मूँदकर उसकी हत्या कर दी जाती है। न्यूजर्सी के भारतीय परिवारों में कन्या-शिशुओं की संख्या पंजाब-हरियाणा के मुक़ाबले कोई ज़्यादा नहीं है। भारतीय लड़कियाँ इस समय काफ़ी हद तक विलुप्त हो जाने वाली प्रजाति है। वह इनडेंजर्ड है, बाघों से भी ज़्यादा।

कुछ लोग क़ानून दिखाने गए थे। जिन स्त्रियों ने अपनी सन्तानों की हत्या कर दी थी, उन्होंने चीख़ते हुए कहा था, 'क़ानून? क्या है क़ानून? क़ानून क्या मेरी मदद करने आएगा जब मैं दूसरी कन्या को जन्म दूँगी और मेरा पति मुझे घर से निकाल देगा! क़ानून क्या मेरी मदद करेगा जब मेरा पति पुत्र-सन्तान की चाह में दूसरी शादी कर लेगा? क़ानून क्या समाज के उस नज़रिये को बदल सकता है, जो नज़रिया मुझे महत्त्व ही नहीं देगा, क्योंकि मेरे कोई बेटा नहीं है!'

पुराने समय की कन्या-शिशु हत्या की जगह पर अब आधुनिक सेक्स सिलेक्टिव एबॉर्शन ने ले ली है। डी.एन.ए. टेस्ट, प्री-जेनेटिक डायग्नोसिस

टेस्ट। और भी हाई टेक। कन्यावर्जित समाज चाहिए, चाहिए-ही-चाहिए। समाज तो कन्या-सन्तान को मान देने के लिए तैयार नहीं है। लेकिन क़ानून कह रहा है कि कन्या सन्तान की हत्या नहीं की जा सकती। इधर स्त्रियाँ कारण बता रही हैं कि वे क्योंकर अपनी कन्या-सन्तानों की हत्या कर रही हैं। कारण कि समाज पुत्र चाहता है, पुत्र को जन्म न दिया तो जीवन में अशान्ति बढ़ रही है। सीधी-सी बात है, समाज जो बात समझा रहा है, जो लोगों के अन्तर में है, वे मुँह से जो कुछ भी क्यों न कहते हों, कि 'तुम्हारे यदि दो बेटे हैं तो तुम्हारी दो आँखें हैं। यदि एक बेटा है तो एक आँख अन्धी है। और यदि तुम्हारी दो बेटियाँ हैं, फिर तो तुम पूरी तरह से अन्धे हो।' लिहाज़ा क़ानून तोड़े जा रहे हैं। सभी तोड़ रहे हैं। डॉक्टर, नर्स, धाय, लैब, अस्पताल ... सभी। वर्ष 94 में लिंग परीक्षण पर सरकारी पाबन्दी के बावजूद किसी को कोई परवाह ही नहीं है। लोगों की मानसिकता यदि न बदली तो क़ानून का उपयोग करना मुश्किल हो जाता है। और मानसिकता भी तब तक नहीं बदलेगी, जब तक न क़ानून का कड़ाई से पालन करवाया जाए। लेकिन ऐसी मानसिकता, ऐसी स्त्री-विरोधी मानसिकता लेकर ही लोग जन्म लेते हैं? ऐसा तो नहीं है, इसे तैयार किया जाता है।

समाज में जब अपराध बढ़ते रहते हैं तो स्त्रियों का मूल्य भी तेज़ी से कम होता जाता है। स्कैन मशीनें इनसान को मारने की मशीनें बनती जाएँगी, किसे पता था! पंजाब-हरियाणा में कन्या-शिशु हत्या का चलन एक बार फिर से लौट रहा है। कन्या-भ्रूण की हत्या आजकल दिन-ब-दिन मुश्किल काम होता जा रहा है, एक तो यह ग़ैरक़ानूनी है, तिस पर एन.जी.ओ. भी अपराधियों को धर दबोचने के लिए घात लगाए बैठे रहते हैं। जिन सब गाँवों में कन्या-शिशुओं की संख्या कम है, वहाँ नर्स या धाय का मतलब ही है कि कुछ भयानक है। हमें समझना होगा, जीवन के ये दूत ही दरअसल मृत्यु के दूत हैं।

वे क्यों गर्भपात करवा रहे हैं, वे क्योंकर कन्या-शिशुओं को ज़िन्दा नहीं रहने दे रहे हैं। स्त्रियाँ कह रही हैं, 'हम उन्हें क्यों जीवित रहने दें? हमें कोई लड़की नहीं चाहिए। हम जिन तकलीफ़ों को झेल रही हैं, उन तकलीफ़ों को झेलने के लिए हम भला क्यों लड़कियों को जन्म लेने दें?' वे कह रही हैं,

'ज़िन्दा रहकर हमें क्या फ़ायदा? असहनीय जीवन के शुरू होने से पहले ही मर जाना बेहतर। इस संसार में लात-घूँसे खाकर ज़िन्दा रहने से सीधे स्वर्ग जाना बेहतर।'

क्या वे ग़लत कह रही हैं?

पंजाब-हरियाणा में अब बैकलैश शुरू हो चुका है। पाँच भाइयों की एक दुल्हन। दुल्हन मिलेगी कहाँ, गाँव में लड़कियाँ हैं ही नहीं। बड़े भाई की पत्नी का उपयोग अन्य सारे भाई कर रहे हैं। इसके अलावा कोई उपाय नहीं। यह 'द्रौपदी सिंड्रोम' है। झारखंड की त्रिपाला कुमारी नामक एक आदिवासी लड़की को नौकरी देने का वादा कर एक व्यक्ति हरियाणा ले गया था। वहाँ अजमेर सिंह नाम के एक व्यक्ति ने उससे शादी कर ली और उससे उसके अन्य भाइयों के साथ भी हमबिस्तर होने को कहा। वह लड़की इस बात के लिए राज़ी नहीं हुई, लिहाज़ा उसकी हत्या कर दी गई।

गुजरात में पटेल वंश में अब लड़कियाँ नहीं बचीं। आजकल बिहार और उड़ीसा से ग़रीब लड़कियों को ख़रीदकर लाया जा रहा है। वे लड़कियाँ ज़रख़रीद ग़ुलाम और यौनदासी के रूप में तथा पुत्र जन्म देने की मशीन के रूप में बेची जा रही हैं।

लड़कियों को मार डालने के कारण लड़कियों का इतना अधिक अभाव हो गया है कि 'साटा पद्धति' नामक एक विनिमय का नियम चलन में आ गया है, 'मैं अपनी बेटी की शादी लड़के से इसी शर्त पर करूँगा कि बदले में लड़के की बहन हमें मिले, ताकि मेरा बेटा उससे शादी कर सके।'

प्रजनन की नई प्रविधियाँ आ गई हैं। कन्या-भ्रूण की हत्या आजकल सब जगह हाई टेक क्राइम है। 'भगवान के अपने प्रदेश' केरल में भी। लड़कियाँ कहीं भी निरापद नहीं हैं। राष्ट्र में, समाज में, परिवार में कहीं पर भी नहीं। माना जाता था कि माँ का गर्भ सबसे निरापद जगह है। अब, माँ का गर्भ ही कन्याओं के लिए सबसे अ-निरापद स्थान बन चुका है। वहाँ कन्या-शिशु का भ्रूण है, यह ख़बर मिलते ही कन्याओं की सुरक्षा ख़त्म हो जाती है।

भारत का दक्षिण भी उत्तर की राह पर चल रहा है।

लड़कियों के शिक्षित होने पर भी कन्या-भ्रूण हत्याओं को रोका नहीं जा

सकता। शिक्षित स्त्रियाँ अशिक्षित स्त्रियों के मुक़ाबले बहुत अच्छे से अपने गर्भ के भ्रूण की हत्या की परिकल्पना कर सकती हैं। शिक्षित लड़कियाँ जो कि मज़े में हैं, वे भला क्यों ऐसा काम कर रही हैं! इसके पीछे कारण है, 'आत्मविश्वास का अभाव'। तमाम सदियों से स्त्रियों के बीच हीनताबोध की चर्चा चलती रही है, फलस्वरूप उनके ख़ून, मांस, मज्जा और जीन में यह प्रवेश कर गया है।

प्रचलित शिक्षा के द्वारा इसे निर्मूल नहीं किया जा सकता। स्त्रियाँ अगर राजनीतिक, सामाजिक और आर्थिक क्षेत्रों में आत्मनिर्भर नहीं हो पाईं, तो वह सब तथाकथित शिक्षा स्त्रियों के घावों पर नमक ही छिड़कने का काम करेगी, इसके अलावा और कुछ नहीं।

आजकल पुरुष पढ़ी-लिखी स्त्री चाहता है। इसलिए लड़कियाँ शिक्षा ले रही हैं, ताकि शादी के बाज़ार में ठीक ढंग से बिक जाएँ। स्त्रियाँ शिक्षित हुईं तो ख़रीद्दारी करना, बिल का पेमेंट, बच्चों की पढ़ाई-लिखाई, स्कूल आदि की समस्याओं को ख़ुद ही निपटा लेती हैं। एक व्यक्ति ने ऐसा ही कहा, 'मेरी पत्नी गणित में पोस्ट ग्रेजुएट है, अच्छी बात है कि अब वह बच्चों को उनके होमवर्क में मदद कर देती है। इसलिए ट्यूटर रखने की ज़रूरत नहीं पड़ती। और मेरी पत्नी बाहर क्यों नौकरी करेगी भला? हमें अपनी घर-गृहस्थी में ऊपरी पैसों की ज़रूरत भी नहीं है। पत्नी के लिए घर पर ही ढेरों काम पड़े हुए हैं।'

पढ़ी-लिखी स्त्रियों का अन्त में यही हाल होता है। उनके द्वारा कमाए गए पैसों का नाम है 'ऊपरी पैसा'। विश्वविद्यालय की बड़ी-बड़ी डिग्री अपने बच्चों के होमवर्क में मदद करने के काम आती है, किसी और चीज़ में नहीं। मध्यवर्गीय लड़कियाँ शादी के बाद नौकरी नहीं करेंगी, ऐसा ही चलन है। लड़कियों का काम है घर-गृहस्थी करना। केवल उन्हीं लड़कियों को घर से बाहर नौकरी करने की इजाज़त मिलती है, जिन्हें जीवित रहने के लिए रुपयों की सख़्त ज़रूरत होती है।

हाय शिक्षा! शिक्षित लड़कियों को ही दहेज ज़्यादा देना पड़ता है। ज़्यादा शिक्षित लड़कियाँ ही अधिक पढ़ा-लिखा पति चाहती हैं। शिक्षित पति चाहिए तो दहेज का परिमाण भी बढ़ जाता है। बहुत-से लोग समझते हैं कि ज़्यादा

दहेज देने से स्त्री का मान-सम्मान बढ़ता है। दहेज देने पर ससुराल में लड़कियों की मान-मर्यादा कभी भी नहीं बढ़ती, बल्कि घटती है। दहेज जितना ज़्यादा देंगे, मान-मर्यादा उतनी घटेगी। दूल्हे को दहेज देना पड़े ऐसा कोई नियम नहीं है, दुल्हन कितनी ही शिक्षित क्यों न हो, वह कितनी ही बड़ी नौकरी क्यों न करती हो। वधू चाहिए के विज्ञापन ही बता देते हैं कि इस संसार में लड़कियाँ क्या हैसियत लेकर रह रही हैं। गोरी, दिखने में सुन्दर, शिक्षित, भद्र परिवार की घरेलू कन्या चाहिए। घरेलू का मतलब कि जो चौबीसों घंटे घर-गृहस्थी सँभालेगी, नौकरी-वौकरी करने बाहर नहीं जाएगी। भद्र परिवार की कन्या का मतलब है जो लोग अच्छा दहेज देंगे। वर यदि समृद्ध परिवार का हुआ तो दहेज कम देने से काम चल जाएगा, ऐसा नहीं है, बल्कि ऐसों को तो और ज़्यादा दहेज देना पड़ता है। व्यवस्था यदि यही है तो लोगों को क्योंकर ऐसा नहीं लगेगा कि लड़की के जन्म लेने से ख़र्चे बढ़ते हैं? स्त्रियाँ निम्न स्तर की होती हैं, ऐसा विश्वास भारत की स्त्री और पुरुषों के मस्तिष्क में प्रवेश कर गया है। स्त्रियाँ कमतर हैं लिहाज़ा उन्हें दूर करने या पार करने के लिए दहेज ज़रूरी है।

पुरुष भी जब किसी लड़की को पैसे देकर शादी करता है, तब वह अपने घर के लिए ज़रख़रीद ग़ुलाम ख़रीदता है। और, यदि कोई लड़की पैसे देकर किसी पुरुष से शादी करती है, तो वह अपने लिए मान-मर्यादाहीन एक हीन अवस्थान ख़रीदती है। स्त्रियों को किसी भी तरह से मुक्ति नहीं मिलती।

क़ानून बनाकर दहेज प्रथा का अन्त नहीं किया जा सका। इसका उतने दिनों तक अन्त नहीं हो सकता, जब तक परिवार के सभी मानते रहेंगे कि एक लड़की कभी भी एक लड़के की तरह आर्थिक रूप से मज़बूत नहीं हो सकती।

समाज में बहुत सारे बदलावों की ज़रूरत है। लड़कियाँ भी परिवार की अत्यन्त मूल्यवान सदस्य होती हैं, केवल दहेज की गठरी नहीं, पुत्र उत्पादन का यंत्र नहीं—समाज को यह समझना होगा। स्त्रियों में आत्मविश्वास का होना सबसे ज़रूरी है। स्त्री और पुरुष दोनों यदि मिलकर समाज को बदलने की चेष्टा न करें तो समाज में कन्या-भ्रूण हत्या चलती ही रहेगी।

'समाज लड़कियों के लिए बुरा है, इसलिए लड़कियों को जन्म देना ही

उचित नहीं।' यह उक्ति काफ़ी हद तक ऐसी है कि 'ख़ूब शोरगुल हो रहा है, नॉएज़ पॉल्यूशन हो रहा है, इसलिए सिर दुख रहा है, लिहाज़ा सिर काट देना चाहिए।' बहुत-से लोग कहते हैं कि स्त्रियाँ ख़ुद लिंग तय करके यदि सन्तान को जन्म दें तो वे बहुत सारे अनाकांक्षित गर्भ से बच सकती हैं। लेकिन इसमें आख़िरकार लड़कियाँ बचती नहीं हैं, मर जाती हैं। कितने असहाय होने पर अपने गर्भ में बढ़ रहे भ्रूण पर ख़ुद का कोई नियंत्रण नहीं रहता! सामाजिक और पारिवारिक दबावों की वजह से स्त्रियों को गर्भपात करवाने के लिए बाध्य होना पड़ता है। बहुत सारे अवांछित गर्भ भला क्या भयंकर हैं, इससे तो कहीं अधिक भयंकर स्त्रियों की यह निःस्व, निरीह, निरुपाय और मान-मर्यादाहीन अवस्था है।

अभी देश में जिस तरह से चल रहा है, यदि ऐसा ही चलता रहा, तो बहुत ज़्यादा दशकों की ज़रूरत नहीं होगी, जब हमें यह देखना पड़ेगा कि देश में एक भी लड़की नहीं है, केवल पुरुष बचे हैं। अच्छा है, फिर उत्पीड़न, दमन, दुष्कर्म और हत्या के लिए पुरुषों को स्त्रियाँ मिलेंगी ही नहीं। हो सकता है तब भी पुरुषों को बात समझ में न आए।

यह भारत के लिए शर्मनाक है, किसी और के लिए नहीं। जब तक भारत की स्त्रियों को इस देश में बिना किसी विघ्न-बाधा के जन्म लेने का लोकतांत्रिक अधिकार नहीं मिलता, तब तक इस देश को गणतंत्र मानना हमारी भूल होगी।

सूत्र : *डिसअपियरिंग डॉटर्स,* गीता अरवामुदान

यदि मैं पुरुष होती

पुरुष होती तो बहुत अच्छा होता। मरने पर साल-दर-साल मेरी पुण्यतिथि मनाई जाती। इतने दिनों की मेहनत से जो 43 किताबें लिखी हैं, वे न लिखने पर भी चल जाता। राजनीति को लेकर कुछ कविताएँ लिखती, कुछ देश को लेकर, कुछ कविताओं में धनी और पूँजीपतियों को गरियाती, कुछ कविताएँ प्रेम और प्रीति पर हो जातीं। एक गीत लिखती। बस। व्यक्ति रूप में मैं भले कैसी भी होती, कितनी ही झूठी होती, कितनी ही चरित्रहीन होती, स्त्रियों को कितनी ही एक्सप्लॉएट क्यों न करती, कितने ही अत्याचार करती, फिर भी कोई मुझसे इन सबको लेकर कुछ नहीं कहता। बल्कि वे मुझसे प्यार करते, सिर पर बैठाते। हर साल मेरे नाम से मेला आयोजित करते। सिर्फ़ यदि मैं पुरुष होती। पुरुष होने पर बहुत मामूली-सा टैलेंट होने पर ही सेलेब्रिटी हुआ जा सकता है। लड़की होने पर थोड़ी-सी रिकग्नेशन पाने के लिए पहाड़ जितना टैलेंट दिखाना पड़ता है।

ऊपर की ये बातें ही मैंने फ़ेसबुक पर पोस्ट की है। और इतने पर ही मैंने देखा कि कमेंट्स बॉक्स में लोगों का ग़ुस्सा उफन रहा है। मुझ पर ग़ुस्सा। कि मेरे लेखन में विनम्रता क्यों नहीं है! क्यों मेरे मन में इतनी हिंसा भरी पड़ी है! मुझे गाली देने में कभी किसी को भी कोई असुविधा नहीं हुई। आज भी नहीं हो रही है। मैं ही शायद दुनिया में अकेली व्यक्ति हूँ, अकेली रचनाकार, जिसे

गाली देने, जिसके बारे में अश्लील भाषा में झूठ बोलने, जिसके साथ चरम अन्याय और अशोभनीय आचरण करने पर भी किसी को आपत्ति नहीं होती, कोई नाराज़ नहीं होता। असल में सच बात यह है कि मेरी बुराई वग़ैरह करने पर अपने समुदाय में थोड़ा रुतबा बढ़ जाता है। लोग समुदाय में रुतबा बढ़ाना ही चाहते हैं। समुदाय में रुतबा बढ़ाने की इतनी बढ़िया सीढ़ी शायद इसके अलावा दूसरी नहीं है। बुद्धिजीवी होने के लिए भी थोड़ा तसलीमा विरोधी न होने से काम नहीं चलता। यह कोई मैं आज से नहीं देख रही हूँ। पच्चीस साल हो गए हैं।

स्त्रियों का आत्मविश्वास किसी भी काल में किसी को भी पसन्द नहीं आया। शत्रु के प्रति भी स्त्रियों को दया-माया दिखानी चाहिए और उसे अत्याचारियों से भी प्यार करना चाहिए।

लोग चाहते हैं! ग़ुस्से से तमतमाना पुरुषों को फबता है, स्त्रियों को नहीं। स्त्रियों को शोभा देता है आँसू बहाना, आँसू पोंछकर जबड़े भींचकर खड़े होना और किसी को भी फबे लेकिन स्त्रियों को नहीं। मन-ही-मन हम सभी इस बात को जानते हैं। मेरे इस जानने को बीच-बीच में अभिव्यक्त करके मैं मुसीबत मोल लेती हूँ।

मैंने क्या कुछ ग़लत लिखा है? मैं यदि पुरुष होती, मुझे क्या देश से चले जाने के लिए बाध्य होना पड़ता? नब्बे के दशक के शुरुआती दिनों में देश में तो और भी नास्तिक लेखक थे, वे तो बड़े मज़े में थे। उनके ख़िलाफ़ तो लाखों लोगों का जुलूस नहीं निकला, उनके ख़िलाफ़ तो वॉरंट जारी नहीं किये गए, उन्हें तो महीनों अज्ञातवास में नहीं रहना पड़ा, उनके ख़िलाफ़ आत्मघाती दस्ते नहीं बनाए गए। मैं पुरुष नहीं हूँ, लेकिन मैंने धर्म को लेकर बात की, मैंने स्त्रियों के अधिकारों को मानवाधिकार कहा, मेरी धृष्टता किसी को सहन नहीं हुई। वह न तो तब सहन हुई और न ही आज सहन हो रही है। बाईस साल बीत गए, आज भी नहीं।

यदि मैं पुरुष होती तो मुझे लेकर उत्सव होते। हाँ, होते। स्त्रियों को लेकर एक अनुवाद टाइप की किताब लिखने से ही होते। स्त्री होकर स्त्रियों की तकलीफ़ और ग़ुलामी महसूस कर स्त्रियों के अधिकारों के पक्ष में किताबों-

पर-किताब लिखने से जो होता है, उससे कहीं ज़्यादा होता। पुरुष की प्रतिभा का प्रचार उतना ही होता है, जितना स्त्री के रूप का प्रचार होता है, या फिर उसे बुरे चरित्र का प्रचार। पुरुष होने का आनन्द क्या चीज़ है यह मैं पुरुष-लेखकों को देखकर ही समझ जाती हूँ। उनके चरित्र को लेकर किसी को सिरदर्द नहीं होता। हमारा समाज बहुत ही बुरे पुरुष-लेखकों को भी क्षमासुन्दर दृष्टि से देखने का अभ्यस्त है। मैं दुश्चरित्र पुरुषों से एक्सप्लॉएट हुई हूँ, इसके बावजूद लोगों ने मेरी ही निंदा की है, और दुश्चरित्र पुरुष से प्यार करते हुए उन्हें गले लगाया है, उनके प्रति श्रद्धा से नत हुए हैं। यह नज़ारा आज भी नहीं बदला है।

मेरे चरित्र को लेकर तमाम लोगों का सिर दुखता है। जिनका दुखता है, उन्होंने बाज़ार में मेरे बारे में तमाम तरह के अपप्रचार फैला रखे हैं। इन सब अपप्रचारों से युवक और युवतियों का बड़ी सहजता से ब्रेनवॉश किया जा सकता है। मेरी किताब पढ़कर यदि किसी की चेतना जाग जाए, तो फिर अपप्रचार सुनकर उस चेतना को जल्दी से हटा दिया जाए, एक ऐसा अशुभ चक्र लगातार सक्रिय है। मेरे जीवन में एकाधिक पुरुष आए हैं, इसे लेकर पुरुषों के समाज में निंदा का तूफ़ान उठता रहा है। दुश्चरित्र पुरुषों से बचने के लिए मुझे कितना कठिन संग्राम करना पड़ा, जीवन में किस तरह मैं अकेली रहती आई—इन सबको लेकर किसी में कोई उत्साह-उत्तेजना नहीं है। मैंने कभी भी किसी दुश्चरित्र लेखक की किसी तरह की निंदा नहीं सुनी। पुरुष अच्छा लिखे या बुरा लिखे, उस पर उसके लिखने की प्रतिभा के आधार पर विचार किया जाता है। स्त्री वह अच्छा लिखे या बुरा लिखे, उस पर विचार इस आधार पर किया जाता है कि उसने कितने पुरुषों के साथ यौन सम्पर्क रखे हैं। बेगम रोकेया चूँकि पति को छोड़कर, अब वह पति बूढ़ा हो, अपाहिज हो, कहीं नहीं गईं, पति की मृत्यु के बाद भी उन्होंने किसी और पुरुष के साथ सम्बन्ध नहीं बनाए, इसलिए बेगम रोकेया अच्छी हैं। और चूँकि तसलीमा ने अपने पति से तलाक़ ले लिया, इसलिए तसलीमा ख़राब है। चूँकि तसलीमा ने किसी दूसरे पुरुष से ताल्लुक़ रखे, इसलिए तसलीमा ख़राब है। इस इक्कीसवीं सदी में जब समूची पृथ्वी पर स्त्रियों के ख़िलाफ़ तमाम विषमताओं का प्रतिवाद

किया जा रहा है, तब भी बांग्लादेश में स्त्रीविरोधी आचरण में थोड़ी-बहुत भी हिल-डुल मुझे नहीं दिखाई दे रही है।

सवाल उठता है, और भी तो लेखिकाएँ हैं, उनसे तो कोई नफ़रत नहीं करता। नफ़रत नहीं करता, इसके पीछे निश्चय ही तमाम तरह के कारण होंगे। उन लेखिकाओं को निश्चय ही लेखकों या पुरुष-स्वामियों का आशीर्वाद मिलता होगा। वे लेखिकाएँ तसलीमा की तरह ख़ामख़ाह अप्रिय सच्चाइयाँ नहीं लिखतीं, सेलेब्रिटियों की गुप्त सच्चाइयों का पर्दाफ़ाश नहीं करतीं। उनके जीवन में एक से ज़्यादा पुरुष नहीं हैं। तसलीमा पॉलिगैमस भले ही न हो, उसकी सीरियल मोनोगैमी भी लोगों को सहन नहीं होती। कितने ही पुरुषों की मुझे निर्वस्त्र करके अपमान करने, मुझे अपदस्थ करने और मेरे साथ बलात्कार करने की इच्छा होती है। फ़ेसबुक के इनबॉक्स में हज़ारों मैसेज पड़े रहते हैं। बीच-बीच में कुछ-कुछ पढ़ती हूँ। यौन-संगम की तसवीरें, पुरुषांग की तसवीरें, नग्न लड़कियों की तसवीरें भेजकर लोग मुझे गंदी भाषा में गालियाँ देते हैं, या फिर मेरा बलात्कार करते तो उनके मन की इच्छा पूरी होती, ऐसा लिखते हैं। उनकी प्रोफ़ाइल में जाकर देखती हूँ तो पता चलता है लगभग सभी की दीवार पर अल्लाह रसूल की वाणी लिखी हुई है, काबा शरीफ़ का चित्र लटका हुआ है और प्रार्थना का आह्वान है। मैं यदि पुरुष होती तो कम-से-कम मेरा फ़ेसबुक इनबॉक्स इन सब उपद्रवों से बचा रहता।

ज़माना बदल गया है। मनुष्य पहले से और भी अधिक नृशंस हुआ है। आजकल पुरुष ब्लॉगर भी दिन-दोपहर मार दिये जाते हैं। धर्म की राजनीति का सबसे भयंकर रूप हम अपनी आँखों से देख रहे हैं। लग रहा है यह पृथ्वी हज़ार वर्ष पीछे चली गई है और इसी के साथ ही समाज भी। स्त्रियों को बुरक़ा-हिजाब पहनाया जा रहा है, और फिर उनका सामूहिक बलात्कार भी किया जा रहा है, बच्चियों को भी रिहाई नहीं मिल रही है। मैं स्त्रियों के विरुद्ध धर्मान्धता, पुरुषतांत्रिकता, स्त्रीविरोधी क़ानूनों, अन्धविश्वासों, लोगों के स्त्री-विद्वेषी आचार-आचरणों के ख़िलाफ़ आज तीन ज़माने से ज़्यादा समय से लड़ रही हूँ। किसी समय कहा जाता था कि मैं हद से बाहर जा रही हूँ, स्त्रियों को उनके प्राप्य अधिकार से कहीं ज़्यादा मिल रहा है। हाँ, ऐसा कहा

जाता था। मुझे बार-बार समाज-बाहर किया जाता था। केवल पुरुषवादी पुरुष ही मेरे ख़िलाफ़ शिकायतें नहीं करते थे, पुरुषवादी स्त्रियाँ भी करती थीं। चारों ओर जो कुछ घटित हो रहा है, उसे देखने के बाद भी क्या लगता है मैंने कुछ बढ़ा-चढ़ा कर कहा था?

मैंने पुरुषों को हमेशा ही सहयात्री माना है। लेकिन मुश्किल यह है कि पुरुषों ने कभी भी मुझे सहयात्री नहीं माना। उन्होंने मुझे प्रतिपक्ष माना या फिर बहुत ही तुच्छ कोई, निहायत यौन-वस्तु के अलावा और कुछ नहीं। मैं कितनी भी बड़ी लेखिका क्यों न रहूँ, मेरी उम्र कितनी भी क्यों न बढ़ जाए, लोगों की नज़रों में मैं आज भी यौन-वस्तु हूँ। आज भी इस बात को लेकर लोगों की उत्सुकता की कोई सीमा नहीं कि मैं कितने लोगों के साथ सोई हूँ। लेकिन लिखने वाले किसी पुरुष को लेकर जनसाधारण में यह उत्सुकता बिलकुल भी नहीं है। यदि कभी लेखक के दोहरे सम्बन्धों का खुलासा हो जाए, तो ऐसे में सब लोग उस लेखक को ही हीरो के रूप में देखते हैं। उसकी प्रतिभा की ज़बर्दस्त तारीफ़ होती है।

मैं यदि पुरुष होती तो जीवन कुछ और होता। शेष जीवन इस तरह निर्वासन में नहीं काटना पड़ता। यदि पुरुष होती, तो फिर मेरे साहित्य-कर्म और साहित्य-मूल्यों को लेकर किसी को संशय नहीं होता। मैं यदि पुरुष होती, तो मुझे अपनी प्रतिभा का सही-सही या फिर अधिक मूल्य मिलता, यदि मैं पुरुष होती तो मुझे लेखक के हिसाब से देखा जाता, यौन-वस्तु के हिसाब से नहीं। यदि मैं पुरुष होती, तो फिर मेरी किताबों पर एक के बाद एक पाबन्दी नहीं लगाई जाती, यदि पाबन्दी लग भी जाती तो अभिव्यक्ति की आज़ादी के पक्षधर लोग उन पाबन्दियों के ख़िलाफ़ लड़कर पाबन्दियों को हटाने का इंतज़ाम करते। पुरुष होती तो इस तरह ज़माने से मेरी किताबों की नक़ली प्रतियाँ नहीं छापी जातीं। किसी और की गंदी किताबें मेरे नाम से नहीं प्रकाशित होतीं। पुरुष होने के बहुत फ़ायदे हैं।

बलात्कार

कुछ दिनों पहले तनु नामक एक उन्नीस साल की लड़की को कुमिल्ला की सेना की छावनी में सामूहिक बलात्कार के बाद मार दिया गया। इस नृशंसता के ख़िलाफ़ कुछ जागरूक लोगों ने प्रतिवाद किया था। बहुत-से लोगों को आशंका है कि सेना के लोगों ने ही यह कांड किया है। और कई लोग ऐसे भी हैं जिन्होंने बलात्कार के समर्थन में अपनी राय दी है, कोई-कोई कह रहा है कि हिजाब की ओट में तनु एक नर्तकी थी, इसलिए वह ख़ुद अपने बलात्कार और मौत के लिए ज़िम्मेदार है। मोहम्मद आसिफ़ नामक एक सैनिक ने तो फ़ेसबुक पर लिखा कि तनु एक ख़राब लड़की थी, इसलिए उसका बलात्कार करना उचित ही था।

तनु का हिजाब तनु को बलात्कार और हत्या से नहीं बचा सका। पुरुष जब स्त्रियों पर अत्याचार करते हैं, तब वे उनकी पोशाक नहीं देखते। उन्हें लगता है कि उन्हें अत्याचार करने का अधिकार है, और इसी वजह से वे अत्याचार करते हैं। यदि बचपन से ही लोगों को शिक्षा दी जाए कि स्त्रियाँ मनुष्य हैं, स्त्रियाँ यौन-वस्तु नहीं हैं, तो फिर देखने में आया है कि उन समाजों में स्त्रियों को नग्न अवस्था में देखने पर भी पुरुषों को नहीं लगता कि वे किसी तरह की अशालीन मन्तव्य प्रकट करने या कि उनको स्पर्श करने का अधिकार किसी भी पुरुष को है। असभ्य समाज में स्त्रियाँ कोई भी पोशाक क्यों न पहनें पुरुष उन पर यौन-अत्याचार करते ही हैं। सभ्य समाज में स्त्रियाँ जो भी पोशाक क्यों न पहनें, स्त्रियों पर यौन-अत्याचार नहीं करते।

बहुत सम्भव है कि सेना के लोगों ने ही तनु के साथ बलात्कार किया

हो। रक्षक लोग कितने अनायास भक्षक बन सकते हैं! स्त्रियों के लिए अब 'सुरक्षा' कोई अधिकार नहीं है, अब वह निहायत ही विलासिता है। आज जो लोग बलात्कार करते हैं, वे यह जानते हुए ही बलात्कार करते हैं कि वह अपराध है। मनुष्य जितना सभ्य हुआ है, बलात्कार की संज्ञा उतनी ही बदली है। एक समय बलात्कार को कोई अपराध ही नहीं समझा जाता था।

भारत में भी बांग्लादेश-जैसे हालात हैं।

'12 वर्ष उम्र की एक लड़की को आदमियों के एक झुंड ने बलात्कार करते-करते मार डाला।'—यह ख़बर भारत के अलग-अलग उम्र और वर्ग के आधे लाख लोगों को बताने के बाद सत्तर प्रतिशत लोगों ने कहा, 'पुरुषांग काट डालो'। बाईस प्रतिशत लोगों ने कहा, 'मौत की सज़ा दी जाए'। आठ प्रतिशत लोगों ने बना-बना कर तमाम बातें कही, 'what about the menz', 'स्त्रियाँ भी तो पुरुषों का बलात्कार करती हैं, तो फिर', 'उस लड़की ने निश्चय ही पुरुषों को प्रोवोक करने के लिए बदन पर कुछ वैसा पहना होगा, या फिर कुछ लगाया होगा।' इन लोगों के पास बलात्कार के दो ही समाधान हैं—मार डालो, या फिर काट डालो। बलात्कारियों को यदि ये दो सज़ाएँ दी जाएँ तो निश्चित रूप से बलात्कार रुक जाएँगे। लेकिन ये नहीं रुके, बल्कि ये आसमान छू रहे हैं। बलात्कारी धनंजय को फ़ाँसी होने के बाद पश्चिम बंगाल में एकाएक बलात्कार बढ़ गए थे।

जिन देशों सबसे कम बलात्कार होते हैं, उन सब देशों में पुरुषांग काटने या फिर मौत की सज़ा नहीं दी जाती। लेकिन उन सब देशों में स्त्रियों को सम्मान देने की व्यवस्था है। उन देशों में स्त्रियों की स्वाधीनता और अधिकार अन्य देशों की तुलना में बहुत ज़्यादा हैं, उन सब देशों में स्त्रियाँ शिक्षित हैं, आत्मनिर्भर हैं, बिना किसी आरक्षण के संसद में उनकी संख्या पचास प्रतिशत है।

बलात्कार उन सब देशों में बड़े मज़े से होते रहते हैं, जिन देशों में पुरुष स्त्रियों को भोग की वस्तु, दासी-बाँदी, सन्तान उत्पत्ति की मशीन, बुद्धिहीन प्राणी, निचले स्तर की जीव आदि मानते हैं; जिन सब देशों में वेश्यालयों की भरमार है, जहाँ सैकड़ों बच्चियों को यौन-तस्करी का निशाना बनाया जा रहा है; यौन-उत्पीड़न, बलात्कार, पति के अत्याचार, दहेज के लिए अत्याचार,

दहेज न दे पाने की वजह से हत्या—ये दुर्घटनाएँ रोज़ ही हो रही हैं, होती चली जा रही हैं।

बलात्कार और जो कुछ भी लेकिन बलात्कार का मतलब यौन संगम नहीं है। बलात्कार कोई भी अपनी यौन-पिपासा मिटाने के लिए नहीं करता। लगभग सभी बलात्कारियों के स्थायी यौन-साथी होते हैं। बलात्कार नितान्त मांसपेशियों की ताक़त है, पुरुष की ताक़त है, पुरुषांग की ताक़त है। मुद्दे की बात यह है कि पितृसत्तात्मक समाज के परम पूजनीय पुरुषांग के घुटे हुए सिर पर मुकुट पहनाने या विजयपताका फहराने का दूसरा नाम बलात्कार है।

बलात्कार कब बन्द होंगे या फिर क्या करने से बन्द होंगे? इस सवाल का सबसे अच्छा जवाब है, 'जिस दिन पुरुष बलात्कार करना बन्द कर देंगे, उसी दिन से बलात्कार बन्द हो जाएँगे।' किस दिन कब बन्द करेंगे, यह पूरी तरह से पुरुषों का मामला है। वे सामूहिक रूप से निर्णय लें कि इस दिन से या कि इस सप्ताह से या फिर इस साल से वे अब से अपनी ही प्रजाति पर इस तरह के भयावह बीभत्स उत्पीड़न नहीं करेंगे।

बलात्कार बन्द करने की राह पर आगे बढ़ने के लिए क्या करना होगा! रास्तों, ऑफ़िसों, अदालतों, दुकानों पर स्त्रियों के यौन-उत्पीड़न को रोकना होगा, बाल-विवाह, दहेजप्रथा और जात-पाँत की व्यवस्था को बन्द करना होगा, स्त्रियों को शिक्षित करना पड़ेगा, आत्मनिर्भर बनाना पड़ेगा। स्कूलों में सारे शिक्षकों द्वारा शुरू से ही बच्चे-बच्चियों को समानाधिकार की शिक्षा देनी होगी। बच्चों को अच्छी शिक्षा और अच्छा परिवेश मिले तो वे बेहतर इनसान बनते हैं। बलात्कारियों की जीवन-कथा को खँगालों तो पता चलता है कि उनमें से अधिकांश का शैशव बहुत बुरा था, उन्हें अच्छी शिक्षा-दीक्षा नहीं मिली, मारपीट देखते-देखते, नफ़रत देखते-देखते, पुरुषों की धोखेबाज़ी देखते-देखते वे बड़े हुए हैं। उन्होंने यही सब सीखा है। सीखना सहज होता है, न सीखना सहज नहीं होता। सीखे हुए तंत्र-मंत्र-पुरुषतंत्र और स्त्रीविरोधी-अन्धविश्वासों को जैसे भी हो 'न सीखना' यानी 'अनलर्न' के ट्रैश-बिन में फेंकना ही पड़ेगा।

देश को बलात्कार से मुक्त करना हो तो सरकार को बहुत मेहनत करनी पड़ती है। इसकी बजाय बलात्कारी को फाँसी दे देने-जैसा सहज कार्य और

कुछ नहीं होता। इससे लोग भी ख़ुश होते हैं और थोड़े समय के लिए समस्या को दबाने-छिपाने का मौक़ा भी मिल जाता है। सरकार इसी तरह लोगों को बेवकूफ़ बनाती है। लोग यदि बुद्धिमान हो गए, फिर तो मुश्किल हो जाएगी! तब तो जिन कार्यों को करने से समाज का सचमुच भला होता है, बुद्धिमान लोग सरकार से सीधे-सीधे उन कार्यों की माँग करने लगेंगे। उनकी माँगें मानकर समाज को सबके लिए सुरक्षित बनाने में यदि व्यस्त हो जाएँ तो फिर वोट जुटाने की मशक़्क़त कौन करेगा? तो तब किसी को टँगड़ी मारने, किसी को देश से निर्वासित करने, ढेर सारे गुंडे पालने और युगों-युगों तक गद्दी पर क़ाबिज़ रहने के गुप्त कौशल के लिए सरकार के पास समय कहाँ होगा?

बलात्कार यदि नहीं होता तो शायद हत्या भी नहीं होती। बलात्कार कम होंगे तो एक दिन हत्याएँ भी कम हो जाएँगी। जिन लोगों ने तनु का ख़ून किया था, वे आज भी फ़रार हैं। यदि उन्हें ढूँढ़ने की इच्छाशक्ति न हो तो फिर किसी को ढूँढ़ना सम्भव नहीं। नास्तिक ब्लॉगर लोगों का ख़ून किसने किया, आज इसका भी पता नहीं चल रहा है। समाज के अधिकांश लोग जिनसे नफ़रत करते हैं, यदि उनका ख़ून हो जाए, तो वे एक तरह से ख़ुश ही होते हैं, ख़ून करने वालों पर मुक़दमे आदि को लेकर चीख़ते-चिल्लाते नहीं। लोगों को चोर, धोखेबाज़, नास्तिक, स्त्री सभी से नफ़रत करने की बुरी आदत पड़ गई है।

मुझे पता है सैनिक भी अन्य लोगों की तरह मनुष्य ही हैं। वे भी पुरुष हैं। उनमें भी बलात्कार की इच्छा जागती है। बलात्कार और ख़ून करने का अधिकार केवल असैनिकों को ही है, सेना को वह अधिकार नहीं, ऐसा तो नहीं है! पुलिस वाले भी बलात्कार करते हैं, हत्या करते हैं। एक पुरुष की हत्या करना और एक स्त्री की हत्या करना—दोनों अलग हैं। पुरुष की हत्या करने पर ख़ूनी को दोष दिया जाता है, स्त्री की हत्या करने पर स्त्री को ही दोष दिया जाता है। जितने दिनों तक स्त्री और पुरुषों का वैषम्य जड़ से नहीं मिटेगा, तब तक यह हिपोक्रेसी रहेगी ही।

बलात्कार असहनीय है

1

'शादी की उम्र' यह एक ऐसी बात है, जिसे समाज विभिन्न वर्गों में विभिन्न दंशों की शक़्ल में किशोरियों या फिर युवतियों की देह में चुभाता रहता है। असल में लड़कियों के मन पर यह एक तरह का सामाजिक दबाव है, जिस दबाव के फलस्वरूप लड़कियाँ ख़ामख़ाह प्रेम करने, भाग जाने और आत्महत्या करने की कोशिश करती हैं। इससे मध्य और निम्न-आयवर्ग के अभिभावकों को एक तरह से राहत मिल जाती है। पैसे वालों की लड़कियों की शादी काफ़ी हद तक ख़रीदने-बेचने के व्यवसाय-जैसा है। इसमें लड़की के मुक़ाबले अधिक आकर्षक होती है लड़की की सम्पदा, जिसकी सम्पदा जितनी ज़्यादा होगी, वह उतनी ही अच्छे ढंग से बिकेगी।

एक समय था जब पाँच साल उम्र वाली लड़कियाँ घूँघट कर ससुराल जाया करती थीं; क्या अभिजात, क्या अनभिजात, सभी। अभी भी गाँवों की लड़कियों की उम्र पूछने पर, जो अपनी उम्र बताने में सक्षम नहीं होतीं, उनसे पूछना पड़ता है कि शादी के समय उसका मासिक रज:स्राव हुआ था या नहीं, और यदि हुआ था, तो कितने रज:स्रावों के बाद उसकी शादी हुई थी या फिर शादी के कितने महीने या साल बाद उसका रज:स्राव शुरू हुआ था। (लड़कियाँ यदि रज:स्राव का हिसाब दे पाईं तो शादी की उम्र निकाली जा सकती है, कारण कि रजोदर्शन की एक ख़ास उम्र होती है। शादी की उम्र के पता चल जाने पर बाद की दासता के वर्षों का हिसाब लगा लेने से ही

लड़कियों की उम्र का पता चल जाता है।)

अभी भी गाँवों में, केवल गाँवों में ही क्यों कहूँ, शहरों के आसपास और शहरों में भी जो लोग शिक्षा, चिकित्सा, पोषण और स्वस्थ बसाहट से पूरी तरह वंचित हैं, वहाँ लड़कियाँ तीन हाथ लम्बी होते ही, शादी का खेल खेलना शुरू कर देती हैं।

बांग्लादेश की पन्द्रह से उन्नीस वर्ष की लड़कियों में से पचहत्तर प्रतिशत लड़कियाँ ही शादीशुदा हैं, जबकि पाश्चात्य यूरोप में उस उम्र की लड़कियों का एक प्रतिशत भी शादीशुदा नहीं है। मेडिकल जूरिसप्रुडेंस कहता है—लड़की की उम्र यदि सोलह साल से कम हो और पति का यौनांग उस लड़की के योनिमुख को स्पर्श भर करे तो जो घटना घटित होती है, उसे बलात्कार कहते हैं और बलात्कार क़ानून के हिसाब से यह एक अपराध है।

एक समय ऐसा था जब रजोदर्शन से पहले ही लड़कियाँ विधवा हुई हैं, गुड़ियों से खेलने की उम्र में उन्होंने शाकाहार अपनाया और एकादशी का व्रत रखकर स्त्री जन्म के लिए प्रायश्चित्त किया। अभी भी, लगातार गर्भधारण करने और सन्तानों को पालने में किशोरावस्था बीत जाएगी और जब यौवन अपनी सारी पंखुड़ियाँ खोलेगा, वह लड़की तब सामाजिक बुढ़ापा भुगत रही होगी।

जो लड़कियाँ पढ़ाई-लिखाई करती हैं, वह लड़की विधवा हो जाती है; बंगाली लोग बहुत वर्षों से इस तरह की एक धारणा मन में पालते रहे हैं। बहुत-से लोग कहते हैं कि ज़माना बदल गया है, ज़माना कितना बदला है? कितनी लड़कियाँ कॉपी-पेन लेकर स्कूल जाती हैं, कितनी लड़कियाँ कॉलेज-विश्वविद्यालयों में पढ़ने आती हैं, और जो आती हैं, वे भी ठीक से शिक्षित होकर तमाम सामाजिक मान्यताओं को कितना अतिक्रमित कर सकी हैं?

2

विश्वविद्यालय की सर्वोच्च डिग्री प्राप्त कई लड़कियों को मैंने कहते सुना है—'मेरे साहब अब तक घर नहीं लौटे हैं', 'मेरे स्वामी कल विदेश चले गए।' साहब शब्द का मूल अर्थ होता है शासनकर्ता, सम्राट। नवाब साहब,

जज साहब, मजिस्ट्रेट साहब आदि साहब शब्द का सम्मानसूचक प्रयोग है। मान्य यूरोपीय या विदेशी पुरुषों के लिए इस शब्द का प्रयोग किया जाता है, जैसे कि लाट साहब, चीनी साहब, जापानी साहब।

पति को साहब या स्वामी कहने की प्रथा कब से शुरू हुई, मुझे इसकी ठीक-ठीक जानकारी नहीं है। एक समय पति का नाम लेना पत्नी के लिए निषिद्ध था, बांग्लादेश के तमाम गाँवों में अभी भी यह अनूठा नियम चलन में है। शहर या नगरों के सन्दर्भ में इस नियम का थोड़ा-सा आधुनिकीकरण हो गया है, अल्प शिक्षित और अधिक शिक्षित दोनों ही तरह की पत्नियाँ पति का नाम न लेने के विकल्प के रूप में साहब या स्वामी शब्द का प्रयोग करती हैं।

इनके जीवन में इनके साहब के आदेश के बिना कुछ भी प्रभावी नहीं होता। मुझे बहुत-सी डॉक्टर लड़कियों के बारे में पता है, वे पति की विदेश में नौकरी की निश्चयता और अपनी नौकरी की अनिश्चयता के साथ केवल पति की साथिन के रूप विदेश चली गईं। इसके बाद वहाँ जो घटना घटती है वह यह कि पति साहब तो मज़े से नौकरी करते रहते हैं और पत्नी बेचारी रसोई में प्याज़ काटती रहती हैं या फिर फिरनी बनाती हैं। मेडिकल की बजाय यदि ये लोग पाककला के पीछे पाँच-छह साल मेहनत करतीं तो इनका वर्तमान जीवन ज़्यादा आनन्दमय हो सकता था, इसमें कोई सन्देह नहीं है।

कोई-कोई लड़की बड़े आह्लाद से कहती है कि मेरे पति को नौकरी करना पसन्द नहीं है। उसके पति मछली खाना पसन्द नहीं करते इसलिए घर में मछली नहीं पकती, उसके पति को घूमना-फिरना पसन्द नहीं इसलिए उसका घूमना-फिरना बन्द, उसके पति को पत्नी का नौकरी करना अच्छा नहीं लगता, इसलिए पत्नी नौकरी नहीं कर सकती। इस मामले में पत्नी की पसन्द-नापसन्द को कोई तवज्जोह नहीं देता।

3

देश के एक विश्वविद्यालय के वाइस चांसलर और उनकी पत्नी, विदेश में बारह वर्ष रहने के बाद अपने देश लौटे अपने दूर के एक रिश्तेदार से बातचीत कर

रहे थे। बातचीत ख़त्म होने के बाद जैसे ही रिश्तेदार जाने के लिए उठे विदेशी आदत के मुताबिक़ उन्होंने वाइस चांसलर से हाथ मिलाया और उनकी पत्नी की ओर हाथ बढ़ा दिया। मैं वहाँ मौजूद थी, मैंने साफ़-साफ़ देखा कि वाइस चांसलर की पत्नी ने, जिनका नाम मुझे नहीं पता, लोग उन्हें वाइस चांसलर की पत्नी के रूप में ही जानते हैं, सम्भवत: अपने नाम की अपेक्षा यही परिचय उन्हें अधिक ख़ुशी देता था, अपने दाएँ हाथ की उँगलियों को सिकोड़ कर ऐसा कर लिया मानो इस पाप-कर्म में हाथ बढ़ाने की उनकी बिलकुल भी इच्छा नहीं है, उन्होंने दो बार तिरछी नज़र से अपने साहब यानी स्वामी की ओर देखा कि कहीं वे उन पर नाराज़ तो नहीं हो रहे। इसके बाद उनके घर में क्या घटना घटी मुझे नहीं पता। मैं केवल अन्दाज़ कर सकती हूँ, अन्दाज़ कर सकती हूँ कि दूसरे पुरुष का स्पर्श एक स्त्री के लिए कितना गर्हित काम है।

4

दिसम्बर का महीना चल रहा था। अठारह साल पहले नौ महीने की लड़ाई के बाद जिस महीने में बाँस की खपच्चियों पर गाढ़े हरे पर लाल और लाल रंग के बीच में पीले मानचित्र वाला कपड़ा बाँधकर हम बच्चों के झुंड ने जय बांग्ला के नारे लगाते हुए आँगन में जुलूस निकाला था, वह दिसम्बर का महीना था।

मैमनसिंह शहर में इकहत्तर के मार्च से लेकर नवम्बर तक बड़े मस्जिद के इमाम साहब ने अपने हाथों लोगों को ज़िबह करके कुएँ में डाला था, उस महीने कुएँ से अनगिनत लाशें निकालकर शहर के लोग अपने परिचितों के चेहरे ढूँढ़ रहे थे, मेरे रिश्तेदार युद्ध में गए और लापता हुए अपनों को ढूँढ़ने गए थे। पाकिस्तानी सेना ने हमारे पैसे लूट लिये थे, जाने से पहले उन्होंने हमारे घरों को आग के हवाले कर दिया था, मेरे पिता को पकड़कर उन्हें बूट और संगीनों से कुचल दिया था, सड़क के मोड़ पर मेरे दो चाचाओं को गोली से मार गिराया था, मेरे भाई की दाईं आँख उखाड़ ली थी, मुक्ति युद्ध में शामिल मेरे तीन मामा इस महीने लौट आए थे, सोलह दिन बाद कैम्प से लौट आई थीं मेरी ख़ाला, जिनकी उम्र इक्कीस साल थी। मेरे जो पड़ोसी युद्ध से लौटे

थे, किसी ने अपने हाथ गँवाए थे किसी ने पैर। फिर भी रिश्तेदार उनके लौटने की ख़ुशी में जिस महीने विह्वल हो उठे थे, वह दिसम्बर का महीना था।

केवल मेरी ख़ाला के लौटने की किसी ने कामना नहीं की थी। वे यदि नहीं लौटतीं तो शायद सभी को सुकून मिलता। इतने समय से मैं गर्व के साथ मेरे पिता, भाई, चाचा, मामा के बारे में कहती रही, अपने नुक़सान को लेकर भी गर्व करती रही। लेकिन मैंने अपनी ख़ाला के बारे में थोड़ा-सा भी नहीं कहा। आज सारी पाबन्दियों की चौहद्दी से बाहर निकलकर मैं गर्व के साथ कह रही हूँ कि कैम्प के अँधेरे कमरे में जानवरों-जैसे स्वभाव वाले दस कामुक लोगों ने लगातार सोलह दिन तक मेरी ख़ाला के साथ बलात्कार किया था।

हमारे समाज ने मेरी ख़ाला को लेकर गर्व नहीं किया। बड़े-बड़े लोगों ने अख़बारों, सभा-समितियों में बलात्कार की शिकार स्त्रियों को लेकर बड़ी-बड़ी बातें कहीं। वीरांगना का ख़िताब देकर उदारता के नाम पर वे एक तरह का ओछापन दिखाते रहे।

युद्ध की तमाम टूटन, बूट और संगीनों के नृशंस अत्याचार एवं मृत्यु-जैसी बीभत्सता को सभी ने स्वीकार कर लिया था लेकिन बलात्कार-जैसी दुर्घटना को कोई स्वीकार नहीं कर सका था।

बाहर जब बलात्कार की शिकार माँ-बहनों की इज़्ज़त को लेकर राजनीति के नेता चीत्कार कर रहे थे, तब अपमान से ख़ुद को बचाने के एकमात्र उपाय के रूप में छत की बल्ली से मेरी ख़ाला ने जिस महीने फाँसी लगाई थी, वह दिसम्बर का महीना था।

पूर्णिमा का अन्धकार

तुम्हें उस पूर्णिमा की याद है? वही पूर्णिमा, आठवीं कक्षा में पढ़ने वाली छात्रा। सिराजगंज के उल्लासपाड़ा की लड़की। पिता सैलून चलाते थे। वही पूर्णिमा, जिसके साथ 8 अक्टूबर, 2001 के दिन आदमियों के एक झुंड ने बलात्कार किया था। वह वर्ष 2001 था। वही पूर्णिमा। उस समय पूर्णिमा की उम्र 13 साल थी। उसे एक खेत में ले जाकर उन आदमियों ने उसका बलात्कार किया था। तब बांग्लादेश नेशनल पार्टी अलायंस सत्ता में थी। पूर्णिमा के पिता ने 17 बलात्कारियों के ख़िलाफ़ केस किया था। इसमें 6 लोग रिहा कर दिये गए थे। 10 साल केस चलने के बाद 11 लोगों को आजीवन कारावास की सज़ा हुई थी। हालाँकि उन 11 लोगों में से 6 लोग फ़रार हो गए थे। पूर्णिमा के जीवन में घोर अमावस उतर आई थी। उस अमावस्या को दूर करने, पूर्णिमा की मदद करने के लिए देश के कुछ जागरूक लोग आगे आए थे। वाहिदुल हक़, शहरयार कबीर और 'घातक दलाल निर्मूल कमिटी' के कुछ सदस्य। प्रबन्ध-लेखक मुंतज़िर मामून ने लिखा है, 'पूर्णिमा 1971 के मुक्तियोद्धाओं की तरह एक प्रतीक है। इस लड़की ने सुशील लोगों और हमें थप्पड़ मारकर समझा दिया कि हम लोग इनसान नहीं हैं। कारण कि हम लोगों ने नाबालिग का बलात्कार किया, हमने बलात्कार की शिकार की रक्षा नहीं की, बलात्कारियों को रिहाई देने की कोशिश की और इसका हमने प्रबल प्रतिवाद नहीं किया। उस परिवार की रक्षा के लिए हम आगे नहीं आए।'

पूर्णिमा को ढाका लाया गया, उसे स्कूल में दाख़िला दिलवा दिया गया था। पूर्णिमा ने कॉलेज और विश्वविद्यालय से भी शिक्षा ग्रहण की। अमावस्या को

दूर कर पूर्णिमा अपने जीवन को आलोकित करना चाह रही है। लेकिन उसके लिए बहुत कुछ सहज नहीं है। सहज नहीं है क्योंकि पूर्णिमा को बलात्कार सहना पड़ा था। अन्य किसी तरह से उत्पीड़ित हो तो लोग उसके साथ खड़े होते हैं, लेकिन यौन-उत्पीड़न की शिकार होने पर कोई साथ नहीं खड़ा होता। वे कुछ लोग यदि उसके साथ खड़े न होते, तो फिर वह लड़की सचमुच मर जाती। उसे और भी कितनी बार बलात्कार का शिकार होना पड़ता, किसे पता।

कुछ दिन पहले पूर्णिमा के मुँह से कुछ बातें सुनकर मन बहुत ख़राब हो गया।

पूर्णिमा ने कहा था, 'मैं अचानक फ़ेसबुक पर गई, मैंने देखा कि मेरी तसवीर लगी हुई एक आई. डी. तैयार की गई थी, वहाँ से अश्लील तसवीरें साझा की जा रही थीं, गंदी बातें परोसी जा रही थीं, वहाँ मेरा मोबाइल नंबर था। मेरे सहकर्मियों के साथ वह आई. डी. साझा हो गई थी। उन्होंने अपना समझकर उस आई. डी. की रिक्वेस्ट स्वीकार कर ली थी, स्वीकार इसलिए की कि मैं उनकी सहकर्मी थी। बाद में हालाँकि गंदी तसवीरें देखकर उन्होंने मुझसे पूछा था कि क्या रे? तू ऐसी गंदी तसवीरें पोस्ट कर रही है, तू क्या वह सब करके पैसे कमाती है? मुझसे मेरे एक मित्र ने कहा, तुझे कितने पैसों की ज़रूरत है?'

पूर्णिमा ने और भी बताया, 'स्कूल, कॉलेज और यूनिवर्सिटी इन तीनों ही जगह मुझे यह सब फ़ेस करना पड़ा, इन सबकी वजह से मैं सड़क पर चल नहीं पाती, कितने ही लोगों ने मुझसे कहा, 'यही है वह लड़की'। कितने लोगों ने मुझे रास्ते में पीछे से बाल खींचते हुए मारा है। मेरे ही साथ ऐसा क्यों हो रहा है? क्यों हो रहा है ऐसा? मुझसे मेरे सहकर्मी कह रहे हैं, 'पूर्णिमा तुममें क्या शर्म-जैसी कोई चीज़ नहीं है?' यह मेरे लिए शर्म की बात नहीं, बांग्लादेश के लिए शर्म की बात है।'

पूर्णिमा के बलात्कार के लिए पूर्णिमा को ही ज़िम्मेदार ठहराने वाले लोगों का बांग्लादेश में कोई अभाव नहीं है। पूर्णिमा के साथ दुष्कर्म किया गया इसलिए उससे नफ़रत करने वालों का बांग्लादेश में अभाव नहीं है। दुष्कर्म की शिकार हुई है इसलिए बांग्लादेश में फिर से उसके साथ बलात्कार करने

की इच्छा रखने वालों पुरुषों का अभाव नहीं है। पूर्णिमा चेहरा छुपाकर रोई नहीं, उसने अपने लिए कोई ओट, कोई अँधेरा नहीं चुना। वह देश छोड़कर भागी नहीं, भारत में शरणार्थी नहीं बनी। वह अपने ही देश में रही, लेकिन उसने सिर झुकाकर रहना मंज़ूर नहीं किया। इन सबके बावजूद उसके देश ने, उसके प्रिय देश ने उस लड़की को रहने योग्य कोई परिवेश नहीं दिया।

यह जो लोग बलात्कार की नृशंस घटनाओं के बारे में सुनकर कहते हैं, 'बलात्कार करने वालों को फाँसी दो, उनके लिंग काट दो'। बलात्कारियों के प्रति ग़ुस्सा उफनने लगता है, लेकिन कमाल की बात है, बलात्कार की शिकार की सहायता के लिए कोई ज़्यादा लोग आगे नहीं आते। लेकिन कमाल है कि बलात्कार की शिकार लड़कियों से फिर से बलात्कार करने के लिए पुरुष लोग तैयार होते रहते हैं। जब कोई लड़की उत्पीड़न और बलात्कार का शिकार होती है तो ऐसा लगता है मानो उसने उत्पीड़न और बलात्कार के लिए प्रमाण-पत्र अर्जित कर लिया है। यानी, अब कोई भी उससे बलात्कार करने, उसे उत्पीड़ित करने का अधिकार रखता है। चूँकि वह लड़की बलात्कार की शिकार हो चुकी है, वह अपना 'सतीत्व खो चुकी है', जो खो चुकी है, चूँकि अब उसकी रक्षा का कोई सवाल नहीं उठता, तो इसलिए उस लड़की के साथ फिर से बलात्कार किया ही जा सकता है। पूर्णिमा को सती स्त्री सजने की अब कोई ज़रूरत नहीं है, इसलिए समाज के पुरुष ही एक तरह से तय कर लेते हैं कि पूर्णिमा के लिए क्या करना उचित होगा और क्या अनुचित। मुँह से वे जो भी कहें, लेकिन समाज के पुरुष असल में छल और कौशल से बलात्कारियों को क्षमा करते हैं, बलात्कार की शिकार को क्षमा नहीं करते। किसी ने कहा था, हर पुरुष ही पोटेंशियल रेपिस्ट होता है। यह सही है, कोई भी रेपिस्ट हो सकता है। जो नहीं होते, उनमें से ज़्यादातर मौक़ों के न मिल पाने की वजह से होते हैं। मेरी धारणा है कि सारे ही पुरुष मन-ही-मन बलात्कार करते हैं। पूर्णिमा से बलात्कार करने के दृश्य की कल्पना न की हो ऐसे पुरुषों की संख्या नितान्त कम है। उस दृश्य की कल्पना करते हुए कितने पुरुषों की यौन उत्तेजना नहीं जागी, यह जानने की मेरी बड़ी इच्छा होती है। उत्पीड़न के लिए भी उन लोगों के हाथ कसमसाते रहते हैं। बलात्कार करने वाले पूर्णिमा

को दाँतों से काट रहे थे, नोच रहे थे, नाख़ूनों से खरोंच रहे थे—यह ख़बर सुनकर पुरुषों की उस तरह से पूर्णिमा को दाँतों से काटने, नोचने और नाख़ूनों से खरोंचने की इच्छा निश्चित रूप से हुई होगी।

समाज जब किसी से कह देता है चूँकि तुम्हारे पास पुरुषांग है, इसलिए तुम समाज के मुखिया हो। तब पुरुषों को पुरुषांग पर बड़ा प्यार उमड़ आता है। और यह कितना प्रचंड शक्तिशाली है इसे साबित करने के लिए वह बेचैन हो उठता है। पुरुष लोग स्त्रियों पर जो-जो अन्याय, अत्याचार, यौन-अत्याचार, निर्मम उत्पीड़न करते हैं, वे सब इस पुरुषांग से अतिरिक्त प्रेम करने की वजह से करते हैं, उस पर अतिरिक्त आस्था की वजह से करते हैं। समाज में जिस दिन से पुरुषांग की पूजा बन्द हो जाएगी, उसी दिन से पितृसत्ता-जैसी एक विषमतामूलक समाज-व्यवस्था का अवसान हो जाएगा, पुरुषतंत्र-जैसे गुंडाराज का पतन हो जाएगा, तभी बलात्कार बन्द होंगे और पुरुषों द्वारा की जाने वाली तमाम बर्बरताएँ ख़त्म हो जाएँगी।

पुरुषांग के अत्याचारों से बचने के लिए इन दिनों बांग्लादेश की लड़कियों में हिजाब पहनने का चलन बढ़ गया है। हिजाब पहनने से आदमी को लड़कियों के बालों का सौन्दर्य नहीं दिखाई देगा, शरीर ढक लेने से उनके शरीर की सुन्दरता की ओर पुरुषों की नज़र नहीं जाएगी, वे पुरुषांग के कवल से बच जाएँगी। हिजाब ख़ुद यह साबित कर रहा है कि पुरुष कितना भयंकर होता है। वे लड़कियों की सुरक्षा के लिए कितना बड़ा ख़तरा हैं। अन्य किसी प्रजाति की मादाओं को अपनी प्रजाति के नर के डर से तटस्थ नहीं रहना पड़ता। मनुष्य प्रजाति के पुरुष जितने हिंसक होते हैं, उतने किसी और प्रजाति के नर नहीं होते।

पुरुष लोग अपने पुरुषांग की पूजा बन्द नहीं करेंगे तो फ़िलहाल स्त्रियाँ ही बन्द कर दें। कम-से-कम प्रजाति का आधा तो पुरुषतांत्रिक न हो। कम-से-कम इतनी-सी सांत्वना तो हो कि हम सभी ख़त्म नहीं हो गए हैं।

इनसान अब इनसान न रहा

ख़बर यह है कि 'गर्भवती पत्नी ने खाना परोस दिया था। खाते-खाते पति को भात में एक बाल दिखाई दिया। पति आकेर शेख़ खाना छोड़कर उठ खड़ा हुआ। पत्नी ज्योत्स्नाबीबी के बाल मुट्ठी में पकड़कर मारते-मारते उसने उसके बदन पर कैरोसिन डालकर उसे जलाकर मार दिया।' यह घटना मुर्शिदाबाद के एक गाँव में घटी थी। घटना के बारे में सुनकर मेरे कुछ परिचित बोले, 'मुसलमान लोग इनसान नहीं होते। ऐसा जघन्य काम ये लोग ही कर पाते हैं।' मैंने उन्हें तापसी मलिक की घटना की याद नहीं दिलाई बल्कि उसी दिन की एक अन्य घटना के बारे में बताया, 'प्रेमिका सुमना बसु ने बात नहीं मानी, इसलिए उसके प्रेमी अभिषेक चौधुरी ने उस्तरे से उसका गला रेत दिया।' अपने परिचित उन लोगों को मैंने समझाने की कोशिश की कि 'यह हिन्दू-मुसलमान का मामला नहीं है। यह सब लैंगिक विषमता का मसला है। स्त्री को पुरुषों की दासी और यौन-वस्तु मानने की जो मानसिकता है, यह उस मानसिकता का मामला है। सारे धार्मिक समुदायों में स्त्रियों को अपदस्थ करने, उनकी उपेक्षा करने, और उनके अपमान का हमेशा से ही माहौल रहा है।'

मेरे परिचित लोग चले गए। वे मेरी बात कितनी समझ सके, क्या समझ सके मुझे नहीं मालूम। यदि बस में वे लोग रहते, मुझे पक्का यक़ीन है, वे भी औरों की ही तरह आचरण करते, चुपचाप सब कुछ देखते रहते, कुछ नहीं बोलते। मैं उस बस के बारे में बता रही हूँ, जिसमें दो लड़के एक लड़की का यौन-उत्पीड़न कर रहे थे, यह सब देखकर भी बस में किसी ने प्रतिवाद नहीं किया, लेकिन जब जगन्नाथ और शुभेन्दु नाम के दो लड़के प्रतिवाद के लिए

आगे आए तो उन दो लड़कों के साथ बस के चार और लड़कों ने मिलकर शुभेन्दु लोगों को बीभत्स रूप से मारा था। वे जब मार खा रहे थे, बस में सभी ख़ामोशी के साथ बैठे थे। उन्होंने प्रतिवाद नहीं किया। यहाँ तक कि उन्होंने तब भी प्रतिवाद नहीं किया जब उनकी आँखों के सामने उन छह लड़कों को ज़बर्दस्ती बस से उतार दिया गया और वे भली-भाँति समझ गए थे कि बस से उतार देने पर बदमाश लड़के उन अच्छे लड़कों को बिना किसी विघ्न-बाधा के मार सकेंगे, यहाँ तक कि वे उन्हें जान से भी मार सकते हैं।

यौन-उत्पीड़न को इस भारतीय उपमहादेश में ही 'ईव टीज़िंग' कहा जाता है। सेक्सुअल हैरेस्मेंट यानी यौन-उत्पीड़न-जैसी भयानक कुत्सित चीज़ को 'ईव टीज़िंग' की आख्या देकर इसे रोमैंटिसाइज़ करने के पीछे की वजह क्या इसकी भयावहता को बड़ी तरकीब से कम कर देना नहीं है? आदम-ईव की रोमांटिक जोड़ी में से ईव को चुनकर उसके साथ टीज़ को जोड़ देने में बुरा लगने-जैसा कुछ भी नहीं है, बल्कि यदि कोई इसे सुने तो उसे यह ज़बर्दस्त रोमांटिक ही लगेगा। रोमांटिक लगता है तभी तो भारतीय फ़िल्मों में नायिका के पीछे पड़ने, सीटी बजाने, आँख मारने और उसे छेड़ने वाले पुरुषों को बाक़ायदा हीरो के रूप में दिखाया जाता है, और नायिका के साथ उनका बढ़िया प्रेम भी हो जाता है और जल्दी ही वे दोनों हाथ-पैर पटकते हुए नाचना शुरू कर देते हैं और करोड़ों भारतीय दर्शकों के हृदयों पर अनाविल शान्ति की बरसात शुरू हो जाती है। तो ऐसे भारतवर्ष में यौन-उत्पीड़न की विवेचना किस वजह से अपराध के रूप में की जाएगी, ज़रा मैं भी तो सुनूँ? जो लड़के यौन-उत्पीड़न कर रहे हैं, वे तो इसे 'स्वाभाविक' मानकर ही कर रहे हैं, लोगों से भरी बस में कोई प्रतिवाद नहीं करता, बल्कि दो-चार लोग यौन-उत्पीड़क के साथ जा खड़े होते हैं, तब तो वे और भी निश्चिन्त हो जाते हैं कि वे लोग बुरा नहीं, अच्छा काम ही कर रहे हैं। मुँह बन्द करके बैठे रहना भी एक तरह से समर्थन करना ही है, यह बात जिस तरह उत्पीड़क लोग जानते हैं, उसी तरह वे चुप्पे लोग भी जानते हैं।

भद्र लोग निहायत अवाक् होने का भान करा रहे हैं, बस में बैठे लोगों ने प्रतिवाद क्यों नहीं किया! मेरा विश्वास है कि बस में बैठे पुरुषों ने उस घटना

का प्रतिवाद नहीं किया था, कारण कि दोनों लड़के जब उस अकेली लड़की का उत्पीड़न कर रहे थे, तो बैठे हुए लोग इसका ख़ूब उपभोग कर रहे थे। उपभोग कर रहे थे लिहाज़ा प्रतिवाद करना सम्भव न हो सका। और जिन स्त्रियों ने प्रतिवाद नहीं किया, उन्होंने भी, स्वाभाविक रूप से ख़ुद उत्पीड़ित न हो जाएँ, इस डर से नहीं किया था। और यदि वे उत्पीड़न का शिकार होती हैं तो बस में किसी प्रकार का प्रतिवाद नहीं होगा, इसका अनुमान लगाने में निश्चित रूप से उन्हें कोई असुविधा नहीं हुई होगी।

जो भी उत्पीड़न का प्रतिवाद करता है, वह निर्विवाद रूप से मार खाता है। और मार खाने के विरोध में भी कोई कुछ नहीं बोलता। 'हिम्मत नहीं होती', मैं इस बात को नहीं मानती। देश के लोग तमाम कामों में 'हिम्मत' दिखा रहे हैं। बड़े पैमाने पर बुरे काम कर रहे हैं, हिम्मत नहीं हो रही? सोनागाछी में लाइन लगा रहे हैं? हिम्मत न हो तो कोई ऐसा कर सकता है? पिटाई से डरे बग़ैर दूसरी की औरतों पर झपट रहे हैं, कौन कहता है कि हिम्मत नहीं है? छोटी बच्चियों को बहला-फुसलाकर यौन-उत्पीड़न करने के लिए जिस हिम्मत की ज़रूरत होती है, वह तो उनमें है। क़ानून की नज़रों में जुर्म है, यह जानते हुए भी पुरुष लगातार घरेलू हिंसा, स्त्रियों की तस्करी, सामूहिक दुष्कर्म, बच्चियों के साथ बलात्कार, यौन-उत्पीड़न किये जा रहा है, वह हिम्मत के बिना अपने आप ही हो रहा है क्या? इस पश्चिम बंगाल में स्त्रियों पर होने वाले अत्याचार की दर अन्य राज्यों की तुलना में कहीं ज़्यादा है। और बस में बैठे प्रतिवाद न करने वाले लोगों को किस वजह से समझा जा रहा है कि वे अपनी पत्नी को नहीं मारते, यौन-उत्पीड़न नहीं करते, स्त्रियों की तस्करी में लिप्त नहीं हैं और यौन-उत्पीड़न को वे अपराध मानते हैं? मुझे तो पूरा विश्वास है कि वे लोग भी मन-ही-मन उन दोनों लड़कों का साथ दे रहे थे, बस की छोटी-सी जगह पर लोगों के झुंड द्वारा यौन-उत्पीड़न सम्भव न हो सका इसलिए उन लोगों के मन बल्कि खिन्न हो उठे होंगे कि यदि सही जगह होती तो जी भरके उत्पीड़न किया ही जा सकता था, और, यदि सामूहिक दुष्कर्म का आयोजन होता तो मुस्कराते हुए उसमें भाग लेने के लिए लोग शायद उस दिन मरे जाते।

'हिम्मत नहीं है, डरपोक, कायर', ऐसे अपशब्द कहकर बदमाशी को छिपाया जाता है। ये सारे अपशब्द काफ़ी हद तक माँ के मुँह से शहदलिपटे प्यार-जैसे हैं। 'उफ़ मेरा बेटा भी ना इतना डरपोक है कि अकेला सो भी नहीं सकता। मेरी बेटी में तो हिम्मत-जैसा कुछ है ही नहीं, बाहर अकेली निकलना ही नहीं चाहती।' या फिर दोस्तों के स्नेह भरे उलाहनों की तरह, 'अरे साले, छोरी ख़ुद तेरे पास चली आई, और तू है कि तूने उसे टच भी नहीं किया, डरपोक कहीं का।' ये सारे विशेषण मीठे विशेषण हैं। लिहाज़ा बस में चुप्पी लगाए बैठे लोगों को जो लोग इतनी मीठी झिड़की दे रहे हैं, उन्हें ही बल्कि चुप रहने की ज़रूरत है। समझना चाहिए कि यह मॉरल का सवाल है। समाज के अधिकांश लोगों में यह मॉरल नदारद है कि पुरुष को पुरुष होने की वजह से लांछित करना जिस तरह अन्याय है, स्त्रियों को भी स्त्री होने की वजह से लांछित करना ठीक वैसा ही अन्याय है। लोगों को पता ही नहीं कि आज़ादी जिस तरह पुरुषों का जन्मसिद्ध अधिकार है, आज़ादी उसी तरह स्त्रियों का भी जन्मसिद्ध अधिकार है। स्त्रियाँ अधूरी नहीं, पूरी इनसान हैं, और इनसान के रूप में उन्हें जितनी इज़्ज़त मिलनी चाहिए, उसकी वे पूरी हक़दार हैं। मज़े लेने के उद्देश्य से स्त्रियों की ओर यौनगन्धमय शब्द या वाक्य फेंकने, उन्हें लेकर मज़े करने, उनकी बेइज़्ज़ती करने का कोई अधिकार किसी भैनचोद पुरुष को नहीं है।

अब शिकार के शिकार की कोशिशें की जा रही हैं। शिकार बस से निकल भागी है। चोंगा बजाकर मुनादी की जा रही है, 'शिकार तुम जहाँ भी हो, बाहर निकल आओ। बदमाशों ने क्या-क्या किया सब कुछ पुलिस को बता दो। शिकार, जो तुम न दिखाई दीं, तुम्हारा चाँद-सा चेहरा जी भरकर जो न देख सके तो फिर बंगवासियों की आत्मा तृप्त न हो सकेगी। तुम जो न दिखाई दीं तो दूसरी शिकार भी बाहर निकलकर आना नहीं सीख सकेगी। सभ्यता का बड़ा नुक़सान हो जाएगा।'

शिकार को चोंगे की आवाज़ नहीं सुनाई दे रही। वंशीवादक की वंशी के सुर शिकार के कानों तक नहीं पहुँच रहे हैं। चारों ओर शिकार को पकड़ने की पुरज़ोश कोशिशें चल रही हैं। बहुत-से लोग तो यह सोचकर ही उत्तेजित

हो रहे हैं कि अदालत में खड़ी होकर वह जीती-जागती लड़की अपने मुँह से अपने उत्पीड़न को हूबहू बयाँ कर देगी। काश कि वह लड़की, इस बीच सेलिब्रिटी बन चुकी अपनी सूरत एक बार लोगों को दिखा दे।

लेकिन लड़की भला क्योंकर इन सब आह्वानों के भुलावों में फँसेगी? उस दिन क्या उसने अपने आप को काफ़ी नहीं दिखा दिया था? उस दिन जब वह बस में बैठी रो रही थी! उसकी रुलाई, उसकी तकलीफ़, उसका हाहाकार, उसकी विवशता को देखने से क्या कोई चूक गया था? वह ख़ुद को, ख़ुद के चेहरे को बाहरी लोगों को क्यों दिखाएगी भला? बस के बाहर के लोग क्या बस के भीतर के लोगों के कुछ अलग हैं? इसकी कौन गारंटी देगा कि बस के बाहर के लोग उसे उसी तरह से बेइज़्ज़त नहीं करेंगे? उस लड़की ने इस चलित अदालत को तो देख ही लिया है, जहाँ ज्यूरी के लोग सिर्फ़ ख़ामोश दर्शक बनकर बैठे रहे थे। उसे क्या अब किसी और अदालत को देखने की ज़रूरत है?

भद्र लोग कह रहे थे कि यह लड़की ठीक उस लड़की की तरह भाग गई, जिसे बचाने की कोशिश में पुलिस सार्जेंट बापी सेन की हत्या कर दी गई थी। बहुत-से लोग लड़कियों को दोष दे रहे थे कि लड़कियों को भागकर बचने की तालीम मिली है। असल में, इस लड़कियों को यह तालीम मिली है कि यौन-उत्पीड़न की शिकार होने पर वे अगर मामले को सामने लाती हैं तो उन्हें और भी यौन-उत्पीड़न का शिकार होना पड़ेगा। उनकी बेइज़्ज़ती करने वाले पुरुषों के ख़िलाफ़ असन्तोष प्रकट करने में और भी अधिक उत्पीड़न की आशंका रहती है। उन्होंने सीखा है कि अदालत में केस करने पर ख़ुद को ही झमेले में पड़ना पड़ता है, दूसरे को नहीं। सच कहूँ तो बेइज़्ज़त करने वालों को सचमुच कोई सज़ा नहीं मिलती। उन्होंने सीखा है कि जो लोग बचाने की बात करते हैं, वे असल में नहीं बचाते। वे लोग ही करुणा के घावों पर चोट कर-करके जीवन को लहूलुहान कर देते हैं। सुरक्षा की कितनी ही बातें की जाएँ, लड़कियों की सुरक्षा कहीं भी नहीं है। धर्म, संस्कृति, राष्ट्र, समाज, परिवार कहीं पर भी किसी भी लड़की को ज़रा-सी भी सुरक्षा नहीं मिलती।

उस लड़की को भली-भाँति पता है कि अगर लोगों को यह पता चल गया कि बस वाली लड़की कौन है, तो वे सब उसे देखने के लिए झपट पड़ेंगे। न पकड़े गए अपराधी भी दोबारा अपनी यौन-वस्तु को देख लेंगे। मोहल्ले के यौन-उत्पीड़क उसकी ओर इशारे करते हुए कहेंगे, 'वह देख, ईव टीज़िंग की शिकार जा रही है।' परिचित-अपरिचित हरेक मुखर होकर या फिर मन-ही-मन बोलेंगे, बोलेंगे ही, 'बस या फिर सड़क पर तो और भी लड़कियाँ थीं, लड़के उनके पीछे नहीं लगे, इसके ही पीछे क्यों लगे भला? निश्चित रूप से इसी का दोष रहा होगा!'

वह लड़की बेइज़्ज़त होने की बेइज़्ज़ती से बचना चाहती है और इसलिए सामने नहीं आ रही है। बेइज़्ज़त करने वालों की ओर जगन्नाथ और शुभेन्दु की उस तरह से मार खाने के लिए बढ़ जाने की बेवक़ूफ़ी पर निश्चय ही वह अफ़सोस कर रही होगी। लड़की के रूप में जन्म लिया है लिहाज़ा उसे यह मालूम है कि उसे इसी तरह घर, बाहर, बस, ट्रेन, ऑफ़िस में, ऑटो, मैदानों, रास्तों, घाटों पर अपमान सहते हुए बाक़ी का जीवन काटना पड़ेगा। केवल 'बेइज़्ज़ती हुई' इस बात का प्रचार करते हुए वह दोबारा अपनी बेइज़्ज़ती का मौक़ा किसी को नहीं देना चाहती। दोबारा-तिबारा अपमान से अपने आप को बचाना ही लड़कियों का तरकीब लगाकर ख़ुद को बचाना है।

मुझे यह जो इतनी हिम्मतवाली कहा जाता है, मैं यदि उस लड़की की जगह पर होती, इस जाहिल स्त्री-विद्वेषी समाज के लोगों को मैं भी नहीं बताती कि बस वाली लड़की मैं ही हूँ।

गर इसके पीछे राजनीति न होती!

पन्द्रह साल की एक लड़की के साथ पुरुषों ने दुष्कर्म करके उसे ज़िन्दा जला दिया। घटना यह है। इस घटना के बारे में सबको पता है। पता इसलिए है कि इस घटना के पीछे राजनीति है, और राजनीति के लोग हैं। तफ़तीश के बाद अभियुक्त दुष्कर्मी और ख़ूनी को गिरफ़्तार किया गया, यह ख़बर अख़बार के पहले पृष्ठ पर थी, टेलीविज़न की ब्रेकिंग न्यूज़ में थी। किसे-किसे गिरफ़्तार किया गया, वे कौन हैं, वे किस राजनीतिक दल के साथ जुड़े हुए हैं, इन सबको लेकर चारों ओर हो-हल्ले का माहौल है।

मैं तो सिर्फ़ यह सोच रही हूँ कि तापसी मलिक नामक इस लड़की के दुष्कर्म और हत्याकांड के साथ यदि राजनीति नहीं जुड़ी होती, यदि राजनीति से जुड़ा कोई व्यक्ति नहीं जुड़ा होता, तो क्या इतना हो-हल्ला होता? सी.बी. आई. की जाँच होती? किसी की गिरफ़्तारी होती?

तापसी मलिक निहायत ग़रीब घर की, ग़रीब लड़की थी। उसके-जैसी दरिद्र और भी लाखों लड़कियाँ इस राज्य में रहती हैं। वे क्या खा रही हैं, क्या पहन रही हैं, उनके पास कोई ज़मीन वग़ैरह है या नहीं, वे दो पैसे कमा पाती हैं या नहीं, इन सबकी ख़बर कौन रखता है! वे किस तरह से लातें खा रही हैं, किस तरह झाड़ू से पीटी जा रही हैं, कौन उनका अपमान कर रहा है, असम्मान कर रहा है, कौन दिन-दोपहर या कि रात में उनके साथ दुष्कर्म कर रहा है, कोई कभी भी यह सब जानना नहीं चाहता। घर-घर में तापसी मलिक-जैसी लाखों लड़कियाँ सिसकती रहती हैं।

ऐसा सोचने की कोई वजह नहीं कि इस देश में लड़कियाँ दुष्कर्म की

शिकार हुए बिना जीवनयापन कर रही हैं। ऐसा सोचने का कोई कारण नहीं कि इस देश और इस राज्य में स्त्रियाँ अपने सारे अधिकारों का इस प्रकार भोग करती हैं कि अचानक कहीं कोई दुष्कर्मजनित दुर्घटना घट जाए तो ज़बर्दस्त हंगामा होगा।

तापसी मलिक के हत्याकांड के पीछे और हत्याकांड की सुनवाई के पीछे यदि दो राजनीतिक दल सम्बद्ध नहीं होते और यदि वे एक-दूसरे के विरोधी नहीं होते, तो मेरा दृढ़ विश्वास है कि यह दुष्कर्म और हत्या हर रोज़ स्त्रियों के साथ हो रहे दुष्कर्म और हत्या की ही तरह अत्यन्त छोटी-सी ख़बर होकर पड़ी रहती, या फिर ख़बर ही नहीं बनती। भारतवर्ष में विपुल संख्या में स्त्रियाँ बेची जा रही हैं, उनकी तस्करी की जा रही है, वे प्रताड़ित हो रही हैं, वे हर दिन ही वेश्यावृत्ति में उतरने के लिए बाध्य हो रही हैं। भारतवर्ष में रोज़ ही बड़ी संख्या में स्त्रियाँ दुष्कर्म, हत्या और आत्महत्या की शिकार हो रही हैं। हज़ारों-लाखों स्त्रियाँ अनाहार, अनाचार, अन्याय, अशिक्षा और बीमारी की शिकार हैं। और कोई भी इन्हें देश की प्रधान तथा महत्त्वपूर्ण समस्या मानता ही नहीं। ताक़तवर पुरुष; फिर वे राजनीति में ही हों, या फिर उससे बाहर के हों, स्त्रियों के सम्बन्ध में एक राजनीतिक दायरा बनाए रखते हैं, और वह यह कि पुरुष राजा हैं और स्त्रियाँ प्रजा, साधारण प्रजा नहीं, थोड़ी नीची श्रेणी की प्रजा।

तापसी के दुष्कर्मी और हत्यारे जिस दिन गिरफ़्तार हुए और लोगों को पता चला कि असल में तापसी ने आत्महत्या नहीं की थी, उसके साथ दुष्कर्म किया गया था और दुष्कर्म के बाद उसकी हत्या कर दी गई थी—उस दिन इस शहर के एक गण्यमान्य पुरुष ने नाक सिकोड़कर होंठ उलटते हुए कहा था, 'छि: छि:, तापसी क्या कोई दुष्कर्म करने की चीज़ थी? मुझे सात सौ करोड़ रुपये भी यदि कोई देता तो मैं उससे दुष्कर्म नहीं कर पाता, उसे देखकर क्या उत्तेजित हुआ जा सकता है? छि:!' यह मन्तव्य सुनकर मैं सोच रही थी, यह क्या केवल उस विख्यात पुरुष के ही मन की बात है, या कि यह और भी पुरुषों के मन की बात है! मेरा विश्वास है—यह और भी पुरुषों के मन की बात है।

किसी लड़की के साथ दुष्कर्म हुआ और उसका ख़ून कर दिया गया, इस मर्मान्तक बुरी ख़बर पर दुख प्रकट करने की बजाय पुरुष लोग मन-ही-मन लड़की के साथ दुष्कर्म करने वाले के स्थान पर ख़ुद को रखकर दुष्कर्म का उपभोग करते हैं और बाद में ख़ून का भोग करते हैं। भीतर-ही-भीतर वह भोग लिया जाता है इसलिए दुष्कर्म को लेकर पुरुष जो ओह-आह करते हैं, उसमें सच्चाई नहीं होती। यदि होती तो इतने दुष्कर्म क़तई नहीं होते।

दुष्कर्म की ज़्यादातर ख़बरें दबी रह जाती हैं। उन्हें छुपा लिया जाता है। दुष्कर्म की सौ में से सत्तर ख़बरें सनद नहीं बन पातीं। सरकार के अनुसार, भारत में हर घंटे में एक लड़की दुष्कर्म का शिकार होती है।

पुरुष लोग दुष्कर्म क्यों करते हैं? बदन में ताक़त है इसलिए करते हैं, सबसे बड़ी ताक़त है पुरुष होने की ताक़त। दुष्कर्म को आदिकाल से अपराध नहीं माना गया। लेकिन अब क़ानून की नज़र में यह अपराध है, मगर समाज की नज़रों में नहीं। चूँकि समाज की नज़रों में इसे अपराध नहीं माना जाता, लिहाज़ा दुष्कर्मी आज़ाद घूमते फिरें तो चलता है लेकिन दुष्कर्म की शिकार को मुँह छिपाना पड़ता है। दुष्कर्म को लेकर दुष्कर्मी शर्मिन्दा नहीं होते, दुष्कर्म की शिकार शर्मिन्दा होती हैं, यही सामाजिक विधान है। विधान के कारण ही दुष्कर्म की शिकार अधिकांश लड़कियाँ अदालत नहीं जातीं, ऐसी तमाम लड़कियों से कोई पुरुष, यहाँ तक कि दुष्कर्म करने वाला पुरुष भी शादी करने के लिए राज़ी नहीं होता। समाज में ऐसी लड़कियाँ अस्पृश्य मानी जाती हैं, दुष्कर्म करने वाले नहीं। जिस पर अत्याचार हुआ लोग उसके पक्ष में नहीं रहते, वे अत्याचारी के पक्ष में रहते हैं। इस समाज में अत्याचारी के साथ ताक़त का एक अटूट सम्बन्ध होता है। और ताक़त के प्रति आकर्षित होने और उसके वश में हो जाने की परम्परा आज भी भीषण रूप से जीवित है।

तापसी के साथ जिन पुरुषों ने दुष्कर्म किया था और जिन लोगों ने दुष्कर्म की योजना बनाई थी, उन्हें ढूँढ़कर सामने लाया जा रहा है। कोई राजनीतिक दल या ताक़तवर दल यदि सी.बी.आई. जाँच की माँग नहीं करता, तो? कुछ भी नहीं होता। किसी की गिरफ़्तारी नहीं होती। धनंजय द्वारा की गई न्याय की माँग पर यदि रसूखदार लोग सड़कों पर नहीं उतरते, तो? कुछ होता क्या? इस

कर्षक-वर्षक-धर्षकप्रधान समाज में स्त्रियाँ नीरव दर्शन के सिवा और कुछ नहीं हैं। पुरुष अपने पौरुष के बल पर स्त्री-भूमि का कर्षण कर, वीर्य वर्षण कर, धर्षण कर पौरुष की फ़सल उगाते हैं।

लोग धर्षण की शिकार के लिए जितना नहीं, उससे कहीं ज़्यादा ख़ुद के स्वार्थ के लिए उसके पक्ष में खड़े होते हैं। दुष्कर्म की शिकार यदि जीवित न रहे, यदि उसका ख़ून हो जाए तो उन्हें अपने दावे और अपनी माँगों को रखने में काफ़ी सुविधा होती है। यदि धर्षिता की हत्या न हुई हो उसके पक्ष में क्या कोई राजनीतिक दल स्वत:स्फूर्त रूप से जुलूस निकालता है? मृत्यु के द्वारा ही दुष्कर्म का न्याय पाया जा सकता है, वह भी हर मामले में नहीं, कुछ-कुछ मामलों में ही, जिन मामलों में ताक़त या राजनीति का कोई ताल्लुक़ होता है।

तापसी एक निहायत ही दरिद्र लड़की थी। उसके साथ हर कोई दुष्कर्म कर उसे जलाकर मार सकता था। इसमें कौन भला क्या कहता? जिस तरह कहा गया था कि तापसी सुबह-सुबह कैरोसिन की एक केन हाथ में लेकर बाहर गई थी, वैसे ही कहा जाता कि अपने बदन पर कैरोसिन डालकर उसने आग लगा ली थी। तापसी के रिश्तेदार भी इस पर विश्वास कर लेते, और मोहल्ले के लोग भी। लोगों को यही पता चलता कि अभाव और बीमारी से जूझती तापसी ख़ुद ही अपने शरीर पर आग लगाकर मर गई, जिस तरह देश की सैकड़ों तापसियाँ मरती हैं।

आज तापसी को लेकर जो कांड चल रहा है उसमें तापसी नामक दरिद्र लड़की की कोई क़ीमत नहीं है। कुछ दिनों में लोग यह भी भूल जाएँगे कि तापसी कौन थी, क्या थी। उस विख्यात पुरुष की भाँति किसी-किसी को याद रहेगा कि तापसी दिखने में बदसूरत थी, उसे देखकर धर्षण की इच्छा भी नहीं होती, इतनी बदसूरत।

लड़कियों में इतनी सुन्दरता होनी ज़रूरी है कि जिससे पुरुषों में प्रेम जाग जाए। उनमें धर्षण की इच्छा जाग जाए, पुरुष चाहते हैं कि ऐसा सौन्दर्य भी लड़कियों में होना चाहिए। यदि न रहे तो ख़ैर नहीं। मर जाने पर किसी भी लड़की को व्यंग्योक्तियों से रिहाई नहीं मिलती। तापसी को भी नहीं मिल रही

है। तापसी सम्भवतः मरकर बच गई है। मर गई है तो हो सकता है किसी के मन में उसके लिए करुणा जाग जाए! न मरकर वह यदि केवल दुष्कर्म की शिकार होती, तो लोग कहते, दुष्कर्म करने वाले देबू को तापसी ने ही दुष्कर्म करने के लिए ईंधन जुटा दिया था। प्रात:क्रिया करने के लिए बैठी थी, तभी तो देबू उत्तेजित हुआ था। तापसी यदि ऐसा नहीं करती तो उसे दुष्कर्म का शिकार होना ही नहीं पड़ता!

नितान्त दरिद्र लड़कियाँ दुष्कर्म की शिकार हों तो भी क्या, और न हों तो भी क्या! वे तो हर दिन किसी-न-किसी रूप में दुष्कर्म की शिकार हो ही रही हैं, विषमता को पाल रहे इस समाज के तमाम नियमों के द्वारा रोज़ ही उनका विनाश हो रहा है। यदि वह दुष्कर्म की शिकार न होती, यदि उसे ज़िन्दा जला न दिया गया होता, तो क्या उसके सामने ऐसा उजला भविष्य होता? सम्भव है देबू मलिक-जैसे ही किसी के साथ उसकी शादी हो जाती और उसे जीवन भर अमानुषिक अत्याचार सहने पड़ते। या फिर उसे बेच दिया जाता, वह स्त्री तस्करी की शिकार होती, उसे किसी वेश्यालय की अँधेरी कोठरी में अपना शेष जीवन काटना पड़ता। गाँव की एक असहाय दरिद्र लड़की की क़िस्मत में इसके अलावा और है भी क्या? इस पश्चिम बंगाल में लड़कियाँ इस तरह तस्करी की शिकार हो रही हैं कि बहुत-से गाँवों में अब लड़कियाँ हैं ही नहीं। नौकरी या शादी का लालच देकर गाँव की तमाम लड़कियों को पकड़कर देश के विभिन्न वेश्यालयों में बेचा जा रहा है। वहाँ तो लड़कियों को रोज़ ही दुष्कर्म का शिकार होना पड़ता है, ज़िन्दा जलाकर मारने की अपेक्षा उन्हें थोड़ी कम तकलीफ़ भुगतनी पड़ती है!

विश्व के किसी भी अन्य देश के मुक़ाबले भारत की किशोरियाँ अधिक आत्महत्या करती हैं। यह जो किशोरियाँ इतनी आत्महत्या करती हैं, इसके पीछे की वजहों को किसी ने क्या गहराई से देखने की ज़हमत उठाई है? उन्हें आत्महत्या क्यों करनी पड़ती है? जीवन की शुरुआत में ही उन्हें क्यों मरना पड़ता है? विपुल परिमाण में बढ़ रही किशोरियों की आत्महत्याओं में सचमुच आत्महत्याएँ कितनी हैं और हत्या कितनी, यह भी भला कितनों को पता रहता है, और कितने हैं जो पता लगाने की ज़हमत उठाते हैं!

केवल राजनीति के सम्बन्ध होने की वजह से ही यदि दुष्कर्मियों पर अदालत फ़ैसला दे, फिर तो वह दुष्कर्म के विरुद्ध कोई फ़ैसला नहीं है, वह तो फिर किसी को राजनीतिक सुविधा प्रदान करने के लिए या फिर किसी को परेशानी में डालने के लिए दिया गया फ़ैसला होगा। मैं उसी फ़ैसले को सचमुच का फ़ैसला मानूँगी, जो राजनीति के लोगों या फिर पैसेवाले, ताक़तवाले लोगों के दबाव में नहीं दिया गया होगा। जो स्वतःस्फूर्त ढंग से किया जाएगा। दरिद्र लड़की के साथ दुष्कर्म करनेवाला यदि पैसेवाला हो, तो भी उसे वही सज़ा दी जाएगी, जो पैसेवाली लड़की के साथ दुष्कर्म करनेवाले दरिद्र व्यक्ति को दी जाती है।

विक्टिम ब्लेमिंग

मनुष्य की विक्टिम ब्लेमिंग की आदत बहुत पुरानी है। सम्भवतः इतिहास की शुरुआत से ही। मनुष्य विक्टिम लोगों को दोष देने में अभ्यस्त है। जब राजा-बादशाह लोगों को फाँसी पर लटकाते, जब लोगों को सूली पर चढ़ाते तो लोग विक्टिम की ओर घृणा फेंकते, उन्हें गालियाँ बकते, उन पर पत्थर बरसाते थे। जिसे सज़ा मिल रही है उसने क्या अपराध किया है, और उस अपराध की क्या सज़ा होनी चाहिए—इस पर सोच-विचार करना कठिन है। मनुष्य कठिन मामलों में नहीं जाना चाहता। वह सहज चीज़ों को लपक लेता है। धर्म सहज है, विज्ञान कठिन है। धर्म की कहानियाँ जितनी आसानी से दिमाग़ में घुसती हैं, विज्ञान की थ्योरी उतनी सहजता से नहीं घुसतीं। इसलिए सीधे सरल धर्म को लोग ग्रहण कर लेते हैं, विज्ञान को ग्रहण नहीं करते। जो जिसे जिस भी वजह से सज़ा दे, ज़्यादातर लोग यह मान लेते हैं कि वह सज़ा सोच-विचारकर ही दी जा रही है, इसलिए वे उस सज़ा के प्रति अपना समर्थन प्रकट करते हैं।

इक्कीसवीं सदी चल रही है। अब भी यदि स्त्री के साथ बलात्कार होता है तो लोग स्त्री को ही दोषी ठहराते हैं। इस वजह से आज भी बलात्कार से पीड़ित स्त्री को डर और शर्मिन्दगी में अपना चेहरा छुपाना पड़ता है। अधिकांश लोग आज भी कहते हैं कि 'निश्चय ही इस स्त्री की सजधज-पोशाक में, आचार-व्यवहार में यौन-सम्पर्क के लिए आह्वान रहा होगा।' यह जो चारों ओर नारीवादी लोग कह रहे हैं, 'बलात्कार के लिए बलात्कारी ही ज़िम्मेदार है, वह नहीं जिसके साथ बलात्कार हुआ है, विक्टिम ब्लेमिंग बन्द कीजिए।' इससे काम बन नहीं रहा है। बहुत थोड़े-से लोगों की मानसिकता में बदलाव

आया है। बाक़ी अधिकांश लोग बलात्कार का दोष और इसकी ज़िम्मेदारी बलात्कार-पीड़िता पर ही थोपते हैं।

बांग्लादेश में लेखक-बुद्धिजीवियों की हत्या हो रही है। आज़ादख़याल लोगों को तो टार्गेट किया ही जा रहा है, सुसंस्कृत लोग भी अब इस दायरे से बाहर नहीं हैं। मुसलमान-ग़ैरमुसलमान किसी को भी नहीं छोड़ा जा रहा है। फ़ेसबुक पर लिखने से, गीत गाने से, सितार बजाने पर, कविता लिखने, पत्रिकाओं में कविता प्रकाशित करवाने पर भी हत्याएँ की जा रही हैं। समलैंगिक-उभयलैंगिक किसी को भी रिहाई नहीं मिल रही है। बुरक़े को लेकर दो बातें कहने पर ही लोग नाराज़ हो जाते हैं। समूचे देश में हत्याकांडों का कोई प्रतिवाद नहीं है। देश जैसा चल रहा था, वैसा ही चल रहा है। मानो कुछ भी नहीं हुआ। मानो किसी ने किसी की धारदार हथियार से मार-मारकर हत्या नहीं की। और हत्या हुई तो क्या हुआ! इसलामी आतंकवादियों द्वारा यदि किसी की हत्या की गई तो आजकल लोग यह धारणा बना लेते हैं कि वह व्यक्ति नास्तिक था। नास्तिक होने के कारण ही उसकी हत्या हुई। अन्यथा उसे क्यों मारा जाएगा भला। अब सज़ा जो भी दे, जो लोग भी दें, अधिकांश लोग उनके निर्णय को ही सही निर्णय कहकर स्वीकार कर लेते हैं। जिस व्यक्ति को सज़ा दी जा रही है, वह निरपराधी था और जो सज़ा दे रहा है, अन्याय उसने किया है—बहुत कम लोगों के दिमाग़ में यह बात आती है। यह विचार जटिल है, शायद इसलिए ऐसा होता है। सम्भवत: इस विचार के साथ और भी विचार जुड़े होते हैं, शायद इसलिए। जैसे कि यह व्यक्ति निरपराधी था तो फिर किन वजहों से उसे ख़ून होना पड़ा, जिन लोगों ने ख़ून किया उन्होंने क्योंकर इसका ख़ून किया, और इस मामले में इसकी हत्या करके ख़ूनियों को क्या फ़ायदा...यह सब विचार बहुत सहज नहीं हैं। लोग जटिल विचारों पर दिमाग़ नहीं लगाना चाहते। सभी सरल गणित करना चाहते हैं, जटिल गणित नहीं।

रास्ते में जेबकतरा मिल जाए तो सब उसे पीटते हैं। कोई किसी को पीट रहा है यह देखते ही उसकी और पिटाई लगाने के लिए अन्य लोगों के हाथ कसमसाने लगते हैं। पिटाई रोकने के लिए जितने लोग आगे बढ़ते हैं, उससे कहीं ज़्यादा लोग पिटाई में हिस्सेदारी के लिए आगे बढ़ते हैं। जेबकतरे को

क्यों पीटा जा रहा है, जेबकतरे ने क्या और कितना अपराध किया था, किसकी जेब से कितने पैसे निकाले, किस वजह से निकाले, क्या वह पहले से ही जेबकतरा है या कि वह जेबकतरा है ही नहीं, और उसे जेबकतरा कहकर लोग केवल अपनी धारणा बना रहे हैं—लोगों के पास इन सबकी खोज का समय कहाँ है! ये सब जटिल चीज़ें हैं। इसकी बजाय तो 'जब सब पीट रहे हैं तो तुम भी मारो। मारने में कोई परेशानी नहीं है। जुर्माना नहीं लगेगा, जेल नहीं होगी। जिस व्यक्ति ने उसे पीटने का निर्णय लिया था, बिलकुल सही निर्णय लिया था। वह निश्चित रूप से अच्छा न्यायाधीश है।' उस व्यक्ति का चरित्र वग़ैरह कैसा है जाने बग़ैर ही लोग उसके बारे में सोच लेते हैं कि वह अच्छा न्यायाधीश है। उसके फ़ैसले ग़लत हो सकते हैं, यह संशय किसी के पास भी नहीं फटकता।

लोग हर किसी को न्यायाधीश मान बैठते हैं। सुप्रीम कोर्ट का न्यायाधीश भी न्यायाधीश है और जेबकतरे के बदन पर जिसने सबसे पहले हाथ उठाया, वह भी न्यायाधीश है। प्रगतिशील लोगों को जो जिहादी लोग टुकड़े-टुकड़े कर रहे हैं, वे भी न्यायाधीश हैं। जो पति अपनी पत्नी को पीट रहा है, उसे भी न्यायाधीश माना जा रहा है। माना जा रहा है कि निश्चित रूप से पत्नी की कोई ग़लती रही होगी। प्रगतिशील लोगों की कोई ग़लती रही होगी। उस लड़के ने निश्चय ही किसी की जेब काटी होगी। विक्टिम को दोषी ठहराते-ठहराते हमारी आदत इतनी बिगड़ गई है कि लेखक, बुद्धिजीवी आदि की भी नृशंस रूप से हत्या करने पर हम लोग लेखक और बुद्धिजीवियों को ही दोषी ठहराते हैं। बलात्कार के लिए, हिंसा के लिए, हत्या के लिए हम लोग बलात्कारी, आतंकवादी या हत्यारे को दोष नहीं देते।

पूरे विश्व को पता है कि बांग्लादेश में इसलामी आतंकवादी नास्तिक लोगों की हत्या कर रहे हैं। इस वक़्त यदि किसी आस्तिक को भी मार दिया जाए तो कहा जाएगा कि वह पट्ठा निश्चित रूप से नास्तिक था। हसीना के बेटे जय के यदि अभी टुकड़े-टुकड़े कर दिये जाएँ, तो हसीना कहेंगी, 'जय भी शायद भीतर-भीतर नास्तिक था। हमें इसका पता नहीं था। नास्तिक न होता या उदारवादी न होता तो आतंकवादी उसे क्यों मारते भला।' देश की

प्रधानमंत्री भी आतंकवादी विचारधारा के प्रति आस्था रखती हैं। आस्था है तभी तो प्रधानमंत्री हत्यारों को सज़ा देने के पक्ष में नहीं हैं। वे तो बल्कि मुसलमानों को उपदेश दे रही हैं कि वे लोग मन को मुक्त न करके मन को समेट लें। जटिल लिखना बन्द कर दें।

हत्यारों, आक्रमणकारियों, नफ़रत करने वालों के फ़ैसलों पर लोगों की आस्था अकल्पनीय रूप से अधिक है। उनके फ़ैसलों और अदालतों के फ़ैसलों के बीच लोगों को कोई फ़र्क़ महसूस नहीं होता। 'उसकी जब हत्या हुई है, तो उस हत्या के पीछे कोई-न-कोई वजह ज़रूर रही होगी। वजह न हो तो वे हत्या करेंगे ही क्यों!' यह बात जिस तरह प्रधानमंत्री कहती हैं, ठीक उसी तरह आम जनता भी कहती है। इसलामी आतंकवादियों द्वारा नास्तिकों की हत्या शुरू करने के बाद से लोग नास्तिकों को जितना अपराधी नहीं मानते थे, वे अब उन्हें उससे कहीं ज़्यादा अपराधी मानने लगे हैं। नास्तिक लोग मारे जाने लायक़ अपराध करते हैं, इसलिए यह धारणा बनी है। आतंकवादियों और हत्यारों के प्रति लोगों की आस्था दिन-ब-दिन बढ़ती जा रही है, और विक्टिम के प्रति लोगों की नफ़रत और अविश्वास भी लगातार बढ़ रहा है। आतंकवादियों और हत्यारों के प्रति लोगों का जो विश्वास है, वह काफ़ी हद तक ईश्वर के प्रति विश्वास-जैसा है। ईश्वर जैसे कोई ग़लती नहीं कर सकता, लोगों को लगता है हत्यारे भी कोई ग़लती नहीं कर सकते। जिस तरह ईश्वर को यह पता रहता है कि कौन व्यक्ति क्या कर रहा है, किसके मन में क्या चल रहा है—हत्यारों को भी सब पता होता है। ईश्वर जिस तरह लोगों को सज़ा देते हैं, कर्मों का फल देते हैं, आतंकवादी भी ठीक वैसा ही करते हैं। लोग आतंकवादियों से डरते हैं, जिस तरह वे ईश्वर से डरते हैं।

भाई लोग बहन को बचाते हैं कि मारते हैं

क़ंदील बलोच नामक एक पाकिस्तानी मॉडल लड़की का गला दबाकर उसके भाई ने मार डाला। वह उसका कोई दुश्मन नहीं था, कोई अपरिचित दुष्कर्मी भी नहीं, वह उसका भाई था, मुँहबोला नहीं, बनाया हुआ नहीं, अपना भाई था। लड़कियों को सबसे ज़्यादा ये लोग ही मारते हैं, ये रिश्तेदार या अत्यन्त निकट सम्बन्धी, ये पिता, भाई, पति या फिर प्रेमी। पुरुषों को उनके दुश्मन मारते हैं और स्त्रियों को सबसे अपने लोग मारते हैं?

स्त्रियों को ये लोग मारते हैं क्योंकि इन्हें लगता है कि स्त्रियाँ इनकी 'चीज़' हैं। स्त्रियाँ यदि इनके हिसाब से न चलें तो वे इनकी जान ले सकते हैं। इनका विश्वास है कि स्त्रियों के साथ इनकी जो मर्ज़ी किया जा सकता है। ये यदि चाहें तो स्त्रियों को जीवित रख सकते हैं और चाहें तो इन्हें ख़त्म भी कर सकते हैं। स्त्रियों का जीवित रहना, मरना, अच्छा रहना सब इन पर निर्भर है। क़ंदील बलोच अपने भाई की इच्छा के मुताबिक़ नहीं चलीं, वे अपनी पसन्द से चलीं। यही भाई के ग़ुस्से की वजह थी, और यही उनकी हत्या का कारण भी बनी।

पुरुषों के साथ लेकिन इस तरह की समस्या नहीं है। उन्हें अपनी माँ, बहन, पत्नी की पसन्दगी के हिसाब से चलने की ज़रूरत नहीं होती। वे अपनी पसन्द से ही चलते हैं। उनका जीवित रहना, मरना कुछ भी स्त्रियों पर निर्भर नहीं करता। बहन को यदि पसन्द न हो तो बहनें उनकी हत्या नहीं करतीं।

बहुत-से लोग कहते हैं कि क़ंदील बलोच अमेरिका की किम कार्दशियन-जैसी ही थी। अंग प्रदर्शन करके उसने नाम कमाया था। किम जो करके अमेरिका में करोड़ों रुपये कमाती है, वही काम करने पर पाकिस्तान में क़ंदील का ख़ून

हो जाता है। कंदिल बलोच के सात लाख फ़ेसबुक फ़ॉलोअर और तैंतालीस हज़ार ट्विटर फ़ॉलोअर थे। वह लोकप्रिय थी, भले वह सस्ती लोकप्रियता थी। सस्ती लोकप्रियता अर्जित करने पर क्या उसे जीने का अधिकार नहीं रहता?

स्त्रियाँ यदि अपना शरीर दिखाएँ, शरीर को लेकर कुछ लिखें, शरीर की तसवीरें बनाएँ तो लोग कहेंगे कि स्त्रियाँ यह सब 'सस्ती लोकप्रियता' के लिए कर रही हैं। यही काम यदि पुरुष करें तो उन्हें यह दोष नहीं दिया जाता। 'सस्ती लोकप्रियता'—इन दो शब्दों का उपयोग केवल स्त्रियों को दोष देने के लिए किया जाता है। भाव ऐसा होता है, स्त्री के रूप में जन्म लेकर भी यदि लोकप्रियता अर्जित करनी ही हो, तो फिर 'महँगी लोकप्रियता' ही अर्जित करनी चाहिए। सस्ती लोकप्रियता नहीं चलेगी। कौन-सी लोकप्रियता सस्ती है और कौन-सी महँगी—पुरुष यह तय करेगा। स्त्रियों को अंग-प्रदर्शन करके जो लोकप्रियता हासिल होती है, वह होती पुरुषों की वजह से ही है। पुरुषों को वह पसन्द आता है, इसलिए। लेकिन पुरुष ही लोकप्रिय होने का दोष स्त्रियों को देते हैं, स्त्रियों को लोकप्रिय करने का दोष उन पुरुषों को नहीं दिया जाता, जो स्त्रियों को लोकप्रिय करते हैं। यह काफ़ी हद तक उन लोगों-जैसा ही है, जो स्त्रियों को वेश्या बनाते हैं। वे लोग अपने ही स्वार्थों की वजह से स्त्रियों को वेश्या बनाते हैं, वे ही वेश्यागमन करते हैं, लेकिन वेश्या होने का दोष निर्लज्ज रूप से स्त्रियों को देते हैं। और फिर वेश्या बनी स्त्रियों से वे नफ़रत करना भी नहीं भूलते!

क़ंदील बलोच की लोकप्रियता पाकिस्तानी पुरुषों के बीच ही थी। उससे नफ़रत करनेवाले लोगों की कोई कमी नहीं थी। उसकी बिस्तर पर लेटी हुई तसवीर देखेंगे, उसके स्तन और जाँघें देखेंगे, उसकी सुन्दरता देखेंगे, सुख पाएँगे, उसे छूने के लिए पागल हो जाएँगे लेकिन उससे नफ़रत करेंगे। क़ंदील के भाई को और कुछ भले न रहे लेकिन वह नफ़रत ज़रूर थी। क़ंदील ने सामाजिक नियम-क़ायदे, आचार-आचरण को नहीं माना, इसलिए वह नफ़रत थी। क़ंदील के भाई वसीम ने उसका गला घोंटकर उसकी हत्या कर दी थी। उसने ख़ुद ही स्वीकार करते हुए कहा था कि परिवार के सम्मान की रक्षा के लिए उसने हत्या की है। यह भी एक घटना ही है, उस परिवार की इज़्ज़त

क़ंदील के स्तनों और जाँघों में ही छुपी हुई थी और जैसे ही क़ंदील के स्तनों और जाँघों से कपड़े थोड़े सरके, वैसे ही उस समूचे परिवार की इज़्ज़त उसके स्तनों और जाँघों पर से कपूर की तरह उड़ गई।

क़ंदील गाती भी थी। वसीम को क़ंदील की प्रतिभा को लेकर गर्व करना चाहिए था। लेकिन गर्व की बजाय उसने अपमानित महसूस किया था। पाकिस्तान का स्त्री-विरोधी समाज क़ंदील को लेकर गर्व नहीं करता था, उसे लेकर असुविधा में ही रहता था। उस समाज में बुरक़ा पहनी हुई स्त्रियाँ, पुरुषों की दासी स्त्रियाँ, गूँगी-बहरी बनकर रह रही स्त्रियाँ, आत्मसम्मान के बोध से विहीन स्त्रियाँ 'अच्छी स्त्रियों' के रूप में गिनी जाती हैं, उनके अलावा सारी स्त्रियाँ 'ख़राब स्त्रियाँ' हैं। क़ंदील ख़राब स्त्रियों की तालिका में थी। लेकिन ये तथाकथित 'ख़राब स्त्रियाँ' ही समाज को बदलती हैं, उनका विकास करती हैं, इन्हीं ख़राब स्त्रियों से पुरुषतांत्रिक समाज को सबसे ज़्यादा डर लगता है। ये ख़राब स्त्रियाँ ही महिलाओं के सम्मान और स्वाधीनता को हासिल करने में क्रान्ति के समान होती हैं। नारी-आन्दोलन करने वाली संस्थाएँ अनेक हैं, संगठन भी बहुत सारे हैं, लेकिन वे तमाम अच्छी स्त्रियाँ सौ वर्षों में जो काम नहीं कर पातीं, उन्हें ख़राब स्त्रियाँ एक ही साल में कर लेती हैं। यह क्या कम बात है?

क़ंदील बलोच ने लिखा था, 'छोटी उम्र से ही जीवन ने मुझे बहुत कुछ सिखाया है, किशोरी उम्र से आत्मनिर्भर स्त्री बनने का रास्ता मेरे लिए कभी भी सुविधाजनक नहीं था।' उसने लिखा था, 'स्त्री के रूप में हमें हर स्त्री के लिए लड़ना चाहिए। हर स्त्री के साथ हमें खड़े होने की ज़रूरत है।' क़ंदील ने बहुत ज़रूरी बात लिखी थी। मेरी यह जानने की बड़ी इच्छा होती है कि क्या स्त्रियाँ क़ंदील के साथ खड़ी हुई थीं? क़ंदील की हत्या के प्रतिवाद में क्या स्त्रियाँ मुखर हुई थीं? जो पुरुष दुनिया की तमाम विषमताओं के ख़िलाफ़ खड़े होते हैं, वे क्या क़ंदील के पक्ष में सड़कों पर उतरे थे? या कि क़ंदील की लोकप्रियता सस्ती थी इसलिए उसके साथ खड़े होने, सड़क पर उतरने में उन्हें घिन आई थी?

समाज की 'इज़्ज़त' बचाने के लिए पाकिस्तान के लाखों स्त्री-विद्वेषी पुरुषों ने क़ंदील की मन-ही-मन हत्या की है, और अपने परिवार की इज़्ज़त

बचाने के लिए उसके सहोदर, उसके भाई वसीम ने क़ंदील की सचमुच हत्या कर दी। क़ंदील बलोच मुझे ट्विटर पर फ़ॉलो करती थी। यह जानकर मैं सम्मानित महसूस कर रही हूँ। निश्चय ही और भी अनेक लोगों ने क़ंदील-जैसी सच्ची और साहसी लड़की के सम्पर्क में आकर सम्मानित महसूस किया होगा।

हर साल सैकड़ों पाकिस्तानी लड़कियाँ ऑनर किलिंग की शिकार हो रही हैं। मैं असल में इन हत्याकांडों को ऑनर किलिंग नाम नहीं देना चाहती। मैं इन्हें नारी-हत्या कहना चाहती हूँ। बहुत ही सुनियोजित ढंग से प्रतिभाशाली, बुद्धिदीप्त, जुझारू, प्रचुर आत्मसम्मान-बोध रखने वाली, सिर ऊँचा करके चलने वाली स्त्रियों को समाज से ख़त्म किया जा रहा है। इन्हें देखकर पुरुषों को डर लगता है कि कहीं ऐसा न हो ये लोग ही पुरुषतंत्र को समाज से झाड़ू मारकर निकाल बाहर कर दें। कहीं ऐसा न हो ये लोग ही पुरुषों की दासी होने की बजाय स्वामिनी बन जाएँ। इस सर्वनाश को कोई न्योता नहीं देना चाहता। इसलिए इनका विनाश चल रहा है। जब भी यह ख़बर मिलती है कि लड़कियों की हत्या पिता, भाई या पति ने की है तो अधिकांश लोग चुप्पी साध लेते हैं। यह मामला ऐसा है—'उनकी चीज़ उन्होंने ख़त्म की है, इससे हमारा क्या? इसमें अपनी नाक घुसेड़ना ठीक नहीं।' लोग कब इस बात को समझेंगे कि लड़कियाँ किसी की व्यक्तिगत सम्पत्ति नहीं हैं, किसी की ख़रीदी हुई वस्तुएँ नहीं हैं।

मैंने सुना है क़ंदील के पिता ने अपने बेटे के ख़िलाफ़ पुलिस में शिकायत दर्ज की कराई है, उन्होंने ही कहा है कि उन्हीं के बेटे ने उनकी बेटी का क़त्ल किया है। उन्होंने न्याय की माँग की है। यह कमाल की बात है। समाज को दरअसल क़ंदील के भाई-जैसे पुरुषों की ज़रूरत नहीं है, क़ंदील के पिता-जैसे लोगों की दरकार है।

समाज अन्यायों का रक्षक है

घटना चटगाँव के आगराबाद इलाक़े की है। मध्य जनवरी की दोपहर तब थोड़ी-सी शाम की ओर झुकने लगी थी। मैं उस इलाक़े में नई थी, किसी नये इलाक़े में जाने पर मैं तब तक घर में सुकून से बैठकर दिन नहीं बिता पाती, जब तक वह नया मेरे लिए पुराना न हो जाए। पुराने से मुराद यह नहीं कि मेरे सारे आग्रह ख़त्म हो गए। ब्रह्मपुत्र को मैं बचपन से जानती हूँ, वह मेरे लिए इतना परिचित है कि मुझे लगता है कि मैं उसके सारे बाँकों को पहचानती हूँ, उसके सारे प्रवाहों की मुझे जानकारी हैं, तट की रेत पर अंकित सारे पदचिह्नों की मुझे ख़बर है। फिर भी जो नदी मुझे अब भी सबसे अधिक खींचती है, वह ब्रह्मपुत्र ही है।

आगराबाद इलाक़े को मैं अभी तक घूम-फिर कर नहीं देख सकी हूँ। मोटे तौर पर मैंने जो देखा वह यह कि रास्ते के दोनों ओर कुछ दोमंज़िले-तीनमंज़िले मकान थे। मैं जिस समय की बात बता रही हूँ, वह ऐसी कोई शाम भी नहीं थी, आलस से भरा एक ऐसा समय होता है न जब शरीर को कुछ भी अच्छा नहीं लगता, कहीं भी मन नहीं लगता लेकिन सब लोग कोई-न-कोई काम तलाशते रहते हैं, मैं भी तलाश रही थी कि ऐसे में एक विकट चीत्कार सुनाई दिया। पहले-पहल तो मैं तय नहीं कर पाई कि वह कोई जानवर था या कि इनसान। ध्यान से सुनने पर पता चला वह इनसान की आवाज़ थी। आवाज़ इनसान की थी समझने के भी दस मिनट बाद पता चला कि वह चीत्कार किसी रोती हुई स्त्री के कंठ से निकली थी। मैं उस आवाज़ की ओर बढ़ चली।

शिक्षित मध्यवर्गीय उस घर की बैठक में लकड़ी का सोफ़ा, कार्पेट, टेलीविज़न, दीवार पर फ्रेम किये दो-एक चित्र और फ़ोटोग्राफ़, एक ओर किताबें, काँच के बर्तन रखे थे। काँच के दरवाज़े वाला लकड़ी का एक शोकेस था, जिसमें पुरस्कार के सील वाले मोनोग्राम सजाकर रखे गए थे। कुछ मुसलमानों के यहाँ एक नया चलन दिखाई दिया है, वे मलमल के कपड़े पर बनी काबाशरीफ़ की तसवीर मढ़वाकर घर में रखने लगे हैं। जो जितना बड़ा काबा लटकाता है, समाज में उसकी क़द्र उतनी ज़्यादा होती है। वह चीख़ एक शिक्षित मध्यवर्गीय परिवार से निकली थी, कम-अज़-कम उस आवाज़ के पीछे-पीछे मैं जिस घर तक आई थी, वह घर मुझसे यही कह रहा था।

दरवाज़ा खुला हुआ था। अन्दर तीन-चार लोग थे, मैंने अनुमान लगाया कि वे उस घर के लोग नहीं थे, वे लोग मेरी ही तरह पता लगाने आए थे कि मामला क्या है। चीत्कार की तुलना में दर्शनार्थियों की संख्या मुझे अपर्याप्त लगी, कि मानो ऐसा तो होता ही रहता है, ऐसा होना यहाँ कोई अस्वाभाविक बात नहीं है और मेरे अलावा जो लोग देखने आए थे वे अकसर यहाँ आते हैं और उनके निर्लिप्त चेहरों ने मुझे समझने में मदद की कि चीख़ जिस बारे में थी वह कोई जानलेवा बात नहीं है।

दर्शनार्थियों को घर की घटना के मुक़ाबले, मैं कहाँ रहती हूँ, कहाँ से आई हूँ, क्या करती हूँ इत्यादि को लेकर जानने की इच्छा ज़्यादा थी। मेरे बारे में दुनिया भर के अवांछित प्रश्नों के संक्षिप्त उत्तर देते-देते मुझे उस प्रलम्बित रुलाई की वजह के बारे में जितना पता चला उसने मेरी जानने की इच्छा को ज़रा भी तृप्त नहीं किया। जिसके कंठ से वह चीख़ निकली थी, मेरी उसके साथ बात करने की इच्छा हो रही थी, लेकिन वह परिवेश मेरी मदद नहीं कर रहा था। मैं यह सोचकर लौट आई कि रो रही उस स्त्री के साथ मैं एक दिन अकेले में बात करूँगी।

अगले दिन मेरी बात हो गई। उस लड़की की उम्र अठारह से ज़्यादा नहीं होगी। पड़ोस के घर में किसी और शहर से घूमने आई एक लड़की के साथ बातचीत करते-करते अन्तरंगता महसूस होना इस उम्र में बहुत फबता है। घर से तब उस लड़की के सिवा और कोई नहीं था, उसके पति एक सरकारी दफ़्तर

में काम करते थे, घर लौटते हुए अकसर रात हो जाती थी। शहर, बन्दरगाह, मकान-भाड़ा, स्कूल-कॉलेज, पढ़ाई-लिखाई इत्यादि पर देर तक चर्चा करने के बाद मैं पिछले दिन की घटना पर लौट आई। उस लड़की ने कोई संकोच नहीं किया, धीरे-धीरे शरीर पर तमाम जगहों पर मार के सारे निशान दिखा दिये।

मैंने घटना के भीतर घुसने की कोशिश की। अठारह साल और एक नया व्यक्ति—इन दोनों की दुविधा और संकोच को हटाने के बाद उस लड़की ने मुझे जो बताया वह यह कि स्कूल की पढ़ाई पूरी करके कॉलेज पढ़ने के दौरान परिवार वालों ने उसकी शादी कर दी। शादी के बाद पति को चौबीस घंटों में पाँच-छह बार शारीरिक मिलन चाहिए लेकिन लड़की इस अधिकता से क्षुब्ध होती रही। पहले-पहल पति के मन की सन्तुष्टि के लिए वह अपना शरीर बिछा देती थी, दाँत पीसकर, होंठ दबाकर इस बड़े अत्याचार को सहन करती थी।

अब उस लड़की के यौनांग में इतनी अधिक पीड़ा होती है कि वह बाधा दिये बग़ैर नहीं रह पाती। और बाधा देने की वजह से उस पर अश्लील अत्याचार शुरू हो जाता है। बिजली के पुराने तारों का एक गुच्छा बनाकर रखा गया है, पति अपने हाथों से उसे चाबुक की तरह उपयोग करता है और लड़की को उसके आदेश मानने को बाध्य करता है। कभी-कभी वह लड़की अकड़ जाती है, ग़ुस्से से उफनने लगती है, चीख़ती है, रोती है।

मैंने पूछा—तुम्हारी क्या ज़रा भी इच्छा नहीं होती? लड़की साड़ी के आँचल को उँगली से लपेटती शरमाती हुई कहती है—इच्छा क्यों नहीं होगी? होती है। जब वह मेरे साथ प्यार से बातें करता है, तब होती है।

उस लड़की की आँखों में कैशोर्य की सरलता उमड़ पड़ी।

धमकाने, मारने पर मेरी वह सब करने की ज़रा भी इच्छा नहीं होती।

तुम्हें वह क्यों मारता है?

उसके बुलाने पर मैं जाती नहीं हूँ ना।

इसलिए मारता है?

हाँ।

वह मारता है तो तुम्हें ग़ुस्सा नहीं आता? चले जाने की इच्छा नहीं होती?

जाऊँगी क्यों भला? मारने की बात तो हदीस में है ही।

यह बात तुम्हें किसने बताई?

मेरे पति ने।

तुम्हारे पति ने सच नहीं कहा। किसी भी हदीस में स्त्रियों से मारपीट करने की बात नहीं लिखी है।

उस लड़की के विश्वास की दीवार पर एक काली खरोंच उभर आई। मेरे चेहरे की ओर अवाक होकर देखते हुए उसने कहा—लेकिन सभी तो यही कहते हैं।

वे ग़लत कहते हैं, वे झूठ बोलते हैं, रतन।

उस लड़की का नाम रतन था। मैं अन्ततः रतन को यह समझाने में सफल रही कि वे सब झूठ बोलते हैं। वे ऐसा बोल पाते हैं क्योंकि तुम ठीक से पढ़ी-लिखी नहीं हो, तुम कमाती नहीं, तुम आज़ाद नहीं हो; पति तुम्हें बेवक़ूफ़ बना रहा है, समाज तुम्हें बेवक़ूफ़ बना रहा है, देश तुम्हें बेवक़ूफ़ बना रहा है। घर बैठे भात पकाकर पति की जीभ और बिस्तर पर उसके शरीर को तृप्त करने के अलावा तुम्हारे पास कोई और मूल्यवान काम नहीं है। पीट-पीटकर तुम्हारी हड्डियाँ चूर-चूर करने पर भी, अधिकांश लोग, जो किसी कुत्ते को मारते देखने पर भी आह करते हैं, वे भी, किसी पति द्वारा अपनी पत्नी की पिटाई करते वक़्त एक बार मुड़कर भी नहीं देखते।

दो दिन बाद, जिस दिन मुझे लौट जाना था, मेरी बड़ी इच्छा हुई कि मैं रतन के साथ एक बार मुलाक़ात करूँ। सुबह का समय था, उस दिन सरकारी छुट्टी थी, दरवाज़े की साँकल हिलाते ही रतन के पति सामने आ खड़े हुए। मैंने अपना परिचय दिया तो उनके माथे पर दो बल पड़ गए। नाक थोड़ी संकुचित हो गई; वे भीतर चले गए, भीतर वाले कमरे में दोनों की कभी धीमे तो कभी ऊँचे स्वर में बातचीत होती रही। मैं प्रतीक्षा करती रही, भीतर के कमरे में बातचीत पूरी हो जाने के बाद मेरे सामने सबसे पहले रतन आ खड़ी हुई, पीछे उसका पति। मैंने रतन के पति की वह जिह्वा देखी—जिस जिह्वा से पत्नी के लिए अपशब्दों भरी भाषा उचारता है, वे हाथ देखे—जिन हाथों से वह अपनी पत्नी पर निर्मम चोटें करता है। मैं देखती रही और मन-ही-मन उस जीभ, उन हाथों, उस शरीर और उस मन के प्रति अपनी नफ़रत फेंकती

रही। मैं अवाक होती रही कि मेरे सामने जो पुरुष खड़ा है उसने एक दिन भरी दोपहर अपनी पत्नी को रुलाकर सारे मोहल्ले को जगा दिया था। मैं विस्मित हुई कि इस व्यक्ति को समाज का हर कोई अच्छे आदमी के रूप में स्वीकार करने को बाध्य है क्योंकि इसके बड़े-बड़े बाल नहीं हैं, चेहरे पर खूँटा दाढ़ी नहीं, वह मैले-कुचैले कपड़े नहीं पहनता, शुक्रवार को जुमे की नमाज़ पढ़ता है, लोगों के साथ हँसकर बातचीत करता है।

मैंने रतन से कहा, मैं आज जा रही हूँ। रतन का मलिन चेहरा मुस्करा दिया। उसका पति पीछे से सामने चला आया, इधर-उधर टहलते हुए बोला—आपने उस दिन रतन को जो समझाया वह ठीक नहीं है। इस तरह लोगों को ग़लत शिक्षा मत दीजिएगा।

कैसी ग़लत शिक्षा?

यही जैसे कि हदीस की शिक्षा को अस्वीकार कर देना।

वह आदमी सोफ़े पर बैठ गया और उसने मुझे भी बैठने का कहकर खीज भरे स्वर में कहा—आप शायद हदीस क़ुरान नहीं पढ़तीं।

फिर वह उठा और तेज़ी से चला गया, फिर पाँच-छह मोटी-मोटी किताबें हाथ में लेकर और जीत की हँसी चेहरे पर लिये लौट आया, जो हँसी यदि एक बार होंठों से लटक जाए तो फिर उसे उतारना मुश्किल होता है।

इन किताबों को पढ़ने पर आप समझ जाएँगी। इस तरह की ग़लत-सलत बातें कहकर लड़कियों को बिगाड़िए मत। आपकी भी तो अख़िरात[1]-जैसी कोई चीज़ है। यह देखिए—ऐसा कहकर कुछ पन्ने पलटकर वह ख़ुद पढ़ने लगा—यदि कोई व्यक्ति संगम करने की इच्छा से पत्नी को पुकारे तो उसे तुरन्त उसके पास पहुँच जाना चाहिए, भले ही वह चूल्हे पर खाना पकाने में व्यस्त क्यों न हो। मुसलिम हदीस। सिर्फ़ क्या इतना ही? वह फिर से पढ़ने लगा—जब कोई व्यक्ति अपनी पत्नी को अपने बिस्तर पर बुलाए, और उसके इनकार करने पर यदि पति नाराज़गी में रात बिताए, तो फिर सुबह होने तक फ़रिश्ते उस स्त्री को अभिशाप देते रहते हैं। यह भी मुसलिम हदीस है। अब

1. परलोक का जीवन

तिर्मिज़ी हदीस सुनिए, जो स्त्री बेशर्मी के काम करती है, उसे अपने बिस्तर से हटा दीजिए और ऐसी स्त्री के साथ थोड़ी-बहुत मारपीट भी कीजिए।

मुझे विश्वास नहीं हुआ। मैंने वे किताबें हाथ में ली और देखने लगी। मुझे साफ़ अक्षरों में वह सब लिखा दिखाई दिया, जो रतन के पति ने मुझे पढ़कर सुनाया था। मुझे फिर भी विश्वास नहीं हुआ कि इस सभ्य युग में छपे हुए हर्फ़ों में इस धरती पर कहीं स्त्रियों के प्रति ऐसा अन्याय होता है, ऐसा अपमान प्रचारित होता है और इन अन्यायों को समाज में आदरपूर्वक ग्रहण किया जाता है, समाज के भद्र लोग परम निष्ठा के साथ इन तमाम धार्मिक बर्बरताओं का पालन करते रहते हैं।

न स्त्री स्वातंत्रमर्हति

महाभारत के पहले अंश के साथ अन्तिम अंश का व्यवधान कम-अज़-कम आठ सौ वर्षों का है। इस लम्बे समय के सामाजिक विकास का चित्र भी उसमें बहुत अच्छे-से उभर आया है। आदि क्षत्रिय कथा की रचना के बाद कुछ नैतिक कथाएँ भी रची गईं जो सार्वजनीन हैं, जिनका अन्तिम संयोजन भृगुवंशीय ऋषियों ने किया है। यह ब्राह्मण्य संयोजन के नाम से चर्चित है। स्त्रियों के अध:पतन का चित्र इस अंश में अपने नग्नरूप में मौजूद है।

महाभारत के इस अंश में बहुत स्पष्ट रूप से लिखा है कि नारी अशुभ है, वह सारे अमंगलों की हेतु है और कन्या दुख की (1/159/11)। भीष्म युधिष्ठिर से कहते हैं—नारी से अधिक अशुभ और कुछ नहीं होता। नारी के प्रति पुरुषों में किसी तरह की स्नेह-ममता नहीं होनी चाहिए (12/40/1)। पूर्व जन्मों के पापों के फलस्वरूप इस जन्म में नारी के रूप में जन्म लेना पड़ता है (6/33/32)। नारी साँप की तरह होती है, पुरुष का उस पर विश्वास करना कभी भी उचित नहीं (5/37/29) है। त्रिभुवन में ऐसी कोई नारी नहीं है जो स्वाधीनता पाने के योग्य हो (12/20/20)। प्रजापति की इच्छा है कि नारी स्वाधीनता पाने योग्य नहीं हैं (12/20/14)। जो छह चीज़ें एक पल की असतर्कता से नष्ट हो जाती हैं, वे हैं—गाय, सेना, कृषि, स्त्री, विद्या और शूद्र के साथ सम्बन्ध (5/33/90)।

महाभारत में सती और कर्तव्यपरायणा स्त्री की प्रशंसा की गई है। कहा गया है कि स्त्री-जन्म की चरम चरितार्थता है सेवा और शुश्रूषा से पति को तुष्ट करना तथा उसकी सन्तान को धारण करना, विशेष रूप से पुत्र-सन्तान

को। विवाहिता स्त्री यदि बहुत दिनों तक अपने पिता के यहाँ रहे तो उसका यश, चरित्र और उसके गुण नष्ट हो जाते हैं (1/74/12)। पिता के यहाँ लम्बे समय तक रहने से स्त्री कलंकिनी हो जाती है (5/39/80)। धर्मपुत्र युधिष्ठिर ने कहा है—स्त्री के द्वारा वंश कलंकित होता है (12/4-8)। कृष्ण ने कहा है—नारी कलंकित हो जाने से वर्णसंकर होता है और इससे चरम सर्वनाश हो जाता है (6/23/41)।

स्त्री को सुन्दरी, स्वास्थ्यवान तथा गृहकर्म में निपुण होना चाहिए। उसे अपने पति और ससुराल के लोगों के लिए जी-जान से मेहनत करनी चाहिए तथा पुत्र-सन्तान को जन्म देना चाहिए और उस सन्तान का लालन-पालन करना चाहिए। स्त्री का कोई पृथक मन, पृथक व्यक्तित्व नहीं होना चाहिए। महाभारत तो हमें यही बताता है।

स्त्री के उपनयन करने का नियम नहीं है। उपनयन करने पर विद्यार्जन करना पड़ता है, स्त्रियों को विद्यार्जन का अधिकार नहीं है। स्त्रियों के लिए विवाह ही उपनयन होता है, पति के घर में वास, गुरु के घर में वास माना जाता है और पति की सेवा अर्थात वेदों का अध्ययन (मनुसंहिता 2/67)।

मुद्दे की बात यह है कि शिक्षा और सम्पत्ति पर स्त्री का कोई हक़ नहीं है। स्त्री व्यक्ति नहीं है, वह वस्तु है और भोग्य वस्तु। इसलिए हाथी, स्वर्ण, रथ, अश्व और भूमि के साथ दान की तालिका में स्त्री को भी जोड़ा गया है। यह दान विवाह में, श्राद्ध में, विजयोत्सव में, अतिथियों के अभिनन्दन, यज्ञ और विभिन्न सामाजिक अनुष्ठानों में दिया जाता है। नारी प्रलोभन है, नारी की कामवृत्ति स्वभावतः पुरुषों से अधिक होती है (13/38)। भीष्म युधिष्ठिर से कहते हैं—आदिकाल में पुरुष इतने अधिक धर्मपरायण होते थे कि देवताओं को उनसे ईर्ष्या होने लगी और उन्होंने पुरुषों को प्रलुब्ध कर धर्म के मार्ग से भटकाने के लिए स्त्री की रचना की (13/42)।

नारी केवल अमंगल के लिए ही होती है। इस विश्वास को प्रचारित करने की महती ज़िम्मेदारी महाभारत ने उठा रखी है।

पाँच पतियों को तुमने किस तरह सन्तुष्ट और वशीभूत किया? सत्यभामा के इस सवाल के जवाब में द्रौपदी ने कहा था कि जब तक पति और भृत्य

भोजन नहीं कर लेते तब तक मैं भोजन नहीं करती। जब तक वे नहा न लेते, मैं नहीं नहाती। वे नहीं बैठते तो मैं भी नहीं बैठती। पति ही देवता हैं, पति ही गति, मैं अपने पतियों से ज़्यादा न तो सोती हूँ, न भोजन करती हूँ और न ही सजती-धजती हूँ। मैं अपनी सास के साथ झगड़ा नहीं करती। हमेशा उनके वशीभूत रहती हूँ (20/23/28/35/36)।

स्त्री के लिए अन्य पुरुषों का संग-साथ निषिद्ध करने का कारण था—पति के द्वारा उत्पन्न सन्तान के विषय में निश्चित होना। यह कामना क्या भीषण उत्कट और उदग्र होने पर भी किया जा सकता है कि—जो स्त्री पति के अलावा किसी चन्द्र, सूर्य, वृक्ष के भी दर्शन नहीं करती, वही धर्माचारिणी होती है (12/146/88)। अन्य पुरुष तो नहीं ही, प्रकृति की उजास और हवा को भी स्त्री की देह को स्पर्श नहीं करना चाहिए। स्त्रियों के लिए ऐसे अन्धकार संसार रूपी कुएँ को ही सबसे पवित्र बताया गया है।

स्त्री के वशीभूत रूप का सब लोग बढ़िया उपभोग करते हैं। कुत्ते या बिल्ली के पालतू हो जाने पर उसे घर में जगह दी जाती है, ठीक ऐसा ही स्त्री के साथ भी होता है।

असल में रामायण और महाभारत की सारी कथाएँ आख़िर में एक ही निर्णय पर आकर ख़त्म होती हैं—और वह यह कि न स्त्री स्वातंत्रमर्हति, स्वाधीनता पर स्त्री का कोई अधिकार नहीं होता।

पाबन्दियों का घेरा

मसजिद के गेट पर एक तरह के साइनबोर्ड लगे होते हैं। दूर से इतने दिनों तक मैं सोचती रही कि साइनबोर्ड पर निश्चय ही लिखा होगा—'गाय, बकरी का प्रवेश निषेध' असल में ऐसा नहीं है। एक दिन मैंने पास से देखा, उस पर लिखा था—महिलाओं का प्रवेश निषेध। सम्भवत: जानवरों और महिलाओं के मामलों में ही तमाम तरह की पाबन्दियाँ लगाई जाती हैं।

एक छोटे-से शहर में मेरा जन्म हुआ था। शहर के किनारे से सटकर क्षीणकाय ब्रह्मपुत्र बहा करती थी। नदी के तटों पर ही मेरा ख़ूबसूरत शैशव बीता है। शाम को रेत के घर बनाकर साँझ ढले खेल के उन घरों को तोड़कर हम सब घर लौटा करते थे। तब उम्र नौ-दस साल रही होगी, माँ खाना पका रही थीं, अचानक पता चला कि घर में अदरक नहीं है, नमक नहीं है—घर के पास वाली दुकान पर मुझे ही जाना पड़ता था। सुबह मुरमुरे खाने हैं, दोपहर में इमली, शाम को मूँगफली—दौड़-दौड़ कर सारी चीज़ें मुझे ही लानी होती थीं। इसी तरह दिन बीत रहे थे, एक दिन बिना किसी कारण के मुझे मोड़ की दुकान पर जाने के लिए मना कर दिया गया। क्यों मना कर दिया गया, यह पाबन्दी क्यों—पूछताछ करने पर पता चला कि मैं बड़ी हो गई हूँ, और बड़े हो जाने पर लड़कियों को घर से बाहर नहीं निकलना चाहिए। फ़ुर्सत के समय घर पर बैठकर धार्मिक किताबें पढ़नी चाहिए, घर के छोटे-मोटे कामों में हाथ बँटाना चाहिए। तभी से मुझ पर पाबन्दियाँ लगनी शुरू हो गई थीं। सिर्फ़ मुझ पर ही क्यों, तभी से हर लड़की के चारों ओर पाबन्दियों का लाल घेरा बना दिया जाता है।

मैं धीरे-धीरे बड़ी हो रही थी। खिड़की पर खड़े होने की मनाही, शाम को छत पर जाने की मनाही, कभी-कभी बिना अदरक, बिना प्याज़ के ही खाना बनता लेकिन मोड़ की दुकान पर मुझे नहीं भेजा जाता था। मैंने एक दिन देखा कि मेरे लिए घर पर पहनने के हिसाब से तीन पाजामे तैयार किये जा रहे हैं। लेकिन मुझे बताए बग़ैर इतने पाजामे, मैं ख़ुशी और विस्मय से भर उठी। माँ बोलीं, तुम अब से हाफ़पैंट नहीं पहनोगी। पाबन्दियाँ बढ़ती जा रही थीं। एक दोपहर माँ ने अपनी साड़ी के चार टुकड़े किये और एक टुकड़ा मेरे कन्धों पर डाल दिया, बोलीं, अब से इसे घर पर पहनना। यानी मुझे चुनरी पहननी होगी। मैं शर्म के मारे लाल हो गई। माँ निर्विकार।

एक बार मैंने माहवारी के दिनों में क़ुरानशरीफ़ को छू लिया था और इसलिए माँ ने मेरे गाल पर कसकर दो चाँटे रसीद दिये थे। बोलीं—नापाक शरीर से पाक चीज़ों को नहीं छुआ जाता। माँ अकसर कुत्ते को नापाक कहा करती थीं। उस दिन मुझे समझ में आया कि समय आने पर लड़कियाँ भी नापाक हो जाती हैं।

हमारे यहाँ आम, जामुन, कटहल, अमरूद का बड़ा-सा बग़ीचा था। बचपन में मुझे पेड़ पर चढ़ने का अदम्य शौक़ था। जब तक छोटी थी; तो मैं पेड़ों पर झूली, खेल खेले और तब सभी को यह मंज़ूर था। लेकिन जब लगा कि मैं बड़ी हो गई हूँ तो मेरे लिए पेड़ पर चढ़ना निषिद्ध हो गया। कहा गया कि लड़कियों को पेड़ पर नहीं चढ़ना चाहिए। कि लड़कियों के पेड़ पर चढ़ने से पेड़ मर जाता है।

हम लोग मामा के यहाँ गर्मी की छुट्टियाँ बिताने गए थे और छोटे मामा के यहाँ मैंने एक दिन कैप्सटन सिगरेट के दो कश लगा लिये, जब सबको इस घटना का पता चला तो बड़ों के थप्पड़-घूँसों से मेरी पीठ का कोई भी हिस्सा बच न सका था। सभी ने कहा था—लड़कियों को सिगरेट छूने तक की मनाही है।

मैं जब स्कूल में बड़ी क्लास में पढ़ती थी, एक सुबह स्कूल जाते वक़्त एक हमउम्र लड़के ने मेरे हाथ में एक चिट्ठी रख दी थी। उसमें लिखा था कि—मैं उसे बहुत अच्छी लगती हूँ। और इसलिए वह सुबह-शाम उस रास्ते

पर खड़ा रहता है। उस दिन के बाद से मेरे अभिभावकों ने मेरे साथ एक व्यक्ति को भेजना शुरू कर दिया, वे मुझे स्कूल छोड़ आते थे और फिर छुट्टी के बाद अपने साथ घर ले आते थे। स्कूल अकेले जाने पर पाबन्दी लग गई।

हमारे कॉलेज में गगन नामक एक दरबान हुआ करते थे। लड़कों के कॉलेज से जिसकी जब मर्ज़ी क्लास से बाहर निकल आता था, लेकिन हमारे गगनचन्द्र गेट पर एक स्टूल लेकर दिन भर बैठे रहते, और हम लोग बाहर जाने की कोशिश करते तो हमें रोक देते थे। हम लोग उलाहना देते कि आनन्दमोहन से तो लड़के निकल रहे हैं! गगन कहते—लड़कियों के कॉलेज में ऐसा नियम नहीं है। यानी अच्छे लगे या न लगे दस से पाँच बजे तक कॉलेज में ही बैठे रहना होगा। गगन दरबान अब नौकरी से रिटायर हो गए हैं। उन्होंने अपनी नौकरी के दौरान शाम पाँच बजे से पहले कॉलेज की किसी भी छात्रा को गेट के बाहर नहीं जाने दिया। उन्हें भी पता था कि लड़कियों को इतनी आज़ादी नहीं दी जानी चाहिए कि जब मर्ज़ी अन्दर घुस जाएँ और जब चाहें बाहर निकल जाएँ।

एक बार हमारे शहर में गाने वालों का बड़ा-सा दल आया था। तब मैं भी ख़ासी बड़ी हो चुकी थी। मैंने घर में प्रस्ताव रखा कि मैं भी उस अनुष्ठान में जाना चाहती हूँ। लेकिन अनुष्ठान के रात में होने की वजह से मुझे अनुमति नहीं मिल सकी। कारण कि मुझे ले जाने वाले पुरुष सदस्य की ज़रूरत होगी और शाम के बाद किसी भी लड़की का घर से बाहर जाना उचित नहीं।

एक दिन किसी मुद्दे पर मेरी अपने भाई से बहस हो रही थी। दोनों के ही स्वर एकदम सप्तम तक जा पहुँचे थे। लेकिन अभिभावक ने आकर मुझे ही पहले रुकने के लिए कहा, वजह यह नहीं कि मैं कोई तर्कहीन बातें कर रही थी—मुझे रोकने की वजह यह थी कि लड़कियों को इतने ऊँचे स्वर में नहीं बोलना चाहिए। लड़कियों में किसी भी तरह के आवेग और उत्तेजना की मात्रा थोड़ी कम होनी चाहिए। किसी भी मामले में लड़कियों को थोड़ा अधिक संयत रहना चाहिए।

एक दोपहर मैंने अपने किसी एक रिश्तेदार से ताश खेलना सीखा था। घर में जब कभी ताश की महफ़िल जमती तो मुझे पास भी फटकने की अनुमति

नहीं थी। लेकिन मेरे यह बताने के बावजूद कि मुझे यह खेल आता है, मुझे पास नहीं जाने दिया जाता था। इस खेल को जानने और सबसे अच्छा खेलने के बावजूद मुझे लड़की होने के कारण ताश के खेल में कोई रखता नहीं था। लड़कियों के लिए यह खेल निषिद्ध है। एक बार हमारे यहाँ दो परिचित लड़के घूमने आए थे और मैंने भद्रता की ख़ातिर सोचा कि उन्हें दो कप चाय ले जाकर दूँगी, लेकिन वह सम्भव नहीं हो सका, क्योंकि तब तक घर के भीतर मेरे मेहमानों को लेकर बवंडर आ चुका था—कौन हैं ये लोग, क्यों आए हैं, इन्हें क्या चाहिए, वग़ैरह-वग़ैरह। मुझे साफ़-साफ़ याद है कि अगले ही दिन मेरे बड़े भाई की दो दोस्त जब हमारे घर आईं तो मेरे पिता ने ख़ुद बैठकर उन दोनों के नाम पूछे, माँ ने अपने हाथों से अंडों का हलवा बनाया। बड़े भइया के होंठों के किनारों पर दो दिनों तक हँसी का आभास बना रहा।

लड़कियों पर किन-किन कार्यों को करने की पाबन्दी है और किन-किन पर नहीं, इसका निर्धारण किसी स्त्री ने नहीं किया है। समाज के सारे मुखिया पुरुष हैं। लड़कियाँ जिस काम को करने के लिए आगे आती हैं या पीछे हट जाती हैं, वह सब पुरुषों की पसन्द से ही होता है। उन्हें यदि पसन्द न हो तो लड़कियों की शामत आ जाती है। सामाजिक सिद्धान्तों के आधार पर लड़कियों के लिए जितने 'निषेध' विद्यमान हैं, उनकी तुलना में पुरुषों के लिए 1 प्रतिशत निषेध भी नहीं है। धर्म में स्त्रियों के लिए जितनी निषेध की वाणी उच्चारित हुई है, किसी पुरुष के लिए उसके हज़ारवें हिस्से का एक भाग भी उच्चारित नहीं हुआ है।

मेरा कैशोर्य और मेरी तरुणाई जिन सब निषेधों में बीती है, अधिकांश मध्यवर्गीय लड़कियाँ उन सब निषेधों से रूबरू होती हैं। निम्नवर्ग और उच्चवर्ग की लड़कियों के निषेधों का स्वरूप भिन्न है। स्वरूप भले ही भिन्न हों लेकिन निषेध तो आख़िर निषेध ही होते हैं। लोग जो कहते हैं उनका पालन करना हरेक स्त्री का 'अनिवार्य कर्तव्य' होता है।

पाबन्दियों से ऊब गई हैं स्त्रियाँ

1

'श्लीलता' शब्द का अर्थ है भद्रता, शिष्टता। 'श्लीलताहानि' शब्द का अर्थ हुआ भद्रता का नाश या शिष्टता का नाश। 'श्लीलताहानि' शब्द कहने से जिस इनसान का चेहरा याद आता है वह पुरुष नहीं—स्त्री का चेहरा होता है। श्लीलताहानि पुरुष की नहीं होती, स्त्री की होती है। कारण, पुरुष यदि शिष्टता क़ायम न भी रखे तो चलता है, लेकिन यदि स्त्री की शिष्टता, शुद्धता, सतीत्व और सौन्दर्य न रहे तो फिर रहेगा क्या?

स्त्रियों की थोड़ी-बहुत ही सम्पदा होती है—इस सम्पदा को सँभालकर न रखे तो दुनिया में स्त्री और क्या सँभालकर रखेगी?

2

एक सप्ताह में मेरे घर के पड़ोस वाले दो घरों में छह साल की दो बच्चियाँ बलात्कार की शिकार हुई हैं। उनकी शिकायत एक ही प्रकार की है, दूर के रिश्तेदार या पड़ोसी उम्रदराज़ व्यक्ति (उम्र तैंतालीस से अधिक) ने चॉकलेट का लालच देकर बहला-फुसलाकर बच्चियों की पैंटी खोल दी थी। मैं अन्दाज़ नहीं लगा पाती कि छह साल की बच्चियों के शरीर पर चढ़ने के लिए वे प्रौढ़ शरीर भला किस तरह उत्तप्त होते हैं!

3

सतीत्व, ममता, वात्सल्य-जैसे गुणों को 'नारीधर्म' कहा जाता है। 'पुरुषधर्म'-जैसा कोई शब्द शब्दकोश में नहीं मिलता। कारण कि पुरुषों को तो 'सतीत्व की रक्षा'-जैसी झंझट है ही नहीं, ममता और वात्सल्य न भी रहे तो चल जाता है। उद्यम और तेज़ रहे तो पुरुषत्व टिका रहता है। किसी स्त्री में यदि तेज़ और उद्यम दिखाई दे तो उसे सद्गुण न कहकर दुर्गुण माना जाता है। इससे यह धारणा स्पष्ट होती है कि स्त्री कोमल और पुरुष कठोर प्रकृति का होता है। इसलिए कोमल प्रकार के गुण स्त्रियों के धारण योग्य माने गए हैं। शारीरिक अन्तर की वजह से गुणों में कोई हेर-फेर नहीं होता। किसके क्या गुण और धर्म होंगे इसे समाज के कुछेक पुरुष तय करते हैं। उन्होंने शौर्य-वीर्य इत्यादि प्रधान गुणों को अपने लिए रखकर बाक़ी जो निरर्थक गुण रह गए, उन्हें स्त्रियों के लिए छोड़ दिया है।

असल में जो धर्म स्त्री और पुरुष दोनों के लिए ही ज़रूरी है, वह कोई स्त्री या पुरुषधर्म नहीं है—वह है मानवधर्म। जिनके पास मानवधर्म नहीं होता, वे लोग ही स्त्री और पुरुषधर्म-जैसा बँटवारा करते हैं।

4

इस देश के चिकित्सकों को मौक़ा मिल जाए तो वे ईरान चले जाते हैं। मेरे कई दोस्तों ने ईरान से लौटकर वहाँ के बारे में बताया है। उन्होंने सबसे ज़्यादा जो बात बताई वह यह कि ईरानी लड़कियाँ हालाँकि सिर से पैरों तक ख़ुद को ढककर रखती हैं लेकिन डॉक्टर के पास बीमारी के इलाज के लिए आकर ख़ुद-ब-ख़ुद सारे कपड़े उतारकर नग्न होकर लेट जाती हैं। डॉक्टर जाँच में उनके शरीर में कोई ख़ास बीमारी नहीं ढूँढ़ पाते। असल में उनकी बीमारी मन में होती है। चारदीवारी में क़ैद वे लड़कियाँ असल में बाहर निकलना चाहती हैं, इसलिए बीमारी के बहाने निकल पड़ती हैं—मूल रूप से बाहर निकलना ही उनका उद्देश्य होता है। और विदेशी व्यक्ति मिल जाए तो वे

देशी नियमों को तोड़कर मन की बीमारी दूर कर लेती हैं।

डॉक्टर के पास आते ही जो स्त्रियाँ अपने कपड़े खोल देती हैं, उन्होंने इस बार के ग्यारहवें एशियाड में केवल चेहरे के अलावा और कुछ भी नहीं दिखाया था। काले बुरक़े से ख़ुद को ढककर उन्होंने मार्चपास्ट किया था। सबसे मज़े की बात यह है—हर दल के नाम की पट्टिका को लेकर चीन की लड़कियाँ चलती रहीं, जिन्होंने मिनीस्कर्ट पहनी थी। केवल ईरानियों के वक़्त—चूँकि मिनीस्कर्ट पहनना इसलाम के विरुद्ध है, इसलिए नाम की पट्टिका को लेकर चलने के लिए उन्होंने एक पुरुष को चुन लिया था। ईरानी लड़कियों ने काफ़ी सवाल किये थे कि क्या वे लोग एशियाड में कूद, दौड़ और तैराकी में बुरक़ा पहनकर ही भाग लेंगी, या कि खेल के आयोजन में आख़िरकार इसलाम से शरीर से उतार देंगी?

मेरे डॉक्टर दोस्त ईरानी लड़कियों के कमाल के शरीर की बड़ी तारीफ़ करते हैं। छोटी उँगली में दर्द का कहकर पूरी तरह नग्न हुई लड़कियों के समूचे शरीर को दबा-दबा कर देखना होता है कि कहीं और भी दर्द है या नहीं, ऐसा न करो तो वे लोग बहुत नाराज़ हो जाती हैं। ग़ुलामी मनुष्य को बीमार कर देती है, विकृत कर देती है, मन और शरीर को अपाहिज बना डालती है। उन्हें मौक़ा मिलते ही वे अपनी पराधीन देह को जहाँ-तहाँ स्वाधीन कर लेना चाहती हैं। इससे उन्हें ज़रा-सी भी आज़ादी नहीं मिलती, बल्कि विदेशी पुरुषों की आँखों को थोड़ा आराम आता है।

5

ढाका शहर में तरह-तरह से बाल काटने की दुकानें हैं। फ़ुटपाथ पर बैठकर नाई बाल काटता है, शीतताप नियंत्रित कमरों में बैठकर देशी-विदेशी लड़कियाँ लड़कियों के बाल काटती हैं, बाल गूँथती हैं। और कुछ मझोले क़िस्म की दुकानें भी हैं। वहाँ लड़के लड़कों के बाल काटते हैं।

इन दिनों इन तमाम मझोले क़िस्म के सैलूनों में स्त्री-नाइयों का भी आविर्भाव हुआ है। यह अवश्य ही अच्छा लक्षण है कि लड़कियाँ काम कर

रही हैं, कमा रही हैं। लेकिन एक ही सैलून में समान योग्यता से काम करने वाले लड़के-लड़कियों का पारिश्रमिक एक-जैसा नहीं है। लड़का बाल काटे तो बीस टका और लड़कियाँ बाल काटें तो चालीस टका। मैंने फ़ार्मगेट इलाक़े के एक सैलून में यह रेट लिस्ट टँगी हुई देखी है। मेरा सवाल है—लड़कियों को चालीस टका क्यों, उन्हें बीस टका ज़्यादा क्यों?

इन दुकानों में बाल काटने के अलावा और एक अलिखित चीज़ की बिक्री होती है, और वह है—लड़कियों का स्पर्श। बाल काटने का दाम बीस टका और लड़की के स्पर्श की क़ीमत बीस टका। कुल चालीस टका। यह जो अतिरिक्त बीस टका है ये उसकी अवैध कमाई है। पारिश्रमिक में अन्तर को देखकर इस नारी-श्रम के प्रति मेरी आस्था ख़त्म हो गई।

लड़कियाँ जिस भी काम में हाथ डालती हैं, जिस भी काम में वे आगे बढ़ती हैं—स्त्रीत्व का कुछ-न-कुछ उन्हें उत्सर्ग करना ही पड़ता है। कहीं नज़रें, कहीं स्पर्श, कहीं अपनी आवाज़, कहीं भंगिमा, कहीं हँसी तो कहीं आह्लाद।

जिस दिन यह समाज स्त्रियों की देह का नहीं—शरीर के अंग-प्रत्यंग का नहीं—स्त्री की मेधा और श्रम का मूल्य देना सीख लेगा, उसी दिन स्त्री को भी 'मनुष्य' के रूप में स्वीकृति मिल जाएगी।

स्त्रियों को एहसानों से मुक्त होने दो

मैंने एक बार एक व्यक्ति से रुपये उधार लिये थे। रुपये उधार लेने की मेरी बिलकुल भी आदत नहीं है। ऐसे भी दिन बीते हैं कि मैंने दो-जून भूखे रहकर गुज़ारे, ग़रीबी के एकदम निचले तल तक जाकर भी मैंने ख़ुद को अविचल रखा—यह मेरा एक तरह का अहंकार ही है। फिर भी बेहद मजबूरी में एक बार मैंने रुपये उधार लिये थे। वह व्यक्ति मुझे बहन कहा करता था। यह सम्बन्ध, मुझे लगता है यथासम्भव शिष्ट और निर्विघ्न है।

शर्त थी कि सात दिन बाद मैं वे रुपये लौटा दूँगी। लेकिन कमाल की बात है कि उस व्यक्ति ने अगले ही दिन मुझे फ़ोन किया। फ़ोन उसने रुपयों के लिए नहीं किया था। मैंने पूछा क्या उन्हें आज ही रुपयों की दरकार है? मेरे लिए आज रुपये देना सम्भव नहीं है। मैंने जिस तारीख़ की बात की है, उस तारीख़ को ज़रूर दे दूँगी। अगले दिन वे जनाब मेरे ऑफ़िस चले आए। ऑफ़िस में उन्हें देखकर मैं अवाक् हो गई। मैंने कहा कि उस तारीख़ से पहले मैं रुपये नहीं दे सकूँगी भाई। वे हँसकर बोले—नहीं, नहीं कोई परेशानी की बात नहीं है। इसके भी अगले दिन वे मेरे घर आ धमके। मैंने पूछा, क्या बात है। वे हँसे—नहीं, वे रुपयों के लिए नहीं आए हैं। इस रास्ते से जा रहे थे, तो सोचा कि मिलकर जाते हैं। यह मिलकर जाने की घटना उसके अगले दिन भी घटी और उसके अगले दिन और उसके अगले दिन भी।

इधर मेरे लिए सात दिन से पहले रुपये लौटाना सम्भव नहीं था। और धीरे-धीरे उस व्यक्ति का यह आना-जाना मेरे लिए असहनीय हो उठा। मुझे तब एक बात बहुत साफ़-साफ़ समझ में आने लगी—देनदारी ने मेरी आवाज़ को

इतना क्षीण कर रखा था कि इच्छा के बावजूद मैं उस व्यक्ति को अपने घर से निकल जाने की बात स्पष्ट स्वरों में नहीं कह पा रही थी। देनदारी ने मेरी रीढ़ की हड्डी को इतना दुर्बल बना दिया था चाहकर भी मैं गर्दन सीधी कर खड़ी नहीं हो पा रही थी। वे सात दिन, उन सात दिनों में मैं उस व्यक्ति को रुपये नहीं लौटा सकी—मुझे घर में और बाहर भी एक बीमार माहौल में साँस लेना पड़ा, अनिच्छा के साथ मुझे समझौता करना पड़ा था। वह व्यक्ति मेरे घर बहुत ज़्यादा आता-जाता रहा। नहीं, रुपये लेने नहीं, वह व्यक्ति बिलावजह आता रहा। वह आया, उसने चाय पी, दो-चार मामूली बातें करके चला भी गया। उस व्यक्ति ने शायद ऐसा ही चाहा था कि मुझे उस देनदारी से मुक्ति न मिले और यदि मुझे कभी भी वह मुक्ति न मिलती, तो अब मुझे साफ़-साफ़ समझ में आ रहा है कि उससे वह व्यक्ति ज़रा भी नाराज़ नहीं होता।

कोई भी देनदारी मनुष्य को कितनी दूर ले जाती है या ले जा सकती है, उसे मैं केवल महसूस कर सकती हूँ। मेरी कुछ रुपयों की देनदारी थी, वह भी केवल सात दिनों की। इन सात दिनों में मुझे अपनी अस्थि और मज्जा तक में महसूस हुआ था कि यह क़र्ज़दारी, यह एहसानमंदी लोगों को कितनी मारक परिणति की ओर धीरे-धीरे खींच ले जाती है। और जो लोग ज़िन्दगी की एहसानमंदी भुगतते हैं? मुझे पता है, मैं बहुत गहराई से जानती हूँ, बहुत-से लोग इस एहसानमंदी को भुगतते हैं, ख़ासतौर पर लड़कियाँ। कितनी लड़कियाँ हैं इस संसार में जिन्हें खाने की एहसानमंदी, कपड़ों की एहसानमंदी, रहने के ठिकाने की एहसानमंदी नहीं भुगतनी पड़ती है? सम्बन्ध कितना ही घनिष्ठ क्यों न हो, उससे एहसानमंदी ज़रा भी तरल नहीं होती। एहसानमंदी एहसानमंदी ही होती है। चूँकि स्त्रियों को आर्थिक और सामाजिक किसी भी तरह की स्वतंत्रता नहीं है, इसलिए जीवनयापन के छोटे-से-छोटे उपकरण के लिए भी उन्हें एहसानमंद होना पड़ता है, कोई पिता के प्रति होती हैं, कोई पति के प्रति तो कोई अपने बेटे के प्रति। इन पिता, पति और पुत्रों को स्त्रियाँ विभिन्न उम्र में अपना मददगार समझती हैं।

यदि किसी भी तरह के एहसान न रहें? अगर तमाम एहसानों से स्त्री एक बार मुक्त हो सके? जो मुक्ति स्त्रियों के लिए बेहद ज़रूरी है! तो फिर क्या

किसी में दम है जो स्त्रियों का रास्ता रोककर खड़ा हो सके, तो फिर किसी में इतनी ताक़त है कि वह स्त्रियों को सोने की ज़ंजीरों से बाँध सके?

स्त्रियाँ सारे एहसानों से मुक्त हो जाएँ। ये एहसान ही स्त्रियों के मनुष्य बनने में एकमात्र बाधा हैं। स्त्रियों को तमाम तरह के एहसानों में जकड़कर अमानुष बनाकर रखना समाज का लम्बे समय से चला आ रहा सामूहिक षड्यंत्र है। स्त्रियों को एहसानों से मुक्त होने दो।

स्त्री एक बार स्वयं को ही अपनी मददगार समझे। यदि जाल काटना पड़े, तो स्त्रियाँ जाल को काटें। यदि बन्द कमरों की साँकलें तोड़नी पड़े, तो स्त्रियाँ वही करें। लोग उन पर थूकेंगे, लोग उन्हें चरित्रहीन कहकर गालियाँ बकेंगे। इससे क्या? लोगों की बातों से क्या फ़र्क़ पड़ता है! स्त्रियाँ उन लोगों के मुँह पर ही थूकने की आदत डालें। वे उन लोगों के चेहरों पर कालिख पोतने की आदत डाल लें।

हम लोग आदत नहीं बनातीं इसलिए नहीं कर पातीं। बच्चे को खड़े होने, दौड़ने की आदत डलवाई जाती है और इसलिए बच्चे खड़े हो पाते हैं, दौड़ लगा पाते हैं। स्त्री तो एक तरह की बच्ची ही है, जिसे देह के अलावा किसी और चीज़ में आगे बढ़ने ही नहीं दिया जाता। इन प्रतिबन्धित स्त्रियों को बोध और प्रज्ञा के समुचित विकास में परिपूर्ण होने दो। स्त्री एक बार स्वयं को ही अपनी मददगार समझे।

श्रेष्ठ हैं स्त्रियाँ

बांग्लादेश में उच्च माध्यमिक परीक्षा का परिणाम निकला है। छात्रों के उत्तीर्ण होने का प्रतिशत है 73.93, जबकि छात्राओं के उत्तीर्ण होने का प्रतिशत है 95.60। प्रधानमंत्री ने कहा है, 'लड़के थोड़े शरारती हैं, इसलिए रिज़ल्ट ख़राब कर लिया है।'

लड़कियों के उत्तीर्ण होने का प्रतिशत यदि कम होता तो लोग क्या कहते? कहते, 'लड़कियाँ थोड़ी डल हैं, इसलिए रिज़ल्ट ख़राब कर लिया है।'

लड़के 'शरारती' हैं मतलब पढ़ने-लिखने में उनका मन नहीं है, दोस्तों के साथ अड्डेबाज़ी करके समय नष्ट करते हैं, वे खेलने-कूदने में ही रमे रहते हैं। लड़कियाँ 'शरारती' हैं का मतलब है कि वे सेक्सी कपड़े पहनकर लड़कों को सिड्यूस करने की कोशिश करती हैं, लड़कों के साथ सोती फिरती हैं।

लड़कियाँ बार-बार प्रमाणित कर रही हैं कि वे पढ़ने-लिखने में अच्छी हैं। इसके बाद भी स्त्री-विरोधी समाज पहले जैसा था, अब भी वैसा ही है। किसी भी दशा में पुरुषतांत्रिक मानसिकता में कोई ख़ास बदलाव होता नहीं दिखाई दे रहा है।

लड़कियों को स्कूल जाने की अनुमति मिले बहुत दिन नहीं हुए हैं। लड़कियों को घर से बाहर निकलने का अधिकार नहीं था। उन्हें पर्दे की ओट में रहना पड़ता था। स्कूल जाने, किताबें पढ़ने, डिग्री लेने, पैसे कमाने के अधिकार उन्हें बाक़ायदा लम्बे समय तक आन्दोलन करके प्राप्त करने पड़े हैं। स्त्रियों के ख़िलाफ़ कितने ही अन्धविश्वास गढ़े गए हैं, लड़कियाँ यदि स्कूल गईं तो उनके पति मर जाएँगे, लड़कियाँ ऑफ़िस गईं तो उनका परिवार टूट

जाएगा। इतने प्रतिबन्धों को पार कर लड़कियों ने पढ़ाई की और दिखा दिया कि वे लड़कों से बेहतर हैं। अब क्या सारी लड़कियाँ उच्चशिक्षा प्राप्त करने की शुरुआत करेंगी! नौकरी में उन्हें बड़े पद मिलेंगे! मुझे गहरा संशय है।

आज भी परिवार और समाज लड़कियों की उच्चशिक्षा, उनकी स्वनिर्भरता के मुक़ाबले उनकी शादी, उनके परनिर्भर होने, बाल-बच्चों की माँ बनने को ही प्राथमिकता देता है। लड़कियों की आर्थिक परनिर्भरता न भी हो लेकिन उनकी सामाजिक परनिर्भरता तो होनी ही चाहिए। मैं अकसर इस तरह के समाजों को लेकर हताश हो जाती हूँ। इसलिए समाज को बदलने की उम्मीद पाले रहती हूँ।

आजकल के पुरुष मेधावी लड़कियों से शादी करने की इच्छा रखते हैं। सम्भवत: बाहर यह डींग हाँकने के लिए कि 'मेरी पत्नी ब्रिलिएंट स्टूडेंट है', 'फ़र्स्ट क्लास फ़र्स्ट'! शादी के बाद भी कहा जा सकता है, 'उसे मैंने बच्चों के एक स्कूल में लगवा दिया है या फिर लड़कियों के हिसाब से मैंने एक अच्छी नौकरी का इंतज़ाम कर दिया है', या 'फ़ुर्सत में वह कुछ करना चाह रही थी इसलिए मैंने उसे एक चैरिटी ऑर्गनाइज़ेशन ज्वॉइन कर लेने को कहा है।' सन्तान होने के बाद भी कहते फिर सकते हैं, 'बच्चों के लिए सुविधा है, वे घर पर माँ से ही पढ़ते हैं।' मेधावी लड़कियों से शादी करने की और भी वजहें हैं, कारण कि वे यदि नौकरी करती हैं तो वेतन अपने पति के हाथों में ही दे देती हैं और यदि न दें तो भी वे घर-संसार के कामों में ख़र्च करेंगी। बांग्लादेश में भी रोज़गार करनेवाली लड़कियों से शादी करने का चलन शुरू हो गया है। परनिर्भर लड़कियों को धमकाने में जितना सुख मिलता है, आत्मनिर्भर स्वावलम्बी और सचेत लड़कियों को धमकाकर उससे भी ज़्यादा ख़ुशी मिलती है। आत्मविश्वास भी बहुत बढ़ जाता है।

हम जानते हैं लड़कियों के मुक़ाबले कॉलेज और विश्वविद्यालयों में पढ़ने जाने वालों में लड़कों की संख्या ही अधिक होगी। कारण कि इसी दरमियान बहुत-सी लड़कियाँ विवाह वेदी पर बैठने के लिए बाध्य होंगी। बहुत-सी लड़कियाँ अपने पति, सास-ससुर के उपदेशों और आदेशों को मानने के लिए मजबूर होंगी, वे पढ़ना-लिखना और नौकरी तक छोड़ देंगी। बहुत सारी

लड़कियाँ गर्भवती हो जाएँगी, बच्चों को जन्म देंगी। उनके लिए फिर मेधा को महत्त्व देना सम्भव नहीं रह जाएगा।

वे एक साथ गृहस्थी और नौकरी को कैसे सँभालेंगी—लड़कियों को ही इस सवाल से रूबरू होना पड़ता है। पुरुषों को ऐसा नहीं करना पड़ता। कोई भी किसी पुरुष से नहीं पूछता कि यह जो तुम नौकरी कर रहे हो, गृहस्थी कैसे सँभालोगे, एक साथ दोनों निभाने में दिक़्क़त नहीं होगी? अपनी सन्तानों के लिए स्त्रियाँ अपनी आत्मनिर्भरता का त्याग कर दें तो लोग ख़ुश होते हैं। गृहस्थी और सन्तान के लिए यदि पुरुष अपनी आत्मनिर्भरता त्याग दे तो लोग छि छि करते हैं।

लड़कियों को तो खेलने-कूदने की भी मनाही थी। मैंने बचपन में देखा है, माता-पिता बेटियों को बहुत ज़्यादा हो तो गुड़िया से खेलने की अनुमति देते थे, तमाम उछल-कूद के बीच आँगन में रस्सी कूदना, इक्का-दुक्का या फिर गोल्लाछूट[1]। खेल मूल रूप से लड़कों के लिए हैं। हो-हुल्लड़ लड़कों का काम है। आनन्द-उल्लास पर लड़कों का हक़। योनिच्छद के फट जाने के डर से बहुत-से लोगों को लड़कियों के साइकिल चलाने से आपत्ति हुआ करती थी। मैंने सत्तर के दशक में अपना शैशव और कैशोर्य बिताया था। लड़कियों के लिए तब भी सड़कों पर साइकिल लेकर निकलने या फिर लेक में तैरने की मनाही थी। मुझे आज भी साइकिल चलानी नहीं आती। तैरना मैंने तब सीखा जब मैं बर्लिन में थी।

भारत इतना बड़ा देश है लेकिन ओलंपिक में उसे रजत और स्वर्ण उतनी संख्या में नहीं हासिल हो पाते। अब कुछ लड़कियों ने जीते हैं। कुश्ती में साक्षी, बैडमिंटन में सिंधु। रिदमिक जिमनास्टिक में दीपा कर्मकार। पहली दोनों ने कांस्य और रजत जीता, तीसरी कुछ नहीं जीत सकी, लेकिन वह चौथे नंबर पर रही। चौथे पर आई तो। प्रोदुनोवा[2]-जैसी कठिन घटना तो कई लोग कर चुके। लड़कों के प्रशिक्षण में अपार धनराशि उड़ेलकर उन्हें खिलाड़ी बनाया

---

1. बंगाल में खुले स्थान पर खेला जाने वाला एक खेल विशेष
2. एक कलात्मक लेकिन बहुत ही कठिन जिम्नास्टिक छलाँग। इसमें चोट लगने की बहुत आशंका रहती है। इसलिए इसे मौत की छलाँग भी कहा जाता है।

जाता है। लड़कियों को खिलाड़ी बनाने में ठीक कितना ख़र्च होता है? बहुत ज़्यादा ख़र्च होता है? दीपा को देश से बाहर नहीं भेजा गया। उस लड़की को देशी कोच से काम चलाना पड़ा।

कमाल है, है ना? लड़कियों को दक्ष खिलाड़ी बनाने में जो देश, समाज और संस्कृति उपेक्षा के भाव रखते हैं, उस देश की ही लड़कियाँ ओलंपिक में पदक जीतकर देश को गर्व करने के अवसर दे रही हैं। लड़कियाँ नहीं कर पातीं, वे नहीं कर पाएँगी, लड़कियों में दिमाग़ नहीं होता, मांसपेशियों में ताक़त नहीं होती—हम लोग कब से ऐसा सुनते आ रहे हैं। वंचित, लांछित, उपेक्षित, अपमानित लड़कियाँ ही हमारे चेहरों पर चमक ला रही हैं।

मनुष्य फिर भी सबक़ नहीं लेता। कन्या सन्तान से आपत्ति की वजह से बहुत-से लोग कन्या-भ्रूण को नष्ट कर देते हैं, लड़कियों को ज़िन्दा गाड़ देते हैं या फिर अत्यन्त अनादर से उन्हें बड़ा करते हैं। पुत्र को जन्म देकर लोग धन्य हो जाते हैं। जबकि कई बार देखा गया है कि अवहेलना के साथ पालन-पोषण करने के बाद भी ज़्यादातर मामलों में बेटियाँ ही माँ-बाप की देखभाल करती हैं, मक्खन और पनीर खाकर बड़े होने वाले बेटे अकसर अपनी ज़िम्मेदारियों से बचते हैं।

लड़कियों को बहुत ज़्यादा कुछ करने की आज़ादी नहीं है। यदि होती तो वे और भी दक्षता दिखा सकती थीं। इस धरती की आधी जनसंख्या स्त्रियों की है। इस आधी जनसंख्या को ढककर, उघाड़कर, अशिक्षा में लपेटकर, अत्याचारों से परेशान कर पुरुष और उनके हाथों तैयार उनकी समाज-व्यवस्था मार रही है। यदि लड़कियों को समान अवसर मिलते, यदि एक बार हमें समान अवसर हासिल हो जाते, तो हम लोग इस दुनिया को बदल सकते थे। लड़कों को आज़ादी से चलने-फिरने, जहाँ मर्ज़ी वहाँ जाने, दुनिया को समझने, ज्ञान प्राप्त करने के जो मौक़े मिलते हैं—यही मौक़े लड़कियों को दिये जाएँ। समाज ऐसे ही अधिकार, ऐसी ही आज़ादी एक बार लड़कियों को देकर देखे। सोने के पदक कौन लेकर आता है देखे। विजय पताका कौन फहराता है देखे।

कोई यह न सोचे कि मैं लड़के-लड़कियों में अलगाव कर रही हूँ। असल में मैं नहीं, समाज उन्हें अलग करके देख रहा है। मैं उन्हें एक करना चाहती

हूँ। मैं यह कहकर एक करना चाहती हूँ कि लड़के किसी-किसी क्षेत्र में दक्ष हैं, लड़कियाँ भी बहुत सारे क्षेत्रों में दक्ष हैं। जो खेल लड़के खेलते हैं, वे सारे खेल लड़कियाँ भी खेलती हैं। लड़कियाँ क्रिकेट, फ़ुटबॉल, हॉकी, मैराथन, बास्केटबॉल खेलती हैं। वे भी अच्छा कर रही हैं। हवाई जहाज़ ही क्यों, वे तो अन्तरिक्षयान भी उड़ा सकती हैं। वे हाथों में हथियार लेकर युद्ध भी कर सकती हैं। लड़के जो काम कर सकते हैं, लड़कियों ने भी साबित कर दिया है कि वे भी इन सारे कामों को कर सकती हैं। लेकिन लड़कियाँ और भी जो कुछ कर सकती हैं, लड़के अब तक साबित नहीं कर पाए कि वे भी उन्हें कर सकते हैं। मिसाल के तौर पर बच्चों का पालन-पोषण।

लड़कियाँ कम समझती हैं, कम जानती हैं, उनमें क्षमता कम है—ये सब तो नई बुराइयाँ नहीं हैं। यह सब सुनकर लगभग हर लड़की बड़ी हुई है। 'लड़कियाँ ही लड़कियों की दुश्मन हैं' कहकर लड़कियों को लड़कियों से भिड़ाकर पुरुष मज़े लेते हैं। लड़कियों को बुद्धू बनाकर, उन्हें दासी बनाकर, ठगकर, दरिद्र करके पुरुष को आनन्द मिलता है। यह तो हज़ारों वर्षों का इतिहास है।

स्त्रियाँ पुरुषों को जो सम्मान देती हैं, वही सम्मान यदि पुरुष भी स्त्रियों को देते, तो फिर समाज में स्त्री-पुरुष के वैषम्य-जैसा कुछ नहीं रहता। पुरुषों द्वारा निर्मित पितृसत्तात्मकता जारी न रहकर यदि मानवतंत्र बहाल हो जाता, तो फिर बलात्कार, वधूहत्या, दहेजप्रथा, स्त्री-उत्पीड़न भी बन्द हो जाते। समाज में जब तक स्त्रीविरोधी क़ानून रहेंगे, स्त्रीविरोधी प्रथाएँ रहेंगी, जब तक पितृसत्ता छड़ी घुमाती रहेगी, जब तक धर्मान्धता समाज में विराजेगी—तब तक स्त्रियों को वह सम्मान नहीं मिल सकेगा, जो उसे मिलना ही चाहिए।

हम लोग और वे लोग

हम सभी ने देखा कि बदरुल ने किस तरह खदीजा को धारदार हथियार से काट दिया। जब वह वार-पर-वार किये जा रहा था तब बदरुल को नहीं लगा कि वह कोई अन्याय कर रहा है। बदरुल क्या मानसिक रोगी है? नहीं, बदरुल कोई मानसिक रोगी नहीं है। बदरुल ने बहुत स्वस्थ मस्तिष्क से ही काट डालने का काम किया था। स्वस्थ मस्तिष्क से ही उसने कुल्हाड़ा ख़रीदा, स्वस्थ मस्तिष्क से ही उसने सोच लिया कि उस कुल्हाड़े से वह खदीजा को काटकर मारेगा, कारण कि खदीजा उसके आदेश और सलाह कुछ भी मानने से इनकार कर रही है। काटने का दृश्य देखने में भयंकर भले ही हो लेकिन वही समाज का चित्र है। समाज का वास्तविक चित्र भयंकर है। पुरुष इसी तरह स्त्रियों को काटता है, पीटता है, लात मारता है, चाबुक से मारता है, जूते से पीटता है, पैंट का बेल्ट खोलकर मारता है, आँगन में पटककर उसे हाथ के पास बाँस, टहनी, लोहा, लकड़ी या जो कुछ भी मिल जाए, उसी से मारता है, वह पत्थर फेंककर मारता है, वह तेज़ाब डाल देता है। इसी तरह पुरुष स्त्रियों को आग से जलाकर मारता है, छत की शहतीर से लटकाकर मारता है, पानी में डुबोकर मारता है, सातवीं मंज़िल से धक्का देकर मारता है। खदीजा लाइफ़ सपोर्ट पर है, हम स्त्रियाँ भी पुरुषों के इस समाज में लाइफ़ सपोर्ट पर ही हैं। हम लोग मर चुके हैं। कारण कि पुरुष लोग हमें मरा हुआ देखना पसन्द करते हैं। हम यदि अपनी मर्ज़ी से हिलें-डुलें, अपने हिसाब से रहें तो पुरुष लोग हमारी हत्या कर देते हैं, इसलिए हम लोग अपनी इच्छाओं के पंखों को कतरकर मृतक होकर रहते हैं, पुरुष लोग हमें लाइफ़ सपोर्ट देकर

रखते हैं, 'लाइफ़ सपोर्ट', उन्हें भी पता है और हमें भी कि किसी भी वक़्त वे उसे बन्द कर सकते हैं। पुरुष यदि हमें मार डालना चाहें तो मार सकते हैं। वे यदि हमें उत्पीड़ित करना चाहते हैं, अपदस्थ करना चाहते हैं, कर सकते हैं। वे चाहते हैं इसलिए करते हैं। आज भी वे हर रोज़ हमारी हत्या कर रहे हैं, उत्पीड़ित कर रहे हैं, अपदस्थ कर रहे हैं। पुरुष अपनी ज़रूरतों के हिसाब से हमें जीवित रखते हैं। हम अपनी ज़रूरतों के हिसाब से जीवित नहीं रह पातीं। इस धरती पर पुरुषों का वह अधिकार हमें प्राप्त नहीं।

मुझे मालूम है पुरुष लोग कहेंगे, 'सारे पुरुष एक-जैसे नहीं होते'। मुझे विश्वास है बदरुल ने भी ऐसा ही कहा होगा। कहा होगा कि सारे पुरुष एक-जैसे नहीं होते। यह सही है कि सारे पुरुष एक-जैसे नहीं होते, सारे पुरुष रास्तों-घाटों पर बलात्कार नहीं कर रहे हैं या कि हत्या नहीं कर रहे हैं। बहुत-से लोग अपनी मर्ज़ी से ही ऐसा नहीं कर रहे हैं, ऐसा नहीं है। बहुत-से पुरुष बलात्कार करने या हत्या करने का मौक़ा न पाने की वजह से ही ऐसा नहीं कर रहे हैं। लेकिन यदि ग़ुस्सा आ जाए, बदरुल की तरह एकाएक ग़ुस्सा आ जाए, तो फिर बहुत-से लोग कर सकते हैं। कौन करेगा, कौन नहीं करेगा यह कोई नहीं बता सकता। हम नहीं बता सकते। हम नहीं बता सकते इसलिए हम नहीं चाहते कि कोई पुरुष हम पर नाराज़ हो जाए। सारे पुरुषों को हम लोग ख़ुश रखना चाहते हैं। घर के पुरुषों को तो रखना ही चाहते हैं, बाहर के पुरुषों को भी। पुरुष ख़ुश न रहें तो हमारा लाइफ़ सपोर्ट बन्द हो जाएगा। इसलिए हम लोग स्त्रियों पर तमाम वजहों से भले ही नाख़ुश हो जाएँ लेकिन पुरुषों पर किसी भी कारण से नाख़ुश नहीं होते। हम स्त्रियों को भले ही गालियाँ दें लेकिन पुरुषों को गालियाँ देने से डरती हैं। गालियाँ देने पर पुरुष लोग हमारा जीवन नरक बना डालेंगे। स्त्रियों के पास नरक बना डालने की उतनी ताक़त नहीं होती इसलिए हम उनके विरुद्ध अकसर तलवार ताने रहती हैं।

पुरुष जो चाहते हैं हम वही करती हैं। वह जब नहीं चाहते कि हम लिखना-पढ़ना सीखें तो हम लिखना-पढ़ना नहीं सीखतीं, वे जब चाहते हैं कि हम लोग स्कूल जाएँ, तो हम लोग स्कूल जाती हैं, वे जब नहीं चाहते कि हम लोग नौकरी करें, तो फिर हम नौकरी नहीं करतीं, वे जब चाहते हैं कि हम

करें, तो हम करती हैं। हम जो कुछ भी करती हैं, पुरुष राज़ी होते हैं तो ही करती हैं। और जो कुछ करने से हम अपने आप को विरत रखती हैं, पुरुष नहीं चाहते, इसलिए ऐसा करती हैं। हम लोग उनकी दासियाँ हैं। दासी शब्द सुनने में ख़राब लगता है इसलिए हम अपने आप को विभिन्न नामों से पुकारती हैं, ख़ुद को हम लोग पुरुषों की माँ, बहन, पत्नी, बेटी, मित्र, पड़ोसिन, परिचित आदि कहकर बुलाती हैं।

पुरुष हम लोगों से जो चाहते हैं, हम यदि वह न करें, तो फिर हमारे क्या हाल होंगे, हमें बख़ूबी पता है। हम उत्पीड़ित होंगी, हम निर्वासित होंगी। हमारे साथ बलात्कार किया जाएगा, हमें मार दिया जाएगा। या फिर हमें आत्महत्या करने के लिए बाध्य किया जाएगा। आज निर्वासित हूँ, कारण कि पुरुषों द्वारा बना दी गई सीमारेखा को मैं लाँघ चुकी हूँ। मैं वे सारी बातें कह रही हूँ, जो मुझे नहीं कहनी चाहिए। मैं स्त्रियों के अधिकारों की माँग कर रही हूँ, पुरुषों द्वारा बनाए गए धर्मों को नहीं मानने की घोषणा कर चुकी हूँ। मैं आज निर्वासित हूँ, कारण कि मैं पुरुषों के लिए स्वेच्छाचारी हो गई हूँ।

मुझे पता है बहुत-से लोग कहेंगे कि कहाँ बांग्लादेश की प्रधानमंत्री तो स्त्री है, विपक्षी दल की प्रधान भी स्त्री है, पूर्व प्रधानमंत्री भी स्त्री है! कौन कहता है कि स्त्रियों को अवसर नहीं मिलते, सुविधाएँ नहीं मिलतीं? लेकिन मैं कहती हूँ, वे स्त्रियाँ नहीं हैं। जिसे जो कहना है कहे, बांग्लादेश के प्रधानमंत्री का नाम असल में शेख़ मुज़ीबुर्रहमान है, विपक्षी दल के प्रधान का नाम हुसैन मुहम्मद इरशाद है और पूर्व प्रधानमंत्री का नाम जियाउर्रहमान है।

मैं जब खदीजा को काट डालने का वीडियो देख रही थी, मुझे लग रहा था कि खदीजा को नहीं, मुझे काटा जा रहा है। बदरुल नामक लड़के के प्रेम-प्रस्ताव पर मैं राज़ी नहीं हुई और इसलिए बदरुल काटकर मेरी हत्या कर रहा है। मैं यदि राज़ी हो जाती, मैं यदि बदरुल के साथ प्रेम करती या फिर उससे शादी कर लेती, तो भी वह मुझे काट डालता। वह मुझे घर-संसार के पिंजरे में बन्दी बना लेता। हर रोज़ मेरी इच्छाओं पर वार करता।

बदरुल को पता है कि स्त्रियों को मारने पर सज़ा नहीं मिलती, इसलिए उसने मारा। स्त्रियाँ हर रोज़ पुरुषों के हाथों मार खा रही हैं, लेकिन किसी भी

पुरुष को सज़ा नहीं मिल रही है। स्वयं ईश्वर ने ही कह दिया है कि स्त्रियों की गर्दन की नस थोड़ी टेढ़ी है, उन्हें नियंत्रण में रखना होता है, बात न सुनने पर पिटाई भी लगानी होती है। स्त्रियाँ रोज़ ही घर और बाहर मार खा रही हैं। पिटाई को सहना उन्होंने बहुत पहले से ही सीख लिया है। बदरुल ने ईश्वर के उपदेश को मानकर ही मारा था। या फिर उसने समाज की परिपाटी के हिसाब से ही मारा था। लेकिन मारने को लेकर मीडिया चीख़-चिल्ला रही है इसलिए मार के विरुद्ध कुछ लोग इकट्ठा हुए हैं। इसे लेकर जब मीडिया चुप हो जाएगा तो लोग खदीजा को भी भूल जाएँगे, बदरुल आज़ाद हो जाएगा और फिर अन्य स्त्रियों के टुकड़े करता रहेगा, शारीरिक रूप से न हो तो मानसिक रूप से। सैकड़ों लड़कियों को सैकड़ों पुरुषों ने उत्पीड़ित किया है, आज भी कर रहे हैं। इस पृथ्वी का कितना कुछ उलट-पलट रहा है, केवल स्त्रियों पर पुरुषों के आधिपत्य में किसी तरह का हेर-फेर नहीं हो रहा है। सम्भवतः पृथ्वी के अन्तिम समय तक यह रह ही जाएगा। या फिर एक ऐसा समय आएगा, जब स्त्रियाँ ही नहीं रहेंगी। समूची पृथ्वी पर केवल पुरुष रह जाएँगे, केवल पुरुष।

बांग्लादेश की स्त्रियों के हाल

बांग्लादेश ट्रिब्यून इन दिनों शहर और ग्रामीण क्षेत्रों की 1600 गृहिणियों, 1600 कामकाजी महिलाओं और 1600 छात्राओं के साथ बातचीत कर एक सर्वेक्षण कर रहा है। 'सब ओर से विवेचना करके आप क्या अपने आप को सुखी मान रही हैं?'—इस सवाल के जवाब में कामकाजी महिलाओं के मुक़ाबले 'नहीं' कहने वालों में गृहिणियों की संख्या अधिक है। 'आप लोग तमाम समस्याओं में अपने परिवार को अच्छी तरह से अपने साथ पाती हैं क्या?' इसके जवाब में गृहिणियों की 'नहीं' की संख्या अन्य सभी की 'नहीं' की संख्या से अधिक है। मानसिक और शारीरिक उत्पीड़न की शिकार भी गृहिणियाँ ही सबसे अधिक हैं। सम्पत्ति पर निजी मालिकाना हक़ भी गृहिणियों का कम है। आज़ादी से जहाँ जाना चाहें वहाँ जा पाना, अपनी पसन्द का पेशा चुनना—इन सब में कामकाजी महिलाओं को जितनी आज़ादी है, गृहिणियों को उतनी नहीं है। क्या वे परिवार के पैसों को अपनी मर्ज़ी से ख़ुद पर ख़र्च कर सकती हैं, इस सवाल के जवाब में अधिकतर गृहिणियों ने 'नहीं' क़हा है।

देखकर और सुनकर लग रहा है, समाज पहले की अपेक्षा बहुत थोड़ा-ही बदला है। गृहिणियाँ अब भी 'सबसे पीछे, सबसे नीचे और सर्वहाराओं में से ही हैं', लेकिन इसका मतलब यह नहीं कि कामकाजी महिलाओं को सिर-माथे पर बिठाया गया है! हाल दोनों ही पक्षों के ख़राब हैं। गृहिणी और कामकाजी महिलाओं के जीवनयापन में कोई बहुत बड़ा फ़र्क़ नहीं है। कामकाजी महिलाओं को अपनी कमाई के पैसे गिन-गिन कर अपने पति के हाथों में रख देने होते

हैं। गृहिणी-जैसी कामकाजी महिलाओं को भी मुफ़लिसों की तरह रहना पड़ता है। आख़िर गृहिणियों और कामकाजी महिलाओं के दुखों में कोई बड़ा फ़र्क़ क्यों नहीं है? कारण कि स्त्रियाँ कामकाजी होने, पैसे कमाने और आर्थिक रूप से आत्मनिर्भर होने के बावजूद पुरुषतंत्र की ज़ंजीरों से बँधी रहती हैं। पुरुषतंत्र सभी स्त्रियों को एक ही नज़र से देखता है। ग़रीब, अमीर, छोटी ज़ात वाली, बड़ी ज़ात वाली, गृहिणी-कामकाजी—पुरुषतंत्र की निगाह में सभी समान हैं। पुरुषतंत्र किसी को भी रियायत नहीं देता।

बहुत-सी स्त्रियाँ आज आर्थिक रूप से स्वाधीन होने के बावजूद सामाजिक और पारिवारिक रूप से पराधीन हैं, वे आज भी पुरुषों के अधीन हैं। जब तक पुरुषतंत्र या पितृसत्तात्मकता का राज रहेगा, तब तक स्त्रियों को सचमुच की आज़ादी नहीं मिल सकती। सवाल उठ सकता है कि पाश्चात्य देशों में भी तो पुरुषतांत्रिक समाज व्यवस्था है, तो फिर क्यों पाश्चात्य देशों की स्त्रियाँ हमारे देश की स्त्रियों के मुक़ाबले अधिक आज़ादी का उपभोग कर पाती हैं! वे सम्भवत: ऐसा इसलिए कर पाती हैं कि पाश्चात्य देशों में शिक्षा, स्वनिर्भरता, जागरूकता हमारे मुक़ाबले बहुत ज़्यादा है। पश्चिम के सभ्य लोकतांत्रिक देशों में जिन स्त्री-उत्पीड़नों के ख़िलाफ़ सख़्त कार्यवाही की जाती है, उन सब उत्पीड़नों को हमारे देश में 'परम्परा' मानकर उनका सम्मान किया जाता है। पश्चिमी राष्ट्रों ने अपने आप को धर्म से अलग कर लिया है, वहाँ तमाम क़ानूनों को आधुनिक बनाया गया है, स्त्री-विरोधी धार्मिक क़ानून के हल्के छींटे भी कहीं नहीं मिलते। और, हम अभी भी अँधेरे में हैं।

सर्वेक्षण की रिपोर्ट कह रही है कि स्त्रियाँ प्रतिकूलताओं के बीच भी ख़ुद को सुखी महसूस करती हैं। यह सच है। असल में सुख कहते किसे हैं, सुख ठीक-ठीक कैसा होता है, यदि उसका अनुभव न हो, तो फिर उन्हें जो कुछ भी मिल रहा हो, वे उसी में रहकर सुख खोज लेती हैं। सुख आपेक्षिक होता है। मैंने एक बार एक महिला से पूछा था कि क्या वे सुखी हैं। वे बोलीं, हर रात घर लौटकर पति उन्हें जूते से पीटता था, लेकिन अब वह उन्हें जूते से नहीं मारता, अब हाथों से मारता है, थप्पड़, घूँसे...यह सब। चूँकि उन्हें जूतों

की मार नहीं खानी पड़ रही है, इसलिए वे पहले की अपेक्षा अधिक सुखी हैं।

देश की ज़्यादातर स्त्रियाँ सम्पत्ति के मालिकाना हक़ से महरूम हैं। कामकाजी महिलाओं का मालिकाना हक़ होने के बावजूद शहर की स्त्रियाँ उसका उपभोग नहीं कर पा रही हैं। मैं ख़ुद इसी की मिसाल हूँ। मेरे पिता की सम्पत्ति का बहुत थोड़ा-सा हिस्सा मेरे नाम हुआ है। जितना मेरे नाम हुआ है, मैंने ग़ौर किया कि उतने का भी उपभोग करने का मुझे कोई अधिकार नहीं है। स्त्रियों के समानाधिकार के लिए जीवन भर आन्दोलन करने के बाद भी मुझे ही अगर वंचित होना पड़ रहा है, तो फिर साधारण स्त्रियाँ कितने भयंकर रूप से वंचित होती होंगी, इसका मैं अनुमान लगा सकती हूँ।

सर्वेक्षण में यह भी दिख रहा है कि शादी के निर्णय के मामले में मुख्य भूमिका पुरुषों की ही होती है और स्त्रियों की भूमिका नितान्त ही गौण रहती है। अब भी लड़कियों को पुरुषों के हाथों सम्प्रदान किया जाता है। किसी वस्तु को दान करने की तरह स्त्रियों को दान किया जाता है। शादी के बाद पुरुष स्त्री को अपने घर ले जाता है। स्त्रियों के नाम के पीछे पुरुषों के नाम जोड़ दिये जाते हैं और उनका परिचय 'फ़लाँ की पत्नी' होता है। पुरुषतांत्रिक विवाह पद्धति में बहुत स्वाभाविक रूप से ही स्त्री की भूमिका अकसर कुछ भी नहीं होती, या फिर यदि रही भी तो वह बहुत ही नगण्य होती है।

विभिन्न प्रकार के पेशों को अपनाने योग्य होने के बावजूद गृहिणियों को आने-जाने की आज़ादी नहीं होती। कारण कि गृहिणियों के पैरों में एक ज़ंजीर बँधी रहती है। बहुत मज़बूत ज़ंजीर। कामकाजी महिलाओं के पैरों में भी बेड़ियाँ पड़ी होती हैं लेकिन उनकी बेड़ियाँ गृहिणियों की बेड़ियों से भी लम्बी होती है। बेड़ी के दूसरे सिरे को जो लोग थामे रहते हैं, वे उनके पति होते हैं। वे ही अपनी इच्छा के हिसाब से बेड़ियों की लम्बाई कम या ज़्यादा करते रहते हैं। स्त्रियों के लिए इस समय सबसे अधिक जो ज़रूरी है, वह है पैरों पर पड़ी इन बेड़ियों को तोड़ डालना।

पैरों की बेड़ियों को तोड़ते ही सारी समस्याओं का समाधान नहीं हो जाएगा। दिमाग़ में जो सब पैठ गया है, उन्हें भी दूर करना होगा। पुरुष ही बड़े हैं, पुरुष लोगों में ही समझ है, पुरुषों को ही पता है, पुरुष ही कर पाते

हैं, पुरुष ही ईश्वर है—स्त्रियाँ क्षुद्र हैं, तुच्छ हैं, अमंगलकारी हैं, स्त्रियों को कुछ नहीं पता, वे नासमझ हैं—यह सब ग़लत चीज़ें आदिकाल से स्त्री और पुरुष दोनों के ही दिमाग़ में ठूँसा जाता रहा है। सबसे पहले इन सब जंजालों को साफ़ करना ज़रूरी है।

सोने के बंगाल की प्यारी स्त्रियो सुनो : घोर दुर्दिन आ रहे हैं

बांग्लादेश में दो राजनीतिक नेत्रियाँ बहुत दिनों से देश पर शासन कर रही हैं। हसीना और ख़ालिदा। ख़ालिदा निःसन्देह रूप से धार्मिक कट्टरपंथियों की मित्र हैं। और हसीना को सेक्युलर, असाम्प्रदायिक और कट्टरपंथियों की विरोधी ताक़त के रूप में जाना जाता था। हसीना का दल अवामी लीग इस बार जीत जाएगा, बहुत-से लोगों ने ऐसा ही सोचा था। कारण कि धार्मिक कट्टरवाद की लपटों और संत्रास से जनजीवन जर्जर हो चुका है। उम्मीद थी कि इस देश में फिर से धर्मनिरपेक्षता स्थापित करने, मदरसों की शिक्षा के प्रसार को रोकने, फ़तवेबाज़ों के फ़तवों को रोकने, कट्टरपंथियों के उपद्रवों को बन्द करने के लिए हसीना ही एकमात्र ऐसी नेत्री हैं जो अड़कर खड़ी हो सकती हैं। प्रतिक्रियावादी कट्टरपंथी ताक़तें जब इस देश का विनाश कर रही हैं, तब देश के शुभचिन्तक लोग बहुत स्वाभाविक ढंग से ही हसीना की ओर उम्मीद से देख रहे थे। ऐसे में सभी को स्तंभित करते हुए, अवाक् करते हुए हसीना ने कह दिया है कि वे फ़तवेबाज़ों को फ़तवे देने का अधिकार प्रदान करेंगी, वे मदरसों को कॉलेज और विश्वविद्यालय की मर्यादा प्रदान करेंगी, वे ईश-निंदा सम्बन्धी क़ानून लाएँगी और जनतंत्र वाले बांग्लादेश को एक विशुद्ध इस्लामी राष्ट्र बनाकर ही दम लेंगी। 1993 में हबीबुर्रहमान नामक जिस सिलहटी कट्टरपंथी ने मेरे ख़िलाफ़ फ़तवा जारी किया था, मेरे सिर की क़ीमत तय की थी, वह अगले चुनावों में अवामी लीग का एक प्रत्याशी है। हसीना ने बिना किसी संकोच के इस्लामी कट्टरपंथी दल के नेता शेख़ उल हदीस से हाथ

मिला लिया है, जिसकी देश भर में धार्मिक संत्रास फैलाने में कोई सानी नहीं है। कोई क्या इस बात पर विश्वास कर सकता है! विश्वास न हो तो भी यह सच है। विश्वास न हो तो भी यह सच है कि बांग्लादेश नामक देश के लिए गणतंत्र, समाजवाद, धर्मनिरपेक्षता और बंगाली राष्ट्रवाद के आदर्शों की ओर लौटने की अब कोई सम्भावना नहीं है।

अवामी लीग नामक दल को लोग प्रगतिशील और असाम्प्रदायिक दल के रूप में जानते थे। लेकिन अब अवामी लीग और कट्टरपंथी दलों में क्या कोई अन्तर है? जमाते इस्लामी, इस्लामी ऐक्यजोट, बी.एन.पी., अवामी लीग—सच कहने में क्या कि इन सब दलों में नीतिगत और आदर्शगत रूप से कोई भी फ़र्क़ नहीं है। तो फिर इस क्षण इस देश का भविष्य क्या हो सकता है! इस देश को लेकर अब मैं किसी सम्भावना का सपना देखने में असमर्थ हूँ। यह देश अब उग्रपंथी लड़ाकू मुसलमानों की एक घाटी में तब्दील हो गया है। बाक़ी जो लोग हैं, जो लोग कह रहे हैं कि वे उग्रपंथी नहीं हैं, वे कट्टरपंथ के विरोधी हैं, वे गुप्त रूप से कट्टरवाद की जड़ों को जकड़े बैठे हैं। कट्टरवाद की जड़ धर्म है—इसे बहुत-से लोग ज़ोरदार ढंग से अस्वीकार करना चाहेंगे। लेकिन धर्म में विश्वास है इसलिए धर्मनिरपेक्ष लोग भी कट्टरवाद के विरुद्ध उतनी मज़बूती के साथ लड़ाई नहीं कर पा रहे हैं। कट्टरवाद कोई आकाश से तो उतरा नहीं! कट्टरवाद धर्म से पैदा हुआ है। अल्लाह या ईश्वर या भगवान सभी तो कट्टरपंथी हैं, उनके बन्दे भी कट्टरपंथी हैं, धर्म के गुरु, धर्म से प्रेरित लोग सभी निःसन्देह कट्टरपंथी हैं। जो लोग धर्म के सिद्धान्तों पर विश्वास करते हैं वे ही तो कट्टरपंथी हैं। वे धर्म के सिद्धान्तों पर विश्वास तो करते ही हैं, वे चाहते हैं कि असंख्य लोग भी उन सिद्धान्तों पर विश्वास करें। बांग्लादेश में जो लोग दावा कर रहे हैं कि वे कट्टरपंथी नहीं हैं, वे क्या धर्म के सिद्धान्तों पर विश्वास नहीं करते? गुप्त रूप से बहुत-से लोग करते हैं। जो लोग नहीं करते उनमें से अधिकांश में यह कहने का साहस नहीं कि वे विश्वास नहीं करते।

बांग्लादेश सूफ़ियों का देश था। मैंने बचपन में देखा था अत्यन्त वृद्ध लोग जिनके पास करने को कोई काम न था, लाठी टेक-टेक कर मसजिद जाते थे, वे नमाज़ के लिए जितने नहीं, उससे कहीं ज़्यादा अन्य बुज़ुर्गों के

साथ गपशप करने जाया करते थे। मसजिद में कुल मिलाकर दस-बारह लोग हुआ करते थे। और अब? अब मसजिद में युवाओं की भीड़ उफन पड़ती है। वे लोग रास्तों को बन्द करके नमाज़ पढ़ते हैं। मैं बांग्लादेश का यह क्या रूप देख रही हूँ! किसने धर्म का यह उन्माद पैदा किया है? मैं राजनीतिज्ञों को दोष देती हूँ। मैं धनी अरब देशों को दोष देती हूँ जिन्होंने धर्म के प्रचार के नाम पर ग़रीब देशों को लगभग ख़रीद ही लिया है, मैं समाजवाद-विरोधी पूँजीवादी निओ-कॉन लोगों की लाल-लाल आँखों को दोष देती हूँ। बांग्लादेश स्वर्णिम बंगाल नहीं है। क्या वह कभी ऐसा था भी! बावन में, उनहत्तर में और इकहत्तर में सम्भावनाएँ बनी थीं। लेकिन कुछ वर्षों में ही वह सम्भावना हवा हो गई थी।

यह जो धर्मान्धिता से देश बजबजा उठा है, यह जो राजनीतिक नेता ख़ुद एक-एक करके कट्टरवादियों में तब्दील होते जा रहे हैं और कौन कितना धार्मिक और कट्टरवादी है, आपस में इस बात की होड़ लगाने लगे हैं, तो इससे देश का क्या हाल होने वाला है, किसी ने सोचा भी है? राजनीतिज्ञों को भले ही कुछ दिन गद्दी पर बैठने का सुख मिल जाए, लेकिन दुरवस्था किन लोगों की ओर दौड़ती आ रही है? स्त्रियों की ओर आ रही है, यह सभी जानते हैं। धार्मिक अनुशासनों की वजह से स्त्रियों को जीवन भर भुगतना पड़ता है। राष्ट्र में, समाज में, क़ानून में, परिवार में धर्म को लाने का मतलब ही है स्त्री-उत्पीड़न को आदरपूर्वक बुला लाना, स्त्री-पुरुष की विषमता को बुला लाना, लड़कियों के बाल-विवाह, पुरुषों के बहु-विवाह, तथाकथित व्यभिचार के नाम पर लड़कियों पर पत्थर फेंककर हत्या करने के क़ानून को बुला लाना, बुर्क़ा न पहनने पर, पति की बात न मानने पर पीट-पीटकर मारने को आमंत्रित करना, तलाक़ तलाक़ तीन तलाक़ की बीभत्सता को बुला लाना, स्त्रियों के लिए क़ैद, बेकारी, अशिक्षा, अस्वस्थता, दासता और दुर्गति को बुला लाना।

स्त्रियों को डसने के लिए कट्टरवाद फ़न उठाए खड़ा है। ज़हरीले साँपों से भरी मेरी जन्मभूमि बांग्लादेश की स्त्रियों के लिए आज आशंकाओं से मेरा कंठ अवरुद्ध हो गया है। पीठ दीवार से टिक जाए तो कट्टरवाद का विरोध करने वाली शक्तियाँ प्रतिवाद कर सकती हैं। लेकिन पुरुष लोग प्रतिवाद करेंगे? पुरुष क्या सचमुच किसी तरह का प्रतिवाद करेंगे? धर्म की तमाम सुविधाओं का तो

पुरुष ही उपभोग कर रहे हैं। स्त्रियों की गर्दन पर सवार होकर, स्त्रियों को पैरों तले पीसकर, सामूहिक रूप से कुचलकर, जितनी तरह की सुविधाएँ भोगी जा सकती हैं, पुरुष नामक प्रभु कर ही रहे हैं। धर्म की वजह से या कट्टरवाद के कारण पुरुषों की कभी भी दुर्गति नहीं होती। दुर्गति केवल स्त्रियों की होती है। दीवार से यदि किसी की पीठ टिकती है, तो स्त्रियों की ही टिकेगी। हालाँकि बहुत साल पहले ही दीवार से पीठ टिक जानी चाहिए थी, क्यों नहीं टिक रही, यह एक रहस्य है। या कि पीठ टिक रही है, लेकिन उन्हें इतनी ज़्यादा अनुभूतिहीन करके रखा गया है कि कहीं पर कुछ टिक जाने से उन्हें इसका पता ही नहीं चलता। स्त्रियों के मस्तिष्क को इतना भोथरा कर दिया गया है कि वे समझ ही नहीं पातीं कि पुरुष कट्टरवादी हो या कि योगवादी हो, सभी एक ही हैं। ये सभी स्त्रियों को तकलीफ़ देने वाले हैं। ये सभी स्त्रियों को लात मारेंगे, चोट पहुँचाएँगे। स्त्रियों के अधिकारों को तार-तार कर कूड़े के ढेर पर फेंक देंगे। वे ठंडे दिमाग़ से सामूहिक दुष्कर्म करके स्त्रियों की आज़ादी की हत्या कर देंगे। कट्टरवादी और योगवादी दोनों ही प्रकार के पुरुष इस काम को अंजाम देंगे, अवश्य देंगे। अतीत में वे ऐसा करते आए हैं, अब भी कर रहे हैं, और भविष्य में भी करेंगे। वे तब तक ऐसा करते रहेंगे जब तक पुरुषों को पैरों तले कुचलकर मार न दिया जाए। जब तक उनके दंभ को चूर-चूर न कर दिया जाए। उनके पौरुष के टुकड़े-टुकड़े करके नफ़रत और अवज्ञा के साथ बदबूदार डबरे में न फेंक दिया जाए।

हसीना स्त्री हैं। अब हर कोई कहेगा कि हसीना स्त्री हैं, लेकिन वे पुरुषों का प्रतिनिधित्व कर रही हैं। वे धर्म की सहयोगी हैं। पुरुषतंत्र की सहयोगी हैं। हसीना-जैसा कोई दूसरा पुरुष समूचे बांग्लादेश में नहीं है। हसीना इस समय पुरुषों के समान पुरुष हैं। स्त्रियाँ ही पुरुषतंत्र की धारक एवं वाहक हैं, मुझे पता है। लेकिन कोई स्त्री इतने जघन्य रूप से इतने भयंकर स्त्री-विरोधी पुरुष में तब्दील हो सकती है, इतनी शिद्दत के साथ! यह मेरी जानकारी में नहीं था।

बहुत-सी स्त्रियाँ हैं जो ख़ुद स्त्री होकर स्त्रियों का नुक़सान करती हैं। नासमझी में करती हैं। लेकिन हसीना, मेरा मानना है कि वे जान-बूझकर ही यह नुक़सान कर रही हैं। वे अच्छी तरह से जानती हैं कि आज कट्टरपंथी

लोग सत्ता के शीर्ष पर चढ़कर सबसे पहले स्त्रियों का ही सर्वनाश करेंगे। उन्हें पता है कि शरीअत क़ानून की आग, फ़तवे की आग, धार्मिक क़ानून की बर्बरता, असभ्यता ये सभी स्त्रियों को निगलकर खा जाएँगे, इसके बाद भी उन्होंने ऐसा भयंकर निर्णय लिया! बहुत-से लोग हसीना के इस निर्णय को उनके कौशल के रूप में व्याख्यायित करेंगे। लेकिन मैं इसे आग से खेलने की संज्ञा दूँगी। इसका परिणाम कभी भी अच्छा नहीं होता। अच्छा नहीं होगा।

आज जिस ओर भी देखती हूँ, मुझे स्त्रियों की चरित्रहीनता नज़र आती है। पुरुषों के सुखों के लिए, भोगों के लिए अपने अधिकारों को विसर्जित करना, पुरुषों की दासता स्वीकार करना, पुरुषों के प्रतिनिधि के रूप में काम करना क्या स्त्रियों की चरित्रहीनता नहीं है? स्त्रियाँ इससे अधिक चरित्रहीन और किसी भी वजह से नहीं हो सकतीं। हसीना की चरित्रहीनता से किसी भी स्त्री को प्रेरणा नहीं लेनी चाहिए। काश कि सारी स्त्रियाँ एक साथ हसीना-जैसी चरित्रहीन को धिक्कार सकें। मैं चाहती हूँ सारी स्त्रियाँ धिक्कारने का साहस, ताक़त और ईमानदारी अर्जित कर सकें।

कट्टरपंथियों का कोई दोष नहीं

उस दिन पाकिस्तान की एक महिला मंत्री को गले मिलते देखकर मुसलमान कट्टरपंथियों ने सरकार से माँग की कि ग़ैरमर्द को गले लगाना इस्लाम के ख़िलाफ़ है, लिहाज़ा उस महिला मंत्री नीलोफ़र बख़्तियार को मंत्रीपद से बर्ख़ास्त कर दिया जाए। इस समाचार ने पूरी दुनिया में हलचल मचा दी थी। नीलोफ़र बख़्तियार ने कहा था कि वे इन सब फ़तवों को नहीं मानतीं।

कुछ ही दिनों बाद भारत में भी इस तरह की एक घटना घटी। बॉलीवुड की नायिका शिल्पा शेट्टी को अपनी बाँहों में भरकर हॉलीवुड के नायक रिचर्ड गियर ने उनका गाल चूम लिया था। अब हिन्दू कट्टरपंथी चिल्ला रहे हैं कि यह भारतीय संस्कृति के ख़िलाफ़ है, लिहाज़ा इन्हें जला दो, मार दो। मुसलमान और हिन्दू कोई भी किसी से कमतर नहीं है। दोनों में कपट-धार्मिक, संस्कृति के रक्षक, स्त्री-विरोधी लोगों का कोई अभाव नहीं है।

एक बार मैंने विचार करने की कोशिश की थी कि नीलोफ़र बख़्तियार और शिल्पा शेट्टी दोनों ही यदि पुरुष होते, तो फिर उन्होंने जो किया, वैसा करने पर क्या कोई असुविधा होती? लोग क्या, धर्म भ्रष्ट हो गया, संस्कृति तबाह हो गई, ऐसी आवाज़ उठाते? मंत्री पद से हटाने की हुंकार भरते? अदालत जाते? पुरुष होने पर वह अपराध नहीं होता। देशी-विदेशी जिस किसी लड़की को बाँहों में भरकर चूमना पुरुषों के लिए उसके शौर्य से अलग कुछ भी नहीं है। हमें समझना होगा, निषेधाज्ञा केवल स्त्री के मामले में होती है, फिर वह स्त्री किसी भी धर्म की, किसी भी वर्ण, श्रेणी या ख़ानदान की क्यों न हो!

यह धार्मिक पुरुषतांत्रिक समाज मानता है कि स्त्रियाँ इस समाज की

सम्पत्ति है। स्त्री किसके साथ मिलेगी-जुलेगी, किसका चुंबन लेगी, किससे गले मिलेगी, क्या खाएगी, क्या पहनेगी, किस तरह से पहनेगी, किसके साथ सोएगी, कितनी सन्तानों को जन्म देगी, उनमें पुत्र कितने होंगे और कन्या कितनी, किसके अधीन रहेगी, किसके आदेश मानेगी, कब बाहर निकलेगी, कब नहीं, क्या काम करेगी, क्या नहीं करेगी—इन सबके निर्णय समाज लेता है। इससे ज़रा भी इधर-उधर हुए कि सर्वनाश! स्त्रियों का सर्वनाश नियमित रूप से हो रहा है।

जिन स्त्रियों ने नाम कमाया है, मंत्री या अभिनेत्री बनी हैं, जो लोग कट्टरपंथियों की ज़द से बाहर हैं, उन्हें तो पीसकर उनका नामोनिशान मिटाना सम्भव नहीं, इसलिए उनके विरुद्ध निंदा की लहरें उठती हैं, रास्तों पर उनके पुतले जलाए जाते हैं, जुलूस निकाले जाते हैं। और, हमें ये सब ख़बरें जितनी ज़्यादा सुनाई देती हैं, हम उतने ही अधिक सिहर उठते हैं। हम भूल जाते हैं कि जिन स्त्रियों ने नाम नहीं कमाया, उनका बिना सोचे-विचारे दमन किया जा रहा है, वे उत्पीड़ित हो रही हैं, उनका नामोनिशान मिटाया जा रहा है। उन पर धर्म, संस्कृति, पुरुषतंत्र की रीति-नीतियों के बुलडोज़र चल रहे हैं, और यह सब क्या आज से शुरू हुआ है! स्त्रियाँ एकान्त में बेआवाज़ बहुत रोती रही हैं। अब तो वे बहुत ज़्यादा रोना भी भूल चुकी हैं। वे इन सबको चुपचाप सहन कर रही हैं, और इस सहन करने को भी वे नियम समझकर स्वीकार कर रही हैं। वे मर रही हैं, और मरने को भी नियम मानकर स्वीकार कर रही हैं।

नीलोफ़र और शिल्पा अपने अवस्थान से प्रतिवाद कर ही सकती हैं, फ़िलहाल उन पर मीडिया की सुरक्षा है। लेकिन मंत्रीत्व और अभिनेत्रीत्व के चले जाने के बाद फिर वे कोई भी स्त्री हैं, वे क, ख, ग, घ, ङ हैं। वे असुरक्षित हैं। वे अभी कट्टरपंथियों की अवज्ञा करने पर भी सुरक्षित हैं, कारण कि वे मंत्री या लोकप्रिय अभिनेत्री होने के ऊँचाई पर जा पहुँची हैं। ऊँचाई हमेशा से ही, इस समाज की नज़रों में, पौरुष की समानार्थी है। संसार में जो भी अच्छे गुण हैं, उन सभी को पुरुषवाचक माना गया है। और जो कुछ भी बुरा है, स्त्रीवाचक है। नीलोफ़र या शिल्पा को जो लोगों का समर्थन मिल रहा है, वह उनकी पुरुषवाचक उच्चता की वजह से है। स्त्री होने के कारण नहीं।

उनका जितना भी उत्पीड़न हुआ है, स्त्री होने की वजह से हुआ है। वे यदि इतनी ऊँचाई पर नहीं होतीं तो और भी अधिक उत्पीड़ित होतीं। जिन लोगों ने नीलोफ़र या शिल्पा का समर्थन किया है, उनमें से कितने लोग साधारण स्त्रियों के समर्थन में आगे आते हैं, जिन स्त्रियों को किसी भी तरह की सुरक्षा नहीं मिलती?

साधारण स्त्रियों ने अपने पिता, पुत्र और पति को भी अपनी सुरक्षा के रूप में मानना सीखा है। ये लोग ही सुरक्षा के नाम पर स्त्रियों के अधिकारों का सबसे ज़्यादा हनन करते हैं। सुरक्षा के नाम पर ये लोग ही स्त्रियों पर सबसे ज़्यादा उत्पीड़न करते हैं। ये लोग ही पुरुषतंत्र के पहरेदार हैं। पिता अपनी अवांछित कन्या को उतने जतन से नहीं पालते, जितने जतन से वे अपने पुत्र को पालते हैं। पिता अपनी बेटी को ऐसी शिक्षा नहीं देते, जो शिक्षा पाकर बेटी समानाधिकार के बारे में सम्यक ज्ञान अर्जित कर सके, जो शिक्षा पाकर वह अपने पैरों पर खड़ी हो सके, परमुखापेक्षी होकर दूसरों के आसरे पूरा जीवन जीना न पड़े। बेटा भी ठीक वही-वही करता है, जो वह अपने पिता से सीखता है, जो वह अपने दादाजी से सीखता है, समाज के तमाम अन्य पुरुषों से सीखता है। वह सीखता है कि स्त्री-मात्र ही दुर्बल है, उन्हें अपने क़ब्ज़े में रखना चाहिए। स्त्री के शिक्षित होने पर भी, बालिग होने पर भी, आत्मनिर्भर होने पर भी उसे अपने क़ब्ज़े में रखना चाहिए। अन्त में उन पर दया दिखानी चाहिए। भात, कपड़े, दवाई वग़ैरह दान करके उन्हें जीवित रखना चाहिए। स्त्री सीखती है कि उसे घर-गृहस्थी में अपना जीवन उत्सर्ग करना है और इस स्त्री पर दया करना पुरुष का कर्तव्य है। दुर्बलों के लिए, अपाहिजों के लिए, बीमारों, बच्चों और मानसिक रोगियों के लिए लोगों में जो दया का भाव होता है, वही दयाभाव पुरुषों के मन में स्त्रियों के लिए होता है। इसी करुणा का नाम सुरक्षा है। पति को पत्नी के लिए सबसे बड़ी सुरक्षा माना जाता है। जबकि इस दुनिया में पति ही पत्नियों पर सबसे ज़्यादा अत्याचार करते हैं। पति ही उनके अधिकारों के टुकड़े-टुकड़े कर देते हैं, उनकी आज़ादी की देह पर कुल्हाड़ी मारते हैं, चार दीवारों वाली तथाकथित गृहस्थी की सुरक्षा में उन्हें बन्दी बनाकर रखते हैं, शारीरिक और मानसिक अत्याचारों के द्वारा उनके जीवन को असहनीय बना

देते हैं। स्त्री, पति जो चाहे वह करने की वस्तु बन जाती है। उस पति नामक सुरक्षा के यहाँ उत्पीड़ित होने के लिए आने हेतु स्त्रियों को क़ानून की आँखों में धूल झोंककर छिपकर दहेज देना पड़ता है। स्त्री के देह का कोई भी हिस्सा स्त्री का नहीं होता। सिर से लेकर पैर तक जो कुछ भी है, सब पुरुष का है। पति का और समाज का। इसलिए शिल्पा नामक स्त्री को कोई यदि छुए या उसके गालों को चूमे तो समाज नाराज़ हो उठता है। कारण कि शिल्पा के सीने, पेट, पेट का निचला हिस्सा, शिल्पा के गाल, होंठ शिल्पा के नहीं हैं, ये सब समाज की सम्पत्ति हैं। समाज की सम्पत्ति पर शिल्पा को कोई अधिकार नहीं कि वह इसका मनचाहा उपयोग कर सके। समाज की अनुमति के बिना शिल्पा की देह को लेकर स्वयं शिल्पा के पास कुछ करने का अधिकार नहीं है। अधिकार नीलोफ़र को भी नहीं है। नीलोफ़र की छाती, पेट, पेट का निचला हिस्सा, पैर, पैरों के पंजे, सिर...सब कुछ समाज की सम्पत्ति है। जन्म के बाद से ही एक लड़की समाज की सम्पत्ति बन जाती है। लड़कियों के जीवन में फिर कुछ भी व्यक्तिगत नहीं रह जाता, अपना कहने को कुछ नहीं रहता।

कट्टरपंथी लोग जब नीलोफ़र और शिल्पा को लेकर शोरगुल करते हैं, तो हम लोग कट्टरपंथियों को दोषी ठहराकर बैठे रह जाते हैं। मानो कट्टरपंथी लोग बहुत बुरे हैं और बाक़ी सब बहुत अच्छे। दोष कट्टरपंथियों का नहीं है। दोष बुनियाद में है। समाज में, समाज की संरचना में। कट्टरपंथी लोग बीच-बीच में हमें इसी संरचना की याद दिला देते हैं, बस इतनी-सी बात है। इस संरचना को लेकर इस देश के अधिकांश लोगों को किसी तरह की आपत्ति नहीं है। इसी संरचना पर उन्होंने अपना सुरम्य संसार, अपना समाज गढ़ लिया है।

लोगों ने हिन्दू, मुस्लिम, बौद्ध, ईसाई, जैन, यहूदी, पारसी आदि धार्मिक सम्प्रदायों की भिन्नताओं को लेकर बड़ी-बड़ी किताबें लिख डाली हैं। लेकिन, मेरी राय में इन सबमें सचमुच किसी तरह का अन्तर नहीं है। सारे धर्म और समाज पुरुषतांत्रिक हैं और ख़ूब संगत कारणों से इसलिए स्त्री-विरोधी हैं। इन धर्मों में ऊपर-ऊपर अन्तर दिखाई देते हैं, धार्मिक उत्सवों को मनाने के ढंग में कुछ भिन्नताएँ दिखाई देती हैं, लेकिन इन सबकी प्रकृति एक-जैसी है, भीतर-भीतर सब एक हैं। किसी एक अदृश्य शक्ति से डरना होगा, उसे प्रार्थना

और पूजा से तुष्ट रखना होगा, और मनुष्य-समाज में इस नियम को मानकर चलना होगा कि पुरुष स्वामी है, स्त्री दासी। दासी शब्द सुनने पर आजकल उच्च श्रेणी की उच्चशिक्षित स्त्रियाँ बहुत असन्तुष्ट होती हैं। लेकिन इस शब्द के सिवा स्त्रियों के लिए कोई और उपयुक्त शब्द मैं नहीं तलाश पाती। एक नज़र में दासी-जैसी भले ही न लगे लेकिन पुरुषतंत्र की संरचना ने स्त्रियों को दासी बना रखा है, जो इसे गहराई से नहीं देख पाता, वह अन्धे के अलावा और क्या हो सकता है! यह अवश्य है कि अन्धत्व के बिना स्त्रियों का काम नहीं चलता। जिनकी आँखें खुली हुई हैं, इस समाज में उन स्त्रियों के लिए कोई जगह नहीं है।

जब स्त्रियों की आँखें खुलने लगती हैं, तो समाज के रक्षक लोग उन आँखों को बन्द करने के लिए बेताब हो उठते हैं। समाज के इन रक्षकों को कोई कट्टरपंथी कहकर अपमानित नहीं करता। ये सब बड़े सम्माननीय लोग हैं। भद्र लोग। बुद्धिमान। कल्चर्ड। कट्टरपंथी तो सड़कों पर बन्दरों की तरह उछलते रहते हैं। अश्लीलता करते हैं। जला देते हैं, मिटा देते हैं। वे बुद्धू लोग हैं। अनकल्चर्ड हैं। लेकिन असल में वे भद्र लोगों के मुक़ाबले कम कट्टरपंथी हैं। वे स्त्रियों को उतना नुक़सान नहीं पहुँचा पाते, जितना भद्र लोग पहुँचाते हैं। नरमपंथी लोग। कट्टरपंथियों को देखकर पहचाना जा सकता है, उनसे सावधान रहा जा सकता है। दिमाग़ लगाकर उन्हें परास्त किया जा सकता है। लेकिन शिक्षितों को हराया नहीं जा सकता। भद्र लोगों को। बुद्धिमानों को। बाहर से देखने पर उन्हें पहचानने का कोई उपाय नहीं। वे प्रगतिशील हैं, वे समता में विश्वास रखने वाले लोग हैं—उनके बारे में लोग ऐसा ही समझते हैं। वे ख़ुद भी अपने बारे में ऐसी ही धारणा रखते हैं। लेकिन वे लोग ही प्रचंड बुद्धि के बल पर कूट-कौशल से इस पुरुषशासित समाज के अस्तित्व को बनाए हुए हैं। स्त्री-विरोधी परम्पराओं और सनातन संस्कृति का पहले से भी अधिक धूमधाम से पालन करने की व्यवस्था कर रहे हैं।

रास्तों पर पुतले जलाने वाले, फ़तवे देने वाले कट्टरपंथी और उग्रपंथियों की संख्या भद्र लोगों की तुलना में बहुत कम है। इन अल्पसंख्यकों की हैसियत नहीं कि वे पुरुषतंत्र को टिकाए रख सकें। इसे भद्र लोग ही टिकाए रख रहे

हैं, जो लोग नरमपंथी हैं, चालाक और चतुर हैं। उन्हें कोई कट्टरपंथी नहीं मानेगा, असल में सचमुच के कट्टरपंथी वे ही हैं। पुरुषतंत्र की संरचना को अक्षुण्ण बनाए रखने के लिए जो-जो किया जाना चाहिए, वे सब कुछ कर रहे हैं। वे यदि बुद्धि, ताक़त और पुरुषबल के द्वारा पुरुषतंत्र को टिकाए नहीं रखते, तो वह इतने लम्बे समय तक नहीं टिक सकता था।

आख़िरकार हारना ही पड़ा

फ्रांसीसी पैराट्रूपर प्रशिक्षक को गले लगाने के अपराध में पाकिस्तान की पर्यटन मंत्री नीलोफ़र बख़्तियार के ख़िलाफ़ कट्टरवादी संगठन ने फ़तवा जारी किया था। नीलोफ़र को उम्मीद थी कि सत्ताधारी दल पी.एम.एल. (क्यू.) उनके साथ खड़ा होगा। लेकिन कोई भी उनके साथ खड़ा नहीं हुआ। नीलोफ़र ने दल और सरकार से जिस समर्थन की उम्मीद की थी, वह उन्हें नहीं मिला।

नीलोफ़र के ख़िलाफ़ फ़तवा जारी होने के अगले ही दिन भारत के एक टी.वी. चैनल ने इस विषय में एक चर्चा आयोजित की थी। चर्चा में भाग लेने वाले लोग अलग-अलग देश और भिन्न अंचलों के थे। लेकिन टेक्नोलॉजी ने उन सबको एक स्थान पर एकत्र कर दिया था। पाकिस्तान की अस्मा जहाँगीर मानवाधिकारों के लिए लम्बे समय से आन्दोलन कर रही हैं, नीलोफ़र बख़्तियार और इधर भारत से मैं। अस्मा जहाँगीर ने कहा था, 'स्त्रियों के ख़िलाफ़ पाकिस्तान में हर रोज़ इस तरह के फ़तवे जारी किये जा रहे हैं, आज मंत्री के ख़िलाफ़ आया तो मीडिया इसका प्रचार कर रहा है और इसी वजह से चारों ओर हड़कंप मचा हुआ है।' नीलोफ़र ने कहा था, 'यह कुछ भी नहीं है, एक छोटे-से संगठन ने फ़तवा दिया है, इन्हें कोई नहीं पहचानता, इनकी बातों की कोई क़ीमत नहीं है और फ़तवे की तो बिलकुल भी नहीं। आम जनता इन्हें फूँक मारकर उड़ा देगी। मैंने जो किया है, वह मैं बार-बार करूँगी।'

उस चर्चा में लेकिन मैंने कहा था, 'संगठन छोटा है सोचकर उनकी उपेक्षा करना उचित नहीं है। कारण कि फ़तवे के पीछे जो भयंकर ताक़त काम करती है, वह है धर्म। किसी स्त्री के विरुद्ध फ़तवा कितने ही छोटे लोगों ने जारी

क्यों न किया हो, उसे धर्म की शह की वजह से सारे पट्ठे उसका समर्थन करेंगे, पुरुषतंत्र के तमाम रुतबेदार बड़े आनन्द में सिर हिलाएँगे। धर्म को राष्ट्र से अलग करने की व्यवस्था न करने पर, समानाधिकार की बुनियाद पर क़ानून के न बनने पर, कट्टरपंथियों के उत्पादन करने वाली मदरसा-तालीम के बन्द न होने पर, स्त्रियों की शिक्षा और आत्मनिर्भरता का इंतज़ाम न करने पर, सारे स्तरों पर स्त्रियों का सशक्तिकरण न करने पर फ़तवेबाज़ लोग बड़ी निश्चिन्तता के साथ अपने कार्यकलाप जारी रखेंगे। स्त्रियों के अधिकार और उनकी आज़ादी के लिए, मानवाधिकार और मानवता की जीत के लिए धर्म के व्यवहार को बन्द करना ही होगा। धर्म को सिर चढ़ाया तो कट्टरपंथ भी सिर चढ़ेगा।'

मैं कहती हूँ फ़तवेबाज़ों की सज़ा का इंतज़ाम होना चाहिए। नीलोफ़र कहती हैं, 'इन पर ध्यान देने का कोई मतलब नहीं है।' उनकी आवाज़ में ज़बर्दस्त आत्मविश्वास था। नीलोफ़र को भरोसा था कि छोटी कट्टरपंथी ताक़तें हार जाएँगी, वे ही इस लड़ाई को जीतेंगी। न जीतने की तो कोई वजह ही नहीं थी, क्योंकि उन्होंने तो कोई अपराध नहीं किया था। पैराशूट जंपिंग में सफल होकर उन्होंने रिवाज के मुताबिक़ प्रशिक्षक को गले लगाया था। यह बहुत दिन पहले की बात नहीं है। नीलोफ़र ने कल्पना ही नहीं की थी कि असल में कट्टरपंथियों को ही ग्राह्य किया जाएगा। नीलोफ़र को ग्राह्य नहीं किया गया। लगातार धमकियों का सामना करते हुए दल, सरकार, जनता किसी का भी समर्थन न पाकर नीलोफ़र इस्तीफ़ा देने के लिए बाध्य हो गई थीं। सम्भव है उन्होंने दल और सरकारी दबाव की वजह से ही इस्तीफ़ा दिया था। इसमें किसकी पराजय हुई? कट्टरपंथियों की या फिर नीलोफ़र की? नीलोफ़र हार गईं। कोई अन्याय न करने पर भी उन्हें सज़ा झेलनी पड़ी। नीलोफ़र ने सोचा था कि वे देश की मंत्री हैं, इसलिए उनकी ताक़त बहुत ज़्यादा है, लेकिन वे भूल गई थीं कि वे स्त्री हैं, वे भूल गई थीं कि स्त्रियाँ निर्बल होती हैं। वे भूल गई थीं कि पुरुषवादी पुरुषों की भीड़ में वे कुछ भी नहीं हैं, कुछ भी नहीं, कुछ भी नहीं। उनकी ताक़त सिर्फ़ उतनी है, जितनी ताक़तवर पुरुषों ने उन्हें दी है। वे किसी भी पल एक झटके में उस ताक़त को वापस ले सकते

हैं। नीलोफ़र दरअसल भूल गई थीं कि वे स्त्री हैं, भूल गई थीं कि किसी भी लड़ाई में उन्हें ही पराजित होने के लिए बाध्य किया जाएगा, वे भूल गई थीं कि यह जगह पुरुषों की है।

स्त्रियाँ यह बात बार-बार भूल जाती हैं, विशेषकर वे स्त्रियाँ जिन्हें कुछ मौक़े और सुविधाएँ प्रदान की गई हों, जिन्हें समाज में ऊँचा दर्जा मिल गया हो, जो मसनद पर जा बैठी हों। वे भूल जाती हैं कि पुरुष उन्हें किसी भी ऊँचाई से नीचे गिरा सकते हैं। किसी भी पल।

अब नीलोफ़र मंत्री नहीं हैं। राजा, मंत्री, वज़ीर, नाज़िर, सभापति, सेनापति, दलपति, राष्ट्रपति यह सब बड़े-बड़े पद पुरुषों ने पुरुषों के लिए निर्मित किये थे। स्त्रियों के लिए इन पदों को पाने के अवसर जुटाकर कुछ पुरुष यह समझाना चाहते हैं कि स्त्री और पुरुषों के अधिकार समान हैं। लेकिन ये बिलकुल भी समान नहीं हैं, इसे समझने के लिए आँख-कान को बहुत ज़्यादा खुले रखने की ज़रूरत नहीं है, सामान्य रूप से खुला रखें तो ही बात समझ में आ जाती है।

कट्टरपंथी फ़तवेबाज़ लोग कितने ताक़तवर होने पर नीलोफ़र को गद्दी से उतार सकते हैं, हम निश्चय ही इसका अनुमान लगा सकते हैं। और मंत्री होकर, कोई अन्याय किये बग़ैर भी केवल आत्मविश्वास और मन की ताक़त के बावजूद केवल स्त्री होने के अपराध में नीलोफ़र को किस तरह गद्दी से बेदख़ल होना पड़ता है, हम इसका केवल अवलोकन कर सकते हैं। नीलोफ़र का अपराध किसी ग़ैरमर्द को छूना या उसका आलिंगन करना नहीं था। उन्होंने स्त्री के रूप में जन्म लिया है इसलिए उन्हें यह भुगतना पड़ रहा है, आलिंगन किया था इसलिए नहीं। स्त्री होकर जन्म न लेतीं तो दस लाख पैराट्रूपर प्रशिक्षकों का आलिंगन करने पर भी कोई फ़तवा नहीं देता। वे स्त्री न होतीं तो उन्हें मंत्रीपद से इस्तीफ़ा नहीं देना पड़ता।

हम यह सब बहुत वर्षों से देखते आ रहे हैं। प्रतिवाद करने के सिवा हमारे पास क्या कोई और उपाय है? हमारे प्रतिवाद से किसी को कोई फ़र्क़ नहीं पड़ता। हज़ारों वर्षों से विवेकबुद्धि-सम्पन्न लोग पुरुषतंत्र का प्रतिवाद करते आ रहे हैं। इससे क्या हुआ? इस तंत्र में क्या ज़रा-सी भी दरार आई? कुछ दुर्बल लोग ही हर समाज में हर युग में पुरुषतंत्र के ख़िलाफ़ ज़हर उगलते रहे

हैं। ताक़तवरों ने ऐसा नहीं किया। उन्होंने यदि ऐसा किया होता तो आज समूचे विश्व में स्त्रियों को इस अपराध में तकलीफ़ नहीं उठानी पड़ती कि वे स्त्रियाँ हैं।

जो लोग ऐसा सोचते हैं कि धर्म भी रहेगा और स्त्री-स्वाधीनता भी रहेगी, वे दरअसल यह नहीं जानते कि धर्म क्या चीज़ है, या फिर उन्हें स्त्री-स्वतंत्रता का अर्थ नहीं मालूम। पुरुषतंत्र रहेगा, पुरुष-शासित समाज रहेगा, सत्ता पुरुषों के हाथों में रहेगी, और इसके साथ ही स्त्री-स्वाधीनता भी रहेगी, बहुत-से लोग ऐसी विचित्र कल्पनाएँ भी करते हैं। नीलोफ़र ने भी की थी, अब उन्हें बख़ूबी पता चल रहा है कि उनके हिसाब में ग़लतियाँ थीं। वे कह रही हैं, 'विश्वास कीजिए हम दोनों में से किसी ने भी हमारी संस्कृति या समाज को चोट पहुँचाने के उद्देश्य से कुछ भी नहीं किया। हवाई जहाज़ से पैराशूट के साथ छलाँग लगाना किसी भी तरह से धर्मविरोधी या देशविरोधी काम नहीं है।' देशविरोधी काम नहीं है यह बात सही है, लेकिन यह धर्मविरोधी काम है। पानी में, ज़मीन पर, अन्तरिक्ष में बिना अभिभावक के स्त्रियों के विचरण की बात किस धार्मिक ग्रंथ में लिखा है? स्त्रियों के लिए तो घर से बाहर निकलने पर ही पाबन्दी है, और यदि बाहर निकलीं तो सिर से पैर तक बुरक़े में अपने आप को ढकना ज़रूरी है, ग़ैर मर्द के सामने अपने दैहिक सौन्दर्य का प्रदर्शन करना तो स्त्रियों के लिए निषिद्ध है। जो स्त्रियाँ इस निषेध को नहीं मानतीं, वे धर्मविरोधी काम करती हैं। नीलोफ़र को बहुत-से लोग अपराधी कहेंगे, लेकिन किसी भी स्वस्थ मस्तिष्क वाले व्यक्ति के लिए वे अपराधी नहीं हैं।

इस पृथ्वी पर चूँकि सबल और निर्बल, धनी और दरिद्र, ताक़तवर और कमज़ोर प्रकट और प्रबल रूप से मौजूद हैं, इसलिए सम्भवत: स्वाभाविक रूप से ही अत्यन्त निरीह लोगों पर अत्याचार होते रहते हैं। इस अत्याचार को स्वाभाविक ही मान लिया जाता है। जब निरीह पुरुषों पर अत्याचार होते हैं तो वर्ग-संघर्ष में लिप्त और जो लोग मानवाधिकारों के लिए लड़ रहे हैं वे सभी उत्पीड़ित पुरुषों के पक्ष में खड़े होने के लिए आगे बढ़ आते हैं। लेकिन जब स्त्रियों पर अत्याचार होते हैं, तब लेकिन इतने पक्ष, इतने दल, इतने संगठन आगे नहीं आते। लोग स्त्रियों पर उनके जन्म के बाद से ही होने वाले अत्याचारों को देखने के अभ्यस्त हो चुके हैं। नीलोफ़र का मंत्री पद नहीं रहा

लेकिन इसे लेकर लोग बहुत आहत नहीं होंगे। किसी स्त्री को मंत्री का पद मिलना या फिर पुरुष का वह पद किसी स्त्री को मिल जाना ही अवाक् करने वाला मामला है। नीलोफ़र अब 'पुरुष के पद' से उतर चुकी, स्त्री होने के अपराध में जितनी भी सज़ाएँ हैं, उन्हें सिर झुकाकर स्वीकार कर लेने वाली स्त्री है। नीलोफ़र इस समय कोई भी सोफ़िया, शेफाली, कोई भी ऋद्धि, कोई भी स्वाति है। मीडिया जिनके पीछे नहीं भागेगा, वे अभावों, बीमारियों में हाँफती रहेंगी तो भी वह उनकी सुध नहीं लेगा, पुरुष हर रात उन्हें पीटे तो वह पीछे मुड़कर नहीं देखेगा, उनके निरन्तर उत्पीड़न और अत्याचारों से कोई उन्हें नहीं बचाएगा। केवल दुष्कर्म का शिकार होने पर या फिर दुर्घटना में मृत्यु हो जाने पर ही चारों ओर ख़बरें जाती हैं। तब मीडिया झपट पड़ता है। स्त्री का दुष्कर्म का शिकार होना या दुर्घटना में मौत हो जाना दोनों ही यौन-ख़बरें हैं। स्त्रियाँ इस समाज में यौन-वस्तु के रूप में ही चिह्नित हैं। दुष्कर्म की ख़बर दुष्कर्मी पुरुषों को चुपके-चुपके उत्तेजित करती है। मृत्यु की ख़बर, विशेष रूप से जब कोई पुरुष निर्ममता से किसी स्त्री की हत्या करता है, उसे ख़बर के रूप में प्रमुखता दी जाती है। किस तरह गोदकर, जलाकर स्त्री की हत्या की गई, उसका लोमहर्षक वर्णन भी सम्भवतः कुछ पुरुषों के लिए सीखने योग्य और आरामप्रद होता है।

कोई स्त्री यदि यह न भूले कि वह स्त्री है, कोई स्त्री यदि यह न भूल जाए कि धर्म से आरम्भ करके आपदा और विपत्ति के समय उसके पास पहनने के लिए जो कपड़े हैं, वे भी नारीविरोधी हैं। सम्भवतः तभी स्त्रियाँ अपने सही रास्ते पर क़दम रख सकेंगी। पुरुषों की दया, उनके अनुग्रह से पुरुषों के पदों पर आसीन होकर गर्व का अनुभव करने की बजाय उन पदों को स्त्रियों के पदों में रूपान्तरित करने की लड़ाई लड़ना ज़्यादा ज़रूरी है।

यह लड़ाई कठिन लड़ाई है। धर्म और पुरुषतंत्र, पृथ्वी की इन दो बड़ी ताक़तों के ख़िलाफ़ लड़ाई से कठिन काम और कौन-सा है! प्रत्येक स्त्री के सम्मुख आज दो हिंसक दैत्य हैं, तो फिर लड़ो या मरो। स्त्रियाँ समझौते करके भी मर रही हैं, और लड़ाई करते हुए भी खेत हो रही हैं। जब मरना ही है, तो फिर दुश्मन को फाड़कर, काटकर मरना बेहतर।

शरीअत के नाम पर अवाम को बुद्धू बनाने के दिन गए

पिछले 1 रबीउल-अव्वल, 1402 हिजरी, 12 सितम्बर, 1991 को चटगाँव के इस्लामी एकता और हिज़्बे इस्लामी ने 'इस्लाम की नज़र में महिला नेतृत्व' से सम्बन्धित एक विवरणिका प्रकाशित की थी। यह विवरणिका इस्लामी एकता के आह्वानकारी मुफ़्ती मुहम्मद इज़ाहारुल इस्लाम ने लिखी है। संविधान की धर्मनिरपेक्षता के विषय में वे लिखते हैं, 'हमारी बदअमली की वजह से धर्मनिरपेक्षता सहित एकदलीय शासन इस राष्ट्र के कन्धे पर थोप दिया गया है और धीरे-धीरे पृथ्वी के दूसरे सबसे बड़े मुसलिम देश के जनसाधारण की चेतना में एक विद्रोही चेतना निर्मित हो गई और परिणामस्वरूप मुजीब के पतन के बाद विभिन्न चरणों में राष्ट्र के इतिहास के पर्दे पर ज़ियाउर्रहमान का आविर्भाव हुआ।' धर्मनिरपेक्षता की स्थापना की वजह से कभी भी इस देश में किसी प्रकार धार्मिक निरंकुशता नहीं पनपी। मुसलमानों के लिए मस्जिद और मदरसे के दरवाज़े खुले थे, उन्होंने बिना किसी रोक-टोक के नमाज़ पढ़ी, रोज़े रखे, बड़े धूमधाम से उन्होंने ईद उल फ़ितर मनाया, पुराने ढाका से मुहर्रम के ताजिए निकाले, गाय ज़िब्ह करके ईद उल अज़हा का उत्सव मनाने में मुसलमानों को कभी किसी तरह की बाधा नहीं आई। इस अपार स्वाधीनता के बाद भी जनसाधारण की चेतना में विद्रोही मनोभाव पैदा हुए थे और दावा किया जाता है कि इसी वजह से मुजीब का पतन हुआ। यह मिथ्याचार हमारी नई पीढ़ी को भ्रमित कर सकती है, लेकिन मुजीब के ज़माने में जनसाधारण के रोष को लेकर जिन्हें प्रत्यक्ष अनुभव है, वे निश्चय ही इस

बात को स्वीकार करेंगे कि जनसाधारण के रोष की वजह और कुछ भी रही हो लेकिन धर्मनिरपेक्षता क़तई नहीं थी।

विवरणिका में यह भी दावा किया गया है—'ज़ियाउर्रहमान ने राजनीतिक रूप से राष्ट्र को धर्मनिरपेक्षता से मुक्त करके संविधान में बिस्मिल्लाहिर्रहमानिर्रहीम का संयोजन किया। नब्बे प्रतिशत मुसलमानों ने इस ज़मीन और आबोहवा से धर्मनिरपेक्षता नामक धर्मद्रोहिता के नागपाश से बाहरी तौर पर मुक्त होकर सुक़ून की साँस ली थी।' धर्मनिरपेक्षता नामक धर्मद्रोहिता इस देश में घटित नहीं हुई। और जो साम्प्रदायिक दंगे हुए, वे धर्मनिरपेक्षता के रहते नहीं हुए बल्कि इस्लाम को राष्ट्रधर्म घोषित करने के बाद हुए थे।

इस विवरणिका में 1970 से अब तक सरकारों के बदलने के जिन राजनीतिक कारणों का वर्णन किया गया है, वे सब झूठे हैं, ग़लत और ख़ास उद्‌देश्य से प्रेरित हैं। मैंने उद्‌देश्य से प्रेरित इसलिए कहा कि यहाँ आकर उद्‌देश्य स्पष्ट हो जाता है—'जनरल इरशाद के दुष्ट आचरण से शुरू करके आटरशी आधारित सारी धोखाधड़ियों को उलेमा इकराम सहित सारे स्तरों पर तौहीदी[1] जनता लम्बे नौ वर्षों तक केवल एक वजह से हज़म करती रही कि इरशाद-विरोधी आन्दोलन का नेतृत्व दो महिलाएँ कर रही हैं।'

यदि ऐसा ही है तो मेरा सवाल है कि तौहीदी जनता ने जब इरशाद को सत्ता से हटा दिया और देश में निर्वाचन की एक व्यवस्था लागू की गई, तो इस देश की जनता ने क्यों एक महिला और उसके दल को चुना? महिला के बिना और इरशाद के बिना भी, इस देश में पुरुषप्रधान राजनीतिक दल तो थे ही और बड़ी तड़क-भड़क के साथ चुनाव में प्रत्याशी भी थे। कहते हैं कि तौहीदी जनता की मूल आपत्ति स्त्री के नेतृत्व में है। मुफ़्ती ने क़ुरान के हदीस की मिसाल देकर अपने उद्‌देश्य को और भी स्पष्ट किया है कि महिला के नेतृत्व से कोई बात नहीं बनेगी। बल्कि हमें तो आशंका है कि इससे बहुत अधिक अहित होगा और अत्याचार बढ़ेंगे। कारण कि अल्लाह के रसूल ने फ़रमाया है—'उस जाति का कभी भी मंगल नहीं होता जो किसी महिला को अपनी

1. तौहीदी—ईश्वर को एक मानना / अद्वैतवाद

नेत्री के रूप में चुनते हैं (बुखारी शरीफ़, हदीस 4.425)'। मुफ़्ती इज़ाहारुल इस्लाम ने और भी लिखा है—'मुसलिम मिल्लत के निर्वाह की क्षमता के जो अधिकारी हैं, उन्हें इमाम, ख़लीफ़ा, सुलतान, सुलतान या अमीरुल मोमिनीन कहा जाता है। इस्लामी शरीअत में किसी भी महिला को इमाम, ख़लीफ़ा या राष्ट्र की सरकार के प्रधान होने का कोई अवसर नहीं दिया गया है। विकारग्रस्त दिमाग़ों में यह इस्लाम नाम सिरदर्द की वजह भले ही रहा हो लेकिन इस देश में नब्बे प्रतिशत मुसलमान अभी भी अल्लाह रसूल और परलोक में विश्वास करने वाले इस्लामी शरीअत तथा ख़ुदाई शासन-अनुशासन के अनुरागी हैं। किसी महिला के राष्ट्र या सरकार के प्रधान होने के पीछे कुछ तर्क भी हैं, इस बारे में आज तक किसी आलिम ने अपनी राय प्रकट नहीं की है।'

लेकिन मुफ़्ती इज़हारुल इस्लाम का दुर्भाग्य यह है कि देश की प्रमुख इस वक़्त एक महिला हैं। किसी भी विज्ञ आलिम को तवज्जो न देते हुए देश की अधिकांश जनता ने इन महिला को ही निर्वाचित किया है।

मुफ़्ती इज़हारुल इस्लाम ने तर्क दिया है कि पुरुष लोग ही महिलाओं के तत्त्वावधायक शासक हैं, क्योंकि अल्लाह ने उन्हें एक को दूसरे पर (पुरुषों को स्त्रियों पर) प्रधानता प्रदान की है, कारण कि पुरुष ही (स्त्रियों के लिए) आगनी भन-सम्पदा ख़र्च करते हैं। (सूरा निसा आयत 30)

और जब तुम्हारे दुष्ट लोग, अमीर, शासक और मालदार व्यक्ति कंजूसी दिखाएँगे और तुम्हारे तमाम कार्य स्त्रियों के हाथों में सुपुर्द कर दिये जाएँगे, तब इस पृथ्वी का पेट उसकी पीठ की तुलना में (यानी दुनिया में न रहना ही) तुम्हारे लिए बेहतर होगा। (तिर्मिज़ी शरीफ़, खंड-2, पृ. 52)

पुरुष लोग जब स्त्रियों के पीछे चलना स्वीकार कर लेंगे तब उनका विनाश हो जाएगा। (मुस्तादरक अल हकीम, खंड-4, पृ. 291)

मिसाल के तौर पर पेश किये गए इन अंशों को 'तर्क' बताते हुए मुफ़्ती ने कहा है—'इस्लाम के इन तमाम मौलिक विधान के आलोक में राष्ट्रप्रधान और नमाज़ की इमाम बनना दोनों ही समान रूप से महिलाओं के लिए हराम है। शरीअत की परिभाषा के अनुसार नमाज़ का निर्देशन और देश का संचालन, इन दोनों को ही इमामत कहा जाता है। यह इमामत कभी भी पुरुष के अलावा

स्त्रियों के लिए वैध नहीं है। नमाज़ की इमामत में पेश मुसल्ले[1] पर यदि कोई स्त्री खड़ी हो जाए तो उसे वहाँ से हटा देना मुसल्लियों[2] का फ़र्ज़ होता है, ठीक उसी तरह राष्ट्र नामक बड़ी मसजिद के मुसल्ले पर यदि कोई महिला क़ाबिज़ हो जाए तो उसे भी वहाँ से हटा देना सारे मुस्लिम जनसाधारण का फ़र्ज़ होता है। ख़ुदाद्रोहिता न करके बांग्लादेश नेशनलिस्ट पार्टी देश चलाए तो हमें कोई आपत्ति नहीं होगी, लेकिन राष्ट्रप्रमुख के रूप में किसी महिला को हम स्वीकार नहीं कर सकते। इस मामले में बांग्लादेश के उलेमा इकराम, पीर मुर्शीद माखायेख तथा इस्लामी बुद्धिजीवियों सहित सारे वर्गों के मुस्लिम जनसाधारण का कर्तव्य है कि महिला के देशप्रमुख होने के विरुद्ध आवाज़ उठाएँ और देश भर में तमाम स्त्रियों के नेतृत्व को ख़त्म करके एक सचमुच की इस्लामी क्रान्ति के माध्यम से अल्लाह की ज़मीन पर अल्लाह के हुक़्म की तामील करने की व्यापक कोशिश के सिलसिले में जान-माल देकर हिस्सेदारी करें।' तो फिर मूल बात यह हुई कि देश में एक हराम नेतृत्व मौजूद है। आज एक समूचे देश की इमामत एक स्त्री कर रही है, इसके मुक़ाबले नमाज़ की इमामत करना निहायत छोटी बात है, एक स्त्री देश चला रही है, इसी तरह देश की तमाम मसजिदों में नमाज़ के संचालन की ज़िम्मेदारी भी स्त्रियाँ उठा सकती हैं, पिछली मिलादुन्नबी पर प्रधानमंत्री सहित देश के पुरुष और स्त्रियों ने एक क़तार में खड़े होकर तथा बैठकर मिलाद पढ़ी थी, यह दृश्य इससे पहले कल्पनातीत था, कल्पना के अतीत घटनाएँ ही अब घटित हो रही हैं, आगे और भी घटेंगी। इसी के साथ हराम और हलाल की संज्ञा भी बदल रही है।

स्त्री इस समय देश की प्रधानमंत्री है। 'पुरुषों द्वारा स्त्रियों के पीछे चलने से' मंगल ही हुआ है, अमंगल नहीं। वह सब ध्यान-धारणाएँ इस समय अमूलक निराधार, अचल और अतार्किक हैं। देश के लोग धर्म को अपने मन में स्थान देना चाहते हैं, शासन-व्यवस्था में नहीं, शरीअत को पोथियों में सीमित रखना चाहते हैं, शरीअत यदि उठकर राष्ट्रनीति में अपना आसन जमा ले तो फिर लोग इतने बुद्धू नहीं हैं कि इससे उन्हें आने वाली विपत्ति की आशंका नहीं

1. नमाज़ पढ़ने की चटाई या दरी
2. नमाज़ पढ़ने वाले

होगी। उन्हें आशंका है इसलिए देश के अस्सी प्रतिशत लोगों के धर्मभीरु होने के बावजूद चुनाव में अस्सी प्रतिशत वोट किसी धर्म पर आधारित राजनीतिक दल के हिस्से नहीं पड़ते। वे वोट 'शरीअत विरोधी महिला नेतृत्व' की ओर ही जाते हैं। शरीअत के नाम पर अवाम को बुद्धू बनाने के दिन अब लगभग बीत चुके हैं। वे अब ख़ुद ही अपने कल्याण के लिए, शरीअत के बिना ही, योजनाएँ तैयार कर सकते हैं। वे धर्म की उपेक्षा नहीं कर रहे हैं, लेकिन वे शरीअत को अब नहीं मान रहे हैं, तो फिर मैं यह क्यों न मान लूँ कि धर्म असल में चौदह सौ साल पहले की नानाविध तुच्छता, क्षुद्रता और उस समय के अरबी घटनाओं-दुर्घटनाओं से ऊपर उठकर एक ऐसे स्तर पर पहुँच चुका है कि ईमानदारी और महत्त्व की बातों के अलावा बाक़ी बेईमानी और अधर्म के बहिष्कार करने की क्षमता मनुष्य अर्जित कर चुका है। यही जागरूक मनुष्य एक दिन मौजूदा 'शरीअत क़ानून' को रद्द करके राष्ट्र, समाज और जीवन में कल्याण ले आएगा।

लड़कियाँ बर्तनों की तरह होती हैं

1

'मेयेछेले'[1] शब्द बंगाली गृहस्थों के घर में बहुधा उपयोग में लाया जाने वाला शब्द है। मेयेछेले यानी नितान्त ही लड़की। तो फिर 'मेये' शब्द के साथ 'छेले' शब्द जोड़ने का क्या तात्पर्य है? तो क्या यह मान ही लेना होता है कि लड़के के पीठ पर सवार हुए बिना लड़की नामक इनसान तो नहीं ही, 'मेये' नामक शब्द भी ठीक तरह से खड़ा नहीं हो सकता। किसी एक चीज़ का सहारा न हो तो उसका काम नहीं चलता। कमज़ोर पौधों को जिस तरह बाँस की खपच्ची सीधा करके रखती है।

'छेलेपिले' या फिर 'छेलेपुले' शब्दों का अर्थ है छोटे लड़के-लड़कियाँ, सन्तान-सन्तति। 'छेलेमानुष' यानी कम उम्र वाला, जिसकी बुद्धि अभी परिपक्व नहीं हुई हो, ऐसा कोई—फिर वह लड़का अथवा लड़की कोई भी हो सकता है। और 'छेलेमानुषी', 'छेलेमो' या 'छेलेमी' शब्द बालसुलभ आचरण को व्यक्त करते हैं। 'छेलेधरा'[2] केवल लड़कों को नहीं पकड़ता, लड़कियों को भी पकड़ता है। 'छेलेभुलानो छड़ा'[3] या कहानी से लड़के-लड़की दोनों ही आकर्षित होते हैं। 'छेलेबेला'—लड़की और लड़के दोनों के ही बचपन या

---

1. बंगला भाषा में 'मेये' यानी लड़की, 'छेले' यानी लड़का। लेकिन इन दोनों शब्दों को मिलाकर जब 'मेयेछेले' कहा जाता है, तो वह केवल लड़की का द्योतक होता है
2. बच्चों को पकड़ने वाला
3. बच्चों को बहलाने वाली बाल-कविता

शैशव को कहते हैं। 'छेलेखेला' भी दोनों की ही बालक्रीड़ा को कहा जाता है। जब लड़का और लड़की दोनों ही इसमें संलग्न हैं, तब शब्द में 'छेले' यानी लड़के की प्रधानता क्यों है?

जगत में लड़कियाँ इतनी नगण्य हैं कि दैनंदिन शब्द-व्यवहार में 'मेये' यानी लड़की के उल्लेख में भी लोग कंजूसी करते हैं।

2

'असूर्यम्पश्या'[1] शब्द स्त्रियों के लिए ही गढ़ा गया है। पुरुष कभी असूर्यम्पश्या नहीं होते। कारण कि वे तो उजास के लोग हैं, और जो लोग अन्धकार के हैं, स्त्रियाँ हैं—उन्हें धूप को छूने का विधान नहीं है। चूँकि सूर्य उज्ज्वल है, चूँकि प्रखर और प्रचंड है, इसलिए वह पुरुष है—और यदि पुरुष-सूर्य का उजाला स्त्री के शरीर को छू जाए तो स्त्री का स्त्रीत्व थोड़ा-बहुत ही सही, विघ्नित होता है। स्त्रीत्व जितना घर के भीतर क़ैद होकर, अँधेरे में मुँह खोंसे पड़ा रहेगा—वह उतना ही अच्छा खिलेगा।

पुरुषों ने पुरुषों के लिए 'असूर्यम्पश्या' शब्द नहीं गढ़ा। नहीं गढ़ा, कारण कि इस शब्द की वजह से कहीं 'घर में नज़रबन्द' न होना पड़ जाए, कुछ कहा नहीं जा सकता। इसके अलावा वे लोग सूर्य के जितने पास होंगे, ताक़त को जितना अपने दायरे में रखेंगे उतनी ही उनकी अपनी शक्ति बढ़ेगी। और स्त्रियाँ जितना अँधेरी झोंपड़ी में बड़ी होंगी उत्तरोत्तर उनका स्त्रीत्व बढ़ता जाएगा। स्त्रियाँ इसी धारणा के साथ अपना स्त्रीत्व बढ़ा रही हैं। ज़हर यदि एक बार मधुर लग जाए, तो फिर लोग ज़हर ही पीने लगते हैं। पुरुष लोग स्त्रीत्व वाली स्त्रियों की वाह-वाह करते हैं। और यह वाहवाही किसे मधुर नहीं लगती।

'अनाघ्राता' शब्द भी स्त्रियों के लिए ही निर्धारित है। स्त्री को फूल-जैसा माना जाता है, फूल दिखने में सुन्दर होता है, रंगीन होता है, उसमें पंखुड़ी और रेणु का समाहार होता है। स्त्री को भी उसी तरह सुन्दर और रंगीन होना

1. जिसने सूर्य के दर्शन तक न किये हों, परदेदार

पड़ता है, विभिन्न रूप और गुणों का समाहार होना पड़ता है। इसलिए पुरुष ऐसे नारीफूल को पाने की बड़ी कामना करते हैं, जिसकी ख़ुशबू कभी किसी ने न ली हो। वह अकेले ही उस फूल की सुगन्ध ग्रहण करेगा, उसकी रेणु अपनी देह पर मलेगा, एक-एक कर पंखुड़ियाँ तोड़ेगा—इसमें भी पुरुष को भयंकर आनन्द मिलता है! 'अनाघ्रात' शब्द का अर्थ है जिसे सूँघा न गया हो, जिसका भोग न किया गया हो। पुरुष भोग की वस्तु नहीं है, भोग की चीज़ है स्त्री। अनाघ्रात या अनाघ्राता शब्द पुरुषों के लिए नहीं जमता। वह स्त्रियों के लिए जमता है। इसलिए 'अनाघ्राता' शब्द को शब्दकोशीय स्वीकृति तो मिली ही, यह शब्द पुरुषों को भी बड़ा प्रिय है।

3. कहते हैं कि टूटे बर्तन में लोग ज़्यादा दिनों तक भात नहीं खाना चाहते। यह कहावत टूटे बर्तन और भात की अपेक्षा स्त्री एवं सतीत्व की ओर ही अधिक इशारा करती है। यह 'टूटना'—स्त्री के हाथ, पैर, जबड़े वग़ैरह का टूटना नहीं है। स्त्री का 'टूटना' और तरह का होता है। लड़कियों में सतीत्व नाम की जो चीज़ होती है, वह जिनकी सलामत है, वे ही केवल 'साबुत' हैं, बाक़ी सब 'टूटी' हुई हैं। लड़कियाँ बर्तनों की तरह होती हैं, पुरुष लोग स्त्रियों का उपयोग करके ही तमाम तरह का आहार ग्रहण करते हैं। वह बर्तन जितना चमकदार होगा, खाने में उतना ही आनन्द आएगा। बर्तन की तैयारी का कच्चा माल है सतीत्व, सतीत्व अच्छा हो तो बर्तन मज़बूत होता है, और यदि सतीत्व नहीं है तो बर्तन भी टूटा माना जाता है। खाने में भी मज़ा नहीं आता।

इसलिए पुरुषों के खाने-पीने में मज़ा दिलवाने के लिए स्त्री को चमचमाती, चिकनी और अभंगुर पात्र होना पड़ता है। इन दिनों टीवी के एक नाटक में बड़े रसीले अन्दाज़ में कहा गया, 'टूटे बर्तन में लोग ज़्यादा दिनों तक खाना पसन्द नहीं करते'—इस देश के प्रगतिशील पुरुष तमाम लोगों को और भी अशिक्षित और कुरूप बनाने के लिए इस तरह की आदिम और कुत्सित कहावतें जुगाड़ कर (कहावत के प्रति किसी प्रकार का प्रतिवाद किये बग़ैर) रेडियो-टीवी पर प्रचारित कर रहे हैं।

स्त्री होने जैसा शर्मनाक और कुछ नहीं

1

पुरुष यदि किसी कठिन काम को करने में असमर्थ हो जाए, तो उस पुरुष को अपदस्थ करने का एक तरीक़ा काफ़ी लोकप्रिय है कि उसे हाथों में चूड़ी पहनने को कह दिया जाए। इससे असमर्थ व्यक्ति पूरी तरह से अपदस्थ हो जाता है और अपदस्थ करने वालों को बहुत अधिक आनन्द की अनुभूति होती है।

किसी पुरुष की मान-मर्यादा को धूल में मिलाने के लिए यह 'हाथों में चूड़ी' वाला प्रसंग सबसे अधिक कारगर होता है। हाथों में चूड़ियाँ पहनने का मतलब है कि वह पुरुष नहीं है, और चूँकि वह पुरुष नहीं है—वह शक्तिशाली नहीं है, शौर्यवान नहीं है; चूँकि वह पुरुष नहीं है तो वह स्त्री है, स्त्री है तो वह बेकार है, वजह यह कि वह दुर्बल है। स्त्रीमात्र ही अक्षम है, असमर्थ है, बेहूदी और निकम्मी है। इसलिए स्त्री-वेश में पुरुष को धिक्कारा जाता है, उसे कलंकित किया जाता है।

गालीगलौज और शारीरिक उत्पीड़न के मुक़ाबले हाथ में चूड़ी पहनने की बात कहना अधिक अपमानजनक है।

पुरुष लोग हाथ में चूड़ी पहनने को अपमानजनक मानते हैं। पुरुष एक तिल का आधा हिस्सा भी स्त्री होने से नफ़रत करते हैं। इसलिए वीर्यवंत शरीर में स्त्री की सज्जा पुरुष की ख्याति का विनाश कर देती है, उसे निन्दित करती है। स्त्री होने-जैसा शर्मनाक और कुछ नहीं।

एक बार एक लड़के को एक भीषण अपराध के लिए सज़ा देने की व्यवस्था की गई। तेज़ दिमाग़ वाले कुछ लड़कों ने सज़ा के तौर पर अपराधी को मारकर लाश में बदल देने की बजाय उसे साड़ी पहनाकर, होंठों और माथे पर लिपस्टिक लगाने को सबसे बड़ी सज़ा माना था। इससे अपमान की मात्रा इतनी बढ़ गई थी कि उस लड़के ने आत्महत्या कर ली थी। मुझे पूरा विश्वास है कि उस लड़के को स्त्रियों-जैसी सज्जा के अलावा और कोई भी सज़ा दी गई होती तो वह आत्महत्या नहीं करता। स्त्री-रूप में इतना दुर्भाग्य, इतनी ग्लानि है कि उस रूप को अंगीकार न करने पर उसे समझा नहीं जा सकता।

लेकिन कहाँ, पुरुषों की पोशाक पहनने से तो स्त्रियों का सम्मान नहीं चला जाता, वह अपमानित नहीं होती, आत्महत्या नहीं करती। या कि नारी अधम होती है, अकिंचितकर होती है इसलिए स्त्री की पोशाक को पुरुष लोग हीन और नीच चरित्र का मानते हैं और इसलिए उस पोशाक के आवरण से वे शर्मिन्दा होते हैं, और अपना चेहरा छुपाते हैं। इसलिए वे क्लाउन हो जाते हैं, लोगों को हँसाने वाले लोग हो जाते हैं। स्त्री होने-जैसी शर्मनाक बात और कहाँ होती है। स्त्री-जन्म-जैसा घृणित जन्म तो सुअर-गिद्ध का भी नहीं होता।

प्राचीनकाल में पापी पुरुषों को अभिशाप दिया जाता था कि अगले जन्म में वे स्त्री के रूप में जन्म लें। भेड़-बकरी के रूप में जन्म लेने की अपेक्षा स्त्री के रूप में जन्म लेना अभिशाप के तौर पर अधिक मारक हुआ करता था।

2

'मूलधारा' शीर्षक से इस देश में कला और साहित्य की एक साप्ताहिक पत्रिका निकला करती थी। लेकिन वह चल नहीं सकी। हाँफते-हाँफते ज़िन्दा रहने की अपेक्षा 'मूलधारा' अब 'स्त्री देह' में लौट गई है। चलचित्र की नायिकाओं के क, ख, ग अर्थात उनके बाल, उनकी आँखें, नाक, होंठ आदि को लेकर खोजबीन, खाना पकाना-परोसना, घर के कोने, टेलीविज़न की तारिकाओं के चेहरों की तसवीरें, उनकी सज-धज, स्त्रियों के वक्ष उन्नत और कमर पतली

करने के उपदेश बरसाना ही अब 'मूलधारा' का मूल काम हो गया है। अब मूलधारा के बाज़ार में रौनक आएगी। देश में जिस प्रकार स्त्रियों के देह का व्यापार बढ़िया चल रहा है, ठीक वैसे ही स्त्रियों की देह से सम्बन्धित ख़बरों का व्यापार भी समान रूप से अच्छा चल रहा है।

हमारे पाठकों को तो मुखरोचक खाना और देहरोचक स्त्री मिल जाए तो फिर क्या कहने, उसे और कुछ भी नहीं चाहिए। इसलिए पाठकों की सुविधा के लिए मूलधारा ने अपनी अधोयात्रा को ही क़बूल कर लिया है।

3

लोग कहते हैं, स्त्रियाँ चेहरे पर सफ़ेद स्नो-पावडर लगाती हैं और आँखों में काला काजल लगाती हैं। मैं कहती हूँ कि स्त्रियाँ अपने चेहरे पर ख़ुद कालिख पोतती हैं। स्त्रियाँ अपने ही हाथों से अपने गालों पर चूना लगाती हैं, अपने ही हाथों अपनी आँखों में कालिख लगाती हैं।

चेहरे पर कालिख पोत देने पर व्यक्ति लज्जित होता है। स्त्रियाँ लज्जित नहीं होतीं। स्त्रियों को ख़ुद से घृणा नहीं होती। वे बढ़िया सिर से पैर तक सामाजिक विदूषक बनकर मज़े से घूमती-फिरती हैं!

आँखों में कालिख लगते-लगते स्त्रियों की आँखें अब अन्धी हो चुकी हैं। त्वचा पर चूना लगते-लगते स्त्रियों की त्वचा अब संज्ञाशून्य और निस्तेज हो गई है। इसलिए बदन पर चोट लगने से स्त्रियाँ चीख़तीं नहीं, उनके सम्मान पर चोट लग जाए तो उन्हें इसका एहसास नहीं होता। इसलिए आँखों के सामने यदि स्त्री का सर्वस्व लुट जाए तो भी स्त्री को वह सब आँखों से नहीं दिखता।

4

बीच-बीच में मैं कविता के जल में आकंठ डूब जाती हूँ। उस दिन एक कविता ने मुझे डुबोकर तैराकर इस तरह एकाकार कर दिया कि मुझे खड़े होने के लिए कोई किनारा दिखाई ही नहीं दिया। कविता का शीर्षक है—'सस्ती चीज़'।

बाज़ार में इतना सस्ता और कुछ नहीं मिलता
जितनी सस्ते में लड़कियाँ मिल जाती हैं
आलता की एक शीशी मिल जाने पर
वे ख़ुशी के मारे
तीन दिन बिना सोए बिता देती हैं।
बदन पर रगड़ने के दो साबुन
और बालों के लिए सुगन्धित तेल मिल जाए
तो वे इतनी क़ाबू में हो जाती हैं कि
सप्ताह में दो बार
उनके बदन से मांस निकालकर
हाट-बाज़ार में बेचा जा सकता है।
एक नथनी मिल जाए
तो वे सत्तर दिन तलवे चाटती रहती हैं
और यदि धारीदार साड़ी मिल जाए तो तीन महीने।

घर का एक मरियल कुत्ता तक
भौंकना जानता है
और इन सस्ती लड़कियों के मुँह पर
एक ताला लटका रहता है
सोने का ताला!

धिक्कार है, 'बीवियो', धिक्कार है

'मक़सूद उल मोमिनीन' शीर्षक वाली एक किताब है, यह किताब हमारे अनपढ़, मूर्ख और बर्बर मुसलमानों को बहुत प्रिय है, अभी तक इस किताब की सम्भवत: कई लाख प्रतियाँ छापी जा चुकी हैं। मुसलमान के रूप में जन्म लेने के प्रमाणस्वरूप 'ख़तना' करना और घर में 'मक़सूद उल मोमिनीन' की एक प्रति रखना ज़्यादातर मुसलमानों को एक अनिवार्य कर्तव्य की तरह लगता है।

'मक़सूद उल मोमिनीन' या बहिश्त की कुंजी के पहले पन्ने पर लिखा है 'स्वर्ग का सुख गर चाहते हो दो-जहान में, तो बीवियों को ख़रीद दो मक़सूद उल मोमिनीन। पति की भक्ति कर जो पाना चाहो पूँजी, पति को कहो ख़रीदें बहिश्त की कुंजी।'

चार सौ पृष्ठों में व्याप्त वाक्यावली किसी भी स्वस्थ मनुष्य को बीमार कर देने के लिए काफ़ी है। इस किताब की 343 से 356 पृष्ठ तक 'स्त्रियों के लिए 35 नसीहतें' रची गई हैं। उन नसीहतों को पढ़ते ही हम बीवियों की मान-मर्यादा के विषय में बहुत सारा ज्ञान पा जाते हैं। मैं नसीहतों के कुछ नमूने यहाँ दे रही हूँ—

पति को कभी भी अपने पर नाराज़ मत होने देना। वे जिस इशारे से चलाना चाहते हैं, आप उस इशारे के हिसाब से ही चलते रहिए। आपके पति यदि आपसे कहते हैं, तुम अपने दोनों हाथ बाँधकर सारी रात मेरे पास खड़ी रहो, तो आप ऐसा अवश्य करें। ऐसा करने पर ख़ुदा और रसूल आप से सन्तुष्ट रहेंगे। (7वीं नसीहत)

आपके पति जब आपके पास हों तो कभी भी उनके हुक़्म के बिना नफ़्ल

नमाज़, नफ़्ल रोज़ा, नफ़्ल इबादत-जैसे काम मत कीजिएगा और उनसे पहले खाना मत खाइएगा, यदि यह सब करना ही हो, तो उनसे अनुमति लेकर उन्हें सन्तुष्ट करके, कीजिएगा। क्योंकि नफ़्ल इबादत के मुक़ाबले पति की ख़िदमत से आपको ज़्यादा सवाब मिलेगा। (10वीं नसीहत)

पति के हुक्म के बिना उनके घर का कोई भी सामान और रुपये-पैसे किसी को मत दीजिएगा, दान-ख़ैरात भी मत कीजिएगा, पड़ोसियों या फिर रिश्तेदारों के यहाँ मत जाइएगा। कारण कि पति के हुक्म के बिना ये सारे काम करना महापाप है। (11वीं नसीहत)

पति के किसी भी दोष को कभी भी अन्य किसी के सामने व्यक्त मत कीजिएगा। हमेशा ही अपने पति के सुख में सुखी और दुख में दुखी रहिएगा। (12वीं नसीहत)

सब समय पति के मिज़ाज को समझकर व्यवहार कीजिएगा। जब आप देखें कि पति के चेहरे पर मुस्कान है तब आप हँस-हँस कर व्यवहार कीजिएगा। आप जब देखें कि वे गम्भीर हैं, तब हँस-हँस कर व्यवहार करना सम्भव नहीं होगा। सम्भव है वे ग़ुस्सा हो जाएँ और पिटाई करने लगें, या फिर वे कोई कड़वी बात भी कह सकते हैं, इसमें कोई सन्देह नहीं है। इसलिए पहले से ही सावधान होकर व्यवहार करना उचित होगा। (18वीं नसीहत)

पति यदि कभी आपकी किसी ग़लती की वजह से आपको पीटते हैं या गालीगलौज करते हैं तो इस वजह से गाल फुलाकर मन में नाराज़गी पालकर दूर मत बैठे रहिएगा। बल्कि हाथ-पैर पकड़कर, अनुनय-विनय करके तथा अपना दोष स्वीकार करके, जिससे उन्हें सन्तुष्ट किया जा सके, ऐसी व्यवस्था कीजिएगा। (19वीं नसीहत)

अत्यन्त चालाकियों के साथ अपने पति के संग मिल-जुलकर ज़िन्दगी बिताते रहिए। वे कभी-कभी मुहब्बत की वजह से आपके हाथ-पैर दबाने या फिर कोई और ख़िदमत करना चाहें, तो ताक़त रहते ऐसा आप कभी मत करने दीजिएगा। कारण कि आपके माता-पिता ऐसा करना चाहें तो क्या वह आपको अच्छा लगेगा? नहीं, नहीं, नहीं। तो फिर समझना चाहें तो माता-पिता की अपेक्षा पति का सम्मान अधिक है। (20वीं नसीहत)

आपके पति आप लोगों को जिस तरह चलाना चाहें, आप उसी तरह चलते रहिए और वे लोग जिस तरह चल रहे हैं आप उसी में सन्तुष्ट रहिए। किसी भी काम या किसी भी बात में उनके मत के विरुद्ध आचरण मत कीजिएगा। (29वीं नसीहत)

ख़ुदा की मरज़ी से जिसे जिस तरह की क़िस्मत मिली है, उसके लिए उनका शुक्रिया अदा करना ही हमारा कर्तव्य होना चाहिए। जिसका पति पागल हो, बुद्धिहीन या मूर्ख हो, उसके लिए वही आसमान का चाँद है, ऐसा उसे स्वीकार करना होगा। उसके चरणों में सिर झुकाकर ज़िन्दगी बिता देने पर वे बाद में बहिश्त की सुख-शान्ति भोग सकेंगी। (34वीं नसीहत)

पति बड़ा व्यक्ति हो या छोटा व्यक्ति, धनी हो या कि निर्धन, विद्वान हो या कि मूर्ख, अन्धा हो या काना, हमेशा ही सन्तुष्ट चित्त से उसके क़दमों के नीचे अपनी ज़िन्दगी को लुटाती रहिएगा और हमेशा ही दोनों मिल-जुलकर मुहब्बत के साथ ज़िन्दगी बिताने की कोशिश कीजिएगा। (35वीं नसीहत)

मक़सूद उल मोमिनीन के माध्यम से मुसलमान पुरुष लोग अपने 'बीवियों' तक 'स्वर्ग के सुख और शान्ति' की वार्ता पहुँचा रहे हैं। और हमारी उतनी ही अधिक मुसलमान बीवियाँ बड़े आदर के साथ पुरुषों द्वारा रचित इन नसीहतों को ग्रहण कर रही हैं।

धिक्कार है, 'बीवियो', धिक्कार है। यदि तुममें थोड़ी-बहुत भी शर्म बाक़ी रह गई है, यदि एक बार ख़ुद को तुम लोग 'मनुष्य'-जैसा मानती हो तो आओ—हम एक स्वर में मक़सूद उल मोमिनीन नामक एक अशिष्ट, असंहत, अमार्जित, तर्कहीन और अश्लील प्रकाशन पर पाबन्दी लगाने के लिए कहते हैं।

कहते हैं कि हमारे संविधान में स्त्री-पुरुषों के समानाधिकार की बात लिखी गई है। एक ओर तो 'समान अधिकार' की रट है, और दूसरी ओर धर्म के नाम पर स्त्रियों को अमानुष बनाने की चतुराई। पाबन्दी लगाने की बात कहने की कोई एक वजह नहीं है—इस किताब में जो अनूठी चिकित्सा प्रणाली का वर्णन किया गया है, उस पर एक विज्ञान-आधारित प्रगतिशील सभ्य देश को शर्मिंदा होना चाहिए। 'घर में आग लगने पर ऊँचे स्वर में अल्लाह अकबर

कहने से ख़ुदा की मेहरबानी से आग बुझ जाती है' मैं इस पर विश्वास नहीं करती। बैक्टीरिया के हमले से फोड़े हो जाते हैं और उन फोड़ों को ख़त्म करने के लिए एंटीबायोटिक की ज़रूरत पड़ती है। 'शरीर में कहीं पर फोड़े हो जाएँ तो तर्जनी को ज़मीन के ऊपर थोड़ी देर रखकर कोई एक दुआ पढ़ने से' उस फोड़े के ठीक हो जाने का कोई कारण नज़र नहीं आता। 'आँखों की ज्योति बढ़ाने तथा तरह-तरह के रोगों, अन्धेपन वग़ैरह को दूर करने के लिए किसी आयत या दुआ' की ज़रूरत नहीं होती। 'बाँझ स्त्री के सन्तान होने के लिए एक 'तदबीर' लिखकर गले में लटका देने से, 40 लौंग के बीच 7 बार एक दुआ पढ़कर हर रात खाने से' कहते हैं कि गर्भ में सन्तान जन्म लेती है। मान लीजिए गर्भ की नली (फ़ैलोपियन ट्यूब) के बन्द हो जाने की वजह से किसी स्त्री को सन्तान नहीं हो रही है, यानी उस नली से कोई भी डिम्बाणु गर्भाशय तक नहीं पहुँच पा रहा है, जहाँ पर उसके साथ शुक्राणु का मिलन होना है। तो क्या क़ुरान सारी आयतों को घोलकर उसे पिला दें तो वह सन्तान को जन्म दे सकेगी? मुझे मालूम है वह ऐसा नहीं कर सकेगी, और पाठक, आप भी निश्चय ही इस बात को स्वीकार करेंगे।

बुख़ार होने पर, चेचक होने पर, हैज़ा होने पर, बहुत ज़्यादा ख़ून बह जाने पर हाथ और नाभि के नीचे जो तमाम तावीज़ बाँधने का वर्णन दिया गया है तथा स्वस्थ हो जाने की जो गारंटी है, उसे देख मैं विस्मित हो जाती हूँ। बुख़ार कोई बीमारी नहीं है, वह बीमारी का लक्षण भर है, बीमारी की वजह ढूँढ़कर, जिस जीवाणु से बीमारी पैदा हुई है, उस जीवाणुनाशक का उपयोग करने से ही बुख़ार ठीक हो जाता है। हैज़ा होने पर शरीर से तमाम जलीय पदार्थ निकल जाते हैं, इसलिए उसी पैमाने पर जलीय पदार्थों को रोगी के शरीर में प्रवेश करवाना पड़ता है, साथ ही हैज़े के जीवाणुओं का नाश कर दे ऐसे परीक्षित जीवाणुनाशक का प्रयोग भी करना होता है। आमतौर पर गर्भाशय में एक क़िस्म के ट्यूमर की वजह से काफ़ी रक्तस्राव होता है, ख़ून बहने के कारणों का पता लगाकर दवाई के द्वारा या फिर शल्यक्रिया के माध्यम से इलाज किया जाता है। लेकिन देश के ज़्यादातर लोग झाड़-फूँक, तावीज़, कवच आदि पर अधिक भरोसा करके जीवित रहते हैं। और भरोसे की वजह

से भुगतते हुए अधिकांश लोग ही मारे जाते हैं, बाक़ी लोग मरणासन्न अवस्था में आख़िरकार चिकित्सकों की शरण लेते हैं।

इस अशिक्षा, इन धार्मिक अन्धविश्वासों, इस सर्वग्रासी अस्वस्थता से मनुष्य आक्रान्त होते-होते अब एक ऐसी महामारी शुरू हो गई है कि बहुत जल्द ही 'मक़सूद उल मोमिनीन' और इस-जैसे भ्रामक प्रकाशनों को यदि बन्द न करें तो हम लोग हड्डियों के ढाँचे समान बीमार जाति में परिणत हो जाएँगे, और फिर मौजूदा वैज्ञानिक चिकित्सा व्यवस्था भी अन्त में इस महामारी की रोकथाम नहीं कर सकेगी।

नासमझ और निर्लज्ज स्त्रियों को धिक्कार

1

मेरे पिता की तबादले वाली नौकरी थी। तो इस सिलसिले में मैंने दो-तीन स्कूलों में पढ़ाई की। हर स्कूल में गले के स्कार्फ़ से लेकर पैरों के केड्स तक टिपटॉप रहा करते थे। एक रंग वाली कमीज़ पर तह की हुई चुनरी हुआ करती थी। ख़ुद को बहुत स्मार्ट-जैसा महसूस होता था।

स्कूल कॉलेज पार कर अब तो मैं बहुत बड़ी हो चुकी, लेकिन जब रास्तों पर देखती हूँ कि झुंड-की-झुंड लड़कियाँ मेरे बचपन के समय की तरह स्कूल जाती-आती हैं—तो देखकर मेरा मन नाच उठता है। अन्दाज़ करती हूँ कि टिफ़िन के वक़्फ़े में निश्चय ही वे लोग दौड़कर मैदान पर चली जाती होंगी; हमारे समय टिफ़िन का घंटा बजते ही लड़कियों का एक झुंड दाँड़ियाबाँधा कोर्ट[1] पर क़ब्ज़ा जमा लेता था, एक झुंड बौची[2] खेल का मैदान दख़ल कर लेता, एक झुंड पोखर के किनारे चला जाता तो एक झुंड पेड़ों की डालियों पर जा विराजता।

लेकिन मैं अकसर विस्मित हो रही हूँ, मैं यह देखकर विस्मित हो रही हूँ कि किसी-किसी स्कूल की लड़कियाँ स्कूल ड्रेस के ऊपर एक बड़ी-सी चुनरी या कपड़े का उपयोग करती हैं। शरीर के ऊपरी हिस्से को वे इस अतिरिक्त कपड़े से ढककर रखती हैं। अनपढ़ और थोड़ी-बहुत पढ़ी-लिखी मध्यवर्गीय

1. कबड्डी से मिलता-जुलता, बंगाल का एक खेल-विशेष
2. कबड्डी से मिलता-जुलता, बंगाल का एक खेल-विशेष

स्त्रियाँ आजकल इस तरह की चादरों का उपयोग कर रही हैं—लेकिन स्कूल की किशोरियों के बदन पर इस अतिरिक्त वस्तु को लादने का उद्देश्य क्या है, और इस उपद्रव की वजह क्या है? मेरे सवाल पर एक बुद्धिजीवी ने जवाब दिया था—इसलामिक देश है ना, इसलिए यह व्यवस्था है।

उस दिन ढाका कॉलेज की लड़कियों की कमीज़ के ऊपर गुलाबी एप्रन चढ़ा हुआ था। क्यों? वे सब क्या विज्ञान की छात्राएँ हैं, लैब में काम करना पड़ता है, इसलिए यह व्यवस्था है? पता चला कि उस वजह से नहीं, राष्ट्रधर्म के कारण लड़कियों को पर्दे में रहने के लिए बाध्य होना पड़ रहा है।

एक व्यक्ति, वह यदि मनुष्य है तो वह कौन-से कपड़े पहनेगा या नहीं पहनेगा, यह वही तय करेगा। अब तक लड़कियाँ जिन कपड़ों में स्कूल जाती रहीं, वे कोई अशालीन कपड़े तो थे नहीं। अब क्यों ऊपर से एक चादर ओढ़ाई जा रही है! अभी उस दिन लाहौर की सड़कों पर लड़कियों ने अपने अतिरिक्त कपड़ों को आग में जला दिया था।

अनपढ़ लड़कियाँ कपड़े के ऊपर कपड़े चढ़ाकर अपनी जड़बुद्धि, स्थूलदर्शिता और अनुर्वर मस्तिष्क को ढककर रखती हैं। धर्म ने उसे कुत्सित क़रार दिया है, इसलिए धर्म ने उसे ढककर रखा है। स्त्रियों को शिक्षा का अधिकार नहीं था, यह अधिकार उन्होंने अर्जित किया है—इस अर्जित अधिकार को लेकर वे कॉपी-किताबें हाथ में लेकर झुंड-की-झुंड पढ़ने-लिखने जाती हैं, वे उजाले की राह पर निकल पड़ी हैं—चूँकि अब उजाले की ओर से लौट आने का कोई उपाय नहीं, लिहाज़ा उन्हें अँधेरे में ले जाने के लिए चादरें टाँगी जा रही हैं।

इनसान जब आगे बढ़ता है तो समाज में कुछ ऐसे लोग होते ही हैं जो उसे पीछे खींचते हैं। धर्मीय चादर या एप्रन के द्वारा वे लोग आगे बढ़ रहे इनसान को पीछे खींचते रहते हैं। कारण, यह चीज़ें लड़कियों को क्यों पहननी होंगी, इसके कारण ढूँढ़ने जाएँ तो कुछ ऐसे उत्तर मिलेंगे, जिनके पीछे सवाल भी कम नहीं होंगे, और उन सवालों के कोई भी जवाब किसी भी लड़की के पक्ष में नहीं जाएँगे। लोग शिक्षित होने पर आमतौर पर जागरूक होते हैं। जागरूक इनसान किसी भी अन्याय और असुन्दर के विपक्ष में बोलने की योग्यता अर्जित

करता है। यदि लड़कियाँ जागरूक हो जाएँ, यदि राष्ट्र, समाज और धर्म द्वारा अपने पर किये जाने वाले उत्पीड़न के विरुद्ध प्रतिवाद करने लगें तो! इसलिए स्त्रियों को संयमित करने के लिए नये कौशल का प्रयोग किया जा रहा है।

घास को पत्थर से दबाकर रखने पर फिर घास का रंग हरा नहीं रह जाता। वह विवर्ण हो जाता है। और ज़र्द रंगों वाली लड़कियों की ओर से किसी प्रतिवाद की बात तो दूर, साधारण बोध की भी उम्मीद नहीं की जा सकती।

सुरुचिपूर्ण पोशाक पहनकर लड़कियाँ जब स्कूल जाती हैं—वह यदि देखने में बुरा लगता है, उसके मुक़ाबले देखने में कितना बुरा लगता है—जब मसजिद में लड़कियाँ इमाम द्वारा बलात्कार की शिकार होती हैं, जब मदरसे के छात्रों द्वारा किशोरियाँ लांछित होती हैं, टोपी और चोग़ा पहने अल्लाह का नेक बन्दा घर में पाँच पत्नियाँ रखकर अपनी नातिन को पटसन के खेत में बुलाकर बलात्कार करता है! देश भर में धर्म के व्यवसायियों ने बड़ी तेज़ी से अपने व्यवसाय में तरक़्क़ी की है, अट्टालिकाएँ बना डाली हैं, वे तमाम तरह के व्यापार कर रहे हैं। देश तथा समाज के स्वनामधन्य अमीर लोग इन सब रंगीन व्यवसायों को बड़ी भव्यता के साथ संरक्षण देते हैं और ये अनपढ़, पाखंडी, लालची और कामुक व्यवसायी लोग धर्म के नाम पर अपने भोग-विलास के लिए स्त्रियों का उपयोग करते हैं।

देश भर में यदि यही धर्म की चर्चा है, तो धर्म का ऐसा बोझ स्त्री अपनी गर्दन पर क्यों लेगी भला? अन्याय के लिए क्यों उसकी आज़ादी, उसकी रुचि और व्यक्तित्व, उसके सौन्दर्य और उसकी बुद्धिमत्ता को कुंठित किया जाएगा? मनुष्य का मुख्य प्रयोजन है स्वाधीनता। स्त्रियों की इस स्वाधीनता को राष्ट्र कुंठित कर रहा है। स्त्रियों के स्वाभाविक विकास के लिए धर्म इस समय प्रमुख बाधा है। धर्म मनुष्य को पीछे की ओर खींचता है, धर्म विज्ञान और प्रगति के विरुद्ध बात कहता है। धर्म लोगों को एक अलौकिक डर के भीतर डुबोकर रखता है, धर्म मनुष्य को हँसने नहीं देता, अपनी मर्ज़ी से चलने नहीं देता। धर्म स्त्री को 'अमानुष' बना देता है, वह स्त्रियों को पुरुषों की दासी में तब्दील कर देता है।

'दुनिया की हर चीज़ भोग की सामग्री है और दुनिया की सर्वोत्तम सामग्री नेक चरित्र की स्त्री है।'

'मैं यदि किसी को सजदा करने का हुक्म देता तो निश्चय ही सारी स्त्रियों को हुक्म देता कि वे अपने पति को सजदा करें।'

'तीन व्यक्तियों की नमाज़-बन्दगी कुछ भी क़बूल नहीं होगी—(1) जो ग़ुलाम मालिक के यहाँ से भाग गया है, जब तक वह मालिक के यहाँ हाज़िर न हो जाए। (2) जिस स्त्री का पति उस पर असन्तुष्ट है, जब तक वह सन्तुष्ट न हो जाए। (3) नशा करने वाला जब तक नशा करना न छोड़ दे।'

'यदि कोई व्यक्ति संगम करने की इच्छा से पत्नी को बुलाए तब उसे तुरन्त ही उसके पास पहुँच जाना चाहिए—भले ही वह चूल्हे पर (खाना पकाने के काम में लिप्त) हो।'

'यदि किसी पुरुष के बदन से हमेशा मवाद और ख़ून निकलता रहता हो, और उसकी पत्नी यह सारा मवाद और ख़ून अपनी जीभ से चाटकर साफ़ कर देती हो, फिर भी पति का हक़ अदा नहीं होगा।'

'जो स्त्रियाँ अपने पति को सन्तुष्ट करने के लिए सजती-धजती हैं, पति के हक़ अदा करती रहती हैं, पति के सन्तोष की तलब करती हैं तथा पति की इच्छा के मुताबिक़ उसकी पैरवी करती हैं, वे स्त्रियाँ ही पति की जुम्मा, जमात, हज और उमरा के समान सवाब हासिल कर सकेंगी।'

'जो तमाम स्त्रियाँ पति की दूसरी शादी पर ईर्ष्या न करके सब्र करेंगी, उन्हें अल्लाह शहीदों के समान सवाब प्रदान करेंगे।'

'जब कोई स्त्री अपने पति से कहेगी कि तुम्हारा कोई भी काम मुझे पसन्द नहीं आ रहा, उसी वक़्त उसकी 70 वर्षों की इबादत बर्बाद हो जाएगी। भले ही उसने दिन में रोज़ा रखकर और रात में नमाज़ पढ़कर 70 वर्षों का पुण्य क्यों न कमाया हो।'

'बहिश्त में रहने वालों में जो सबसे कम सम्मान वाला व्यक्ति है, उसे भी अस्सी हज़ार दास और बहत्तर स्त्रियाँ मिलेंगी।'

'यदि पति अपनी पत्नी को आदेश देता है, कि वह जरद पर्वत से काले पर्वत की ओर तथा काले पर्वत से सफ़ेद पर्वत की ओर दौड़ती रहे, तो इस आदेश का पालन करना उसका कर्तव्य होगा।'

'जब कोई व्यक्ति अपनी पत्नी को अपने बिस्तर पर बुलाए, और उसके इनकार करने पर यदि पति नाराज़गी में रात बिताए, तो फिर सुबह होने तक फ़रिश्ते उस स्त्री को अभिशाप देते रहते हैं।'

'पति अपनी पत्नी को चार वजहों से पीट सकता है—(1) पत्नी को सज-धज कर उसके पास आने के लिए कहे लेकिन पत्नी इसे अमान्य कर दे, (2) संगम के उद्देश्य से पति के बुलावे पर वह मना कर दे, (3) पत्नी फ़र्ज़, ग़ुसल और नमाज़ को त्याग दे, (4) पति की अनुमति के बिना यदि किसी के घर घूमने जाए।'

उपर्युक्त उद्धरण पैगंबर हज़रत मोहम्मद साहब की वाणी में से लिये गए हैं, जो पवित्र हदीस के रूप में सम्मानित हैं। इसके बावजूद जो स्त्री धर्म के तमाम बोझे अपने शरीर और हृदय पर आदर के साथ वरण करती है, मैं उस नासमझ और निर्लज्ज स्त्री को धिक्कार दिये बिना नहीं रह सकती।

मेरे प्रेमी

मेरे छुटपन और किशोरावस्था में प्रेम एक निषिद्ध शब्द हुआ करता था। मैंने प्रेम करने की उम्र में प्रवेश किया ही था, नवयुवक लोग मेरी ओर मुड़-मुड़कर देखा करते थे, उन्हें देखने की मेरी भी इच्छा होती थी, लेकिन तब प्रेम निषिद्ध था। मैं और कुछ भी करूँ, लेकिन प्रेम न करूँ। जबकि फ़िल्मों में प्रेम दिखाई देता था, थियेटर में प्रेम दिखाई देता था। कहानी-उपन्यासों में प्रेम के बारे में पढ़ती थी। गाने सुनती थी, उनमें भी प्रेम मौजूद था। चारों ओर प्रेम था लेकिन जीवन में प्रेम स्वीकार्य नहीं था। जो जितना प्रेमहीन जीवन व्यतीत करेगा, वह उतना अच्छा होगा। तो इस तरह ऐसे परिवेश में मैं बड़ी हुई। निषिद्ध चीज़ होने की वजह से ही शायद प्रेम के प्रति आग्रह जागता था। प्रेम करने के कारण पिता की बहुत मार भी खानी पड़ती थी। पिता चाबुक से मारते थे, नज़रबन्द रखते थे, खाना देना बन्द कर देते थे, जो पिता दिन-रात 'छात्राणां अध्ययनं तप: ' की रट लगाते रहते थे, वे मेरा स्कूल-कॉलेज जाना भी बन्द करा देते थे।

किशोरावस्था में दो-एक लड़के मुझे अच्छे लगते थे। दूर से थोड़ा निहारना, और बीच-बीच में 'प्यार करती हूँ' की पर्चियाँ जीवन को भरा-भरा रखती थीं। प्रेम कैसे किया जाता है, यह मैंने छोटे भैया से सीखा है। छोटे भैया मुझसे आठ साल बड़े थे। वे मोहल्ले की एक लड़की से प्रेम करते थे। उस लड़की को छोटे भैया के लिखे प्रेमपत्र मैं चोरी-छुपे पढ़ा करती थी। छोटे भैया जैसे ही घर से बाहर निकलते, मैं तुरन्त उनके टीन के ट्रंक को खोलकर चिट्ठियाँ बाहर निकाल लेती थी। उस टीन के ट्रंक में छोटे भैया पुराने अख़बार बिछाकर उसमें

अपनी तमाम चीज़ें रखा करते थे, चिट्ठियाँ पुराने अख़बार के नीचे हुआ करती थीं। हर दिन की चिट्ठियाँ वहाँ जमा होती रहती थीं, छोटे भैया को जब मौक़ा मिलता उस लड़की की खिड़की पर पहुँच जाते और सबकी नज़रें बचाकर चिट्ठियाँ घर के भीतर डाल आते थे। बाद में छोटे भैया ने एक और लड़की के साथ प्रेम किया था, उसे भी वे उसी तरह की चिट्ठियाँ लिखा करते थे। वे डॉली पॉल या गीता मित्र से कितना प्यार करते हैं, इसका असाधारण वर्णन उन चिट्ठियों में रहा करता था। उन चिट्ठियों को पढ़कर ही मुझे पता चला कि प्रेम क्या चीज़ है, छाती का काँपना क्या चीज़ है, बिना नींद की रातें क्या चीज़ हैं। उन्हीं दिनों बड़े भैया के गद्दे के नीचे रखी वयस्कों की पत्रिका 'कामना' पढ़कर मुझे यौनिकता की दीक्षा मिली थी।

उस किशोर वय में ही मैं पत्र-पत्रिकाओं के लिए लिखने लगी थी। कला, साहित्य, सिनेमा इन सबकी मिली-जुली पत्रिकाएँ उन दिनों बहुत लोकप्रिय हुआ करती थीं। उस समय 'पत्रमिताली'[1] का ज़बर्दस्त माहौल था। मैं जैसे ही पत्रिकाओं में कुछ लिखती, वैसे ही पत्रमिताली के ज़रिये मित्रता निवेदन करते दो सौ पत्र मेरे पते पर आ जाते थे। वे सभी नवयुवकों के होते थे। बहुत-से लोग अपनी फ़ोटो भेजते। जिनकी तसवीरें मुझे पसन्द आतीं या हाथ की लिखावट या चिट्ठी की भाषा अच्छी लगती, मैं उन्हें जवाब भी देती थी, कोई दो दिन का दोस्त बनता, कोई पल भर में बड़ा भाई बन जाता और दुनिया भर के उपदेश बरसाने लगता। दूर-दूरस्थ शहरों के अजाने युवकों को चिट्ठी लिखते-लिखते ही एक दिन मैंने प्रेमपत्र लिखने की शुरुआत की थी। एक कवि को प्रेमपत्र लिखे थे। तब मैं ख़ुद एक छोटी कविता-पत्रिका की सम्पादक और प्रकाशक हुआ करती थी। उम्र थी सत्रह साल। चूँकि कवि ने प्रेम-निवेदन किया था, इसलिए मुझे भी उस पर प्रतिक्रिया देनी होगी, मामला कुछ ऐसा था। मेरे दिमाग़ में थे छोटे भाई के प्रेमपत्र और शाम होने पर सीटी बजाते ही पड़ोस वाली खिड़की पर उभर आई लड़की की सूरत को उनका निहारना। कवि को मैंने तब तक देखा नहीं था, कवि की उम्र कितनी है,

---

1. पेन फ़्रेंड

उनका घर कहाँ है, वे क्या पहनते हैं क्या काम करते हैं मुझे कुछ भी नहीं मालूम था, और बातों-ही-बातों में उन्होंने 'जीवन' माँग लिया था, और मैं भी बेधड़क कह बैठी, 'यह कौन-सी बड़ी बात है, यह लो।'

कवि के प्रेम में जब सात समुद्र तैरना पूरा हुआ, तब उनसे मुलाक़ात हुई, पहली मुलाक़ात। मैं शर्म के मारे आँखें नहीं उठा सकी थी। दो-तीन भाववाच्य वाक्यों का उच्चारण करके मैंने घर की ओर दौड़ लगा दी थी। कवि की क़द-काठी मुझे पसन्द नहीं आई। उनकी दाढ़ी-मूँछें। लेकिन दिमाग़ में 'प्रेम' वाला मामला था, जिसके प्रति मेरा तीव्र आकर्षण था। मैं तब छरहरी और ख़ूबसूरत थी, मैं तब कविता लिखती थी, मेडिकल का पहला साल था। मुझे कवि की कविताएँ पसन्द थीं। और मैं दीवानों की तरह प्यार करती थी। उस प्रेम और कविता के समक्ष कवि का बाहरी रूप पराजित हो गया था। अब होने से क्या होता है, शर्मीली लड़की तो निगाहों से निगाहें नहीं मिलाती है। मुझे अपने प्रेमी को तुम कहकर सम्बोधित करने में पाँच साल लग गए। साथ सोई हूँ लेकिन वह भी शादी के कई साल बाद। मैंने चुपके से नोटरी पब्लिक के काग़ज़ पर शादी की थी। घर के किसी को पता नहीं था। पिता को पता चल जाए तो वे ख़ून कर दें, मुझे इसका अनुमान था इसलिए मैंने शादी की ख़बर छुपा ली थी। मैं डॉक्टरी पढ़ रही थी, और मेरा प्रेमी एक उदास बंजारों-जैसा था, रास्तों पर भटकता और अड्डेबाज़ी करता रहता। कवि और मैं दोनों दो अलग शहरों में रहा करते थे। रात-रात जागकर मैं कवि को चिट्ठियाँ लिखा करती। हर रोज़ कवि की चिट्ठी आती, उन चिट्ठियों को मैं बार-बार पढ़ती। मानो वे चिट्ठियाँ नहीं, कविताएँ थीं। पीले रंग के लिफ़ाफ़ों में वे चिट्ठियाँ आती थीं। लिफ़ाफ़ा हाथ में लेते ही सीने के भीतर जाने कैसा होने लगता था। वह 'कैसा होना' किस तरह का था, उसे मैं आज भी नहीं समझा सकती। चिट्ठियों को बिना पढ़े मैं बहुत देर तक उन्हें हाथ में थामे रहती, चिट्ठियों से जाने क्या उठ आता और मुझे शीतल कर देता। मुझे पानी के गिरने की आवाज़ सुनाई देती। कहीं धुआँधार बारिश शुरू हो जाती! इंतज़ार की घड़ियाँ एक दिन ख़त्म हो गईं। एक दिन मैं अपने बन्धु-स्वजनों को रुलाकर कवि का हाथ थामे निकल पड़ी। मेरे छोटे भाई ने भी ऐसा ही किया था, गीता मित्र

के लिए उसने भी घरबार सब छोड़ दिया था। प्रेम में पड़कर छोटे भाई ने इस संसार में जो-जो किया था, मैंने भी ठीक वैसा ही किया था। छोटे भाई के उस ट्रंक में छिपाकर रखे प्रेमपत्रों में ऐसा तीव्र प्रेम बीज अंकुरित हुआ था कि उसने मरीरूह बनकर छोटे भाई को जिस तरह जकड़ लिया था, उसी तरह मैं भी उसकी जकड़ में आ गई थी। लेकिन उस प्रेम ने मुझे सब ओर से इस तरह बाँध लिया था कि मैं देख ही नहीं सकी कि प्रेमी असल में मुझसे प्यार करता ही नहीं था, जहाँ कहीं भी रमणी मिल जाती तो वह रमण करने लगता और लगातार मुझसे झूठ बोलता। उसके लिए प्रेमिका और गणिका की देह में कोई अन्तर नहीं था। उसे तो रवायत की तरह एक स्त्री की दरकार थी, स्त्री की सेवा की ज़रूरत थी, और रात में वह बिना पैसे दिये निश्चित सम्भोग चाहता था। प्रेमी के शरीर में यौन-रोग था, जिस रोग से मुझे संक्रमित करने में उसे ज़रा भी दुविधा नहीं हुई थी। नहीं, वह प्रेमी नहीं था, वह सिर्फ़ पुरुष था। अन्य किसी भी पुरुष-जैसा पुरुष। मैं ही बहरी बुद्धू लड़की थी जो प्रेम-प्रेम रटती पगला गई थी।

इसके बाद प्रेम दोपहर की पुरवाई की तरह मेरे जीवन को छू गया था। जैसे पंख हौले-से छूता है। किसी ने एक दिन मुग्ध आँखों से मेरी ओर देखा था, किसी दिन कोई हाथ पकड़कर टहला था, किसी ने केवल कान में एक गीत सुनाया था। फिर लम्बे समय तक इस चंचल यौवन के साथ अकेली रही हूँ। उस अकेले रहने ने अपने ही प्रति मेरे आत्मविश्वास को, मेरी श्रद्धा को हज़ार गुना बढ़ा दिया था। मुझे और भी मज़बूत किया था, अक्खड़ बनाया था। एक आत्मनिर्भर चिकित्सक-लेखिका के रूप में मैं अकेली रह रही थी। स्त्रियों की स्वतंत्रता के लिए धधकते हुए लेख लिख रही थी। देश उत्ताल हुआ जाता था। लेकिन मेरे हृदय का दरवाज़ा एक दिन फिर किसी फागुनी हवा में खुल गया। एक दिन मुझे अपनी आँखों के सामने एक कमाल का ख़ूबसूरत युवक दिखाई दिया। उस युवक का लम्बा-तगड़ा शरीर, उसके बाल, आँखें, नाक, होंठ, उसकी ठोड़ी मुझे अपनी ओर खींचते रहे और मैं मुड़-मुड़कर उस युवक को देखती रही। एक दिन तो उसे इस तरह अपलक देखती रही कि वह युवक शर्म के मारे बार-बार अपनी निगाह हटा लेता था। मेरी आँखों में

मुग्धता थी, मेरी मुग्धता के सैकड़ों तीर जाकर क्या उसके शरीर में नहीं बिंध रहे थे! एक दिन सन्तरे के रस के साथ कुछेक बूँद वोदका पीकर मुझे नशा हो गया था। और जैसे ही मेरे पैर लड़खड़ाए, उस युवक ने अपना हाथ बढ़ा दिया था। उस स्पर्श ने मुझे और भी मदमत्त कर दिया था, मेरा प्रत्येक अंग उसके हर अंग के साथ लगकर रो पड़ा। वहीं से उस तीव्र, दुर्दमनीय प्रेम की शुरुआत हुई। यह पहली बार किसी शादीशुदा पुरुष के साथ मेरा सम्बन्ध बना। नहीं, उससे प्रेम न करने का मेरे पास कोई उपाय नहीं था। मैं उसे अपने साथ लिये-लिये शहर भर घूमती रही हूँ। रास्तों पर उसका हाथ पकड़कर भटकी हूँ। दोस्तों के साथ गपशप में मेरे साथ वह मौजूद रहा है। घर आत्मीय-स्वजनों से भरा है लेकिन मैं उसे लेकर सुनसान एकान्त कमरे में रही। हाँ, उस युवक के साथ मेरा प्रेम है, उसे लेकर मैं मगन रहूँगी, मत्त रहूँगी। किसी को कुछ कहना है! नहीं, किसी को नहीं कहना। अपनी स्वाधीनता का मैंने इससे पहले इतनी तीव्रता के साथ उपभोग नहीं किया था। मेरा सौन्दर्य, व्यक्तित्व, मेरा अधिकारबोध, मेरा मनुष्यत्व, मानवता, मेरी प्राणमयता के सम्मुख वह युवक बहुत ही मलिन है। उस युवक के साथ प्रेम और उसके साथ अलग से रहने ने मुझे ख़ासा सुकून दिया है। मेरे जीवनयापन में, मेरे लेखन में, मेरी रेखाओं में, मेरे सौन्दर्यबोध की इच्छाओं में इस प्रेमी का अबाध प्रवेश नहीं है, उसे इन सबमें सिर खपाने की ज़रूरत नहीं है। लेकिन जब प्रेम जागता है, मैं उसका चुम्बन लेती हूँ, पलंग पर लिटाकर उसकी देह को प्रेम के पंख से दुलराती हूँ, धारा में उतारकर भिगोती बहाती एकाकार कर देती हूँ, तुमुल तूफ़ान में खो जाती हूँ। मैं उस प्रेमी का निर्माण करती हूँ, मेरे त्याग में नहीं, विसर्जन में नहीं, प्रेम में। मानो, प्रेमी मुझे छोड़कर ज़िन्दा नहीं रह सकता। तब ऐसी स्थिति होती है मानो इस दुनिया मेरे सिवा उसका और कोई है ही नहीं। और उसी समय मेरे लेखन, मेरी नीति आदर्श, समता के लिए मेरी लड़ाई के ख़िलाफ़ लोग जमा हो रहे थे। शठवाद, पुरुषवाद, कट्टरवाद मेरी फाँसी की माँग करते हुए जुलूस निकाल रहे थे, मेरे ख़ून के प्यासे होकर मुझ पर धावा बोल रहे थे, उस दिन अपनी जान बचाने के लिए मैं भागती फिर रही थी, रात की चादर लपेटकर भाग रही थी। ऐसे में मैं प्रेमी की तलाश करती थी, कहाँ है वह?

नहीं, वह नहीं है। निरापद दूरी बनाकर वह अपना विवाहित जीवनयापन कर रहा है। मेरा भरोसा नौ मंज़िले भवन की तरह भरभराकर ढह गया।

इसके बाद उत्तरी यूरोप का ठंड से परेशान कर देने वाला निर्वासित जीवन था। मेरे सारे अंगों में अकेलेपन की सुई चुभती रही। कितने ही साल उदास हवाओं में उड़ते चले गए। मैं एक देश से दूसरे देश भटकती रही। प्रसिद्धि की दमघोंटू हवा में साँस लेने की कोशिश कर रही थी, लेकिन हृदय में सूखा पड़ा था। देह पर काई जम चुकी थी। काई जमी हुई वह देह एक निर्जन असहनीय रात में पुरुष का स्पर्श पाकर बुरी तरह से थरथरा उठी थी। मामूली-सी घनिष्ठता के बाद ही हम लोगों ने एक साथ रहना शुरू कर दिया था। लेकिन कुछ ही दिनों बाद मुझे समझ में आ गया कि मुझे पुरुष नहीं, प्रेम चाहिए। प्रेम पाते-पाते साल बीत गया। वह एक फ्रांसीसी युवक था, उम्र में मुझसे छह साल छोटा। भावावेग से भरे आकुल प्रेम में हम बहते रहे। उन दिनों मैं पेरिस में रहा करती थी, तब मेरा प्रेम के शहर में निवास था, मैं तब तीस के उत्तरार्ध में थी। मेरा वह फ्रांसीसी प्रेमी छुट्टियों में तुलुज शहर से पेरिस दौड़ा चला आता था। हम लोग चुम्बन लेते-लेते सेइन नदी के तट को स्निग्ध किया करते। हवाई जहाज़ में, गाड़ी में, बस, नाव, बार-रेस्टोरेंट में, रास्तों पर एक-दूसरे को बाँहों में भरकर गहरे चुम्बन लिया करते। नहीं, किसी को दिखाने के लिए नहीं। हमारे आसपास कोई है हम तो यह भूल ही जाते थे। हम तो दुनिया को भुलाए बैठे थे। प्रेम ऐसा ही होता है। वह अन्धा कर देता है। बंगाली पुरुषों से मैंने प्रेम का जो सबक़ सीखा था, उसे फ्रांसीसी प्रेमी ने साबित कर दिया था कि वह ग़लत नहीं था। वह प्रेमी जितने प्यार से, श्रद्धा से देह को छूता था, वह देख मैं मुग्ध हो जाया करती थी। नहीं, प्रेम इतना सुन्दर, इतना समतापूर्ण और इतना गौरवपूर्ण हो सकता है, मुझे यह पहले पता नहीं था। उसके चुम्बनों, उसके आलिंगन, उसके पूर्वराग ने मुझे प्रेम के एक दूसरे भुवन से परिचित करा दिया था। जिस भुवन के आसपास भी मुझे कोई बंगाली पुरुष पहले नहीं ले जा सका था। यौनिकता एक असाधारण शिल्प है, यह मैंने इससे पहले नहीं सीखा था।

मेरी निर्जनता को चूर-चूर कर फ्रांसीसी प्रेमी ने मुझे एक आकाश दिया था। मुझे उसने सचमुच का दैहिक प्रेम सिखाया था। लेकिन मुश्किल यह थी कि वह प्रेमी मुझे बहुत चाहता था। वह मुझे सिर्फ़ अपना बनाकर चाहता था। वह चाहता था कि हम दोनों एक साथ रहें। दीवानगी की हद तक था उसका प्रेम, प्रचंड था। मैं उसे नहीं मिली तो वह आत्महत्या कर लेगा। उसके जीवन का कोई अर्थ नहीं रहा। नहीं, मैंने उससे कह दिया, केवल उसके साथ रहने के उद्देश्य से मैं पेरिस छोड़कर तुलुज नहीं जाऊँगी। बल्कि तुम पेरिस चले आओ या फिर इसी तरह अलग रहकर ही हम प्रेम करेंगे। प्रेमी इसे स्वीकार करने को तैयार नहीं था। उसे लग रहा था कि मैं उसे छोटा कर रही हूँ। उलाहना देते हुए उसने कहा था कि वह मेरे टॉयबॉय के सिवा और कुछ नहीं है। वह आकुल होकर रोया। तुम तो मशहूर हो, मुझ-जैसे साधारण व्यक्ति से तुम भला प्यार क्यों करोगी! लेकिन प्यार क्या मशहूर या साधारण देखकर किया जाता है! मेरी बात कौन सुनता है! प्रेमी इधर रोया ज़रूर, लेकिन अगले ही पल उसने दाँत पीसते हुए मुझे सुअर की औलाद भी कह दिया। पुरुष के आदेश यदि नहीं मानो तो पुरुष फाड़कर काटकर खा भी सकता है। पुरुष को प्रेम में उतना सुख नहीं मिलता, जितना नियंत्रण में मिलता है। एक ओर उसकी ईर्ष्या और हीनमन्यता थी, तो दूसरी ओर मेरी दृढ़ता ने हमारे सम्बन्ध को एक झटके में विच्छेद के कगार पर ला खड़ा किया था। प्रेम के लिए जीवन उत्सर्ग करना मेरे लिए सम्भव नहीं था। एक विशाल पृथ्वी मेरे सामने थी, ख़ुद अपनी मर्ज़ी से किसी सीमित दायरे में बँध जाऊँ, नहीं ऐसा नहीं हो सकता। और प्रेम, पैशन और यौनिकता के तमाम सूक्ष्मातिसूक्ष्म शिल्प को छोड़ दें तो पूर्व और पश्चिम के सारे ही पुरुष एक ही मानसिकता के आगे समर्पण कर देते हैं कि वे लोग स्त्रियों के मुक़ाबले कुछ ज़्यादा हैं, कुछ बड़े हैं। इस झूठ के साथ मैं समझौता क्यों करती भला?

फिर कुछेक साल ख़ामोशी रही। जीवन पुरुषहीन रहा। लिखने-पढ़ने, दर्शन, कला, दोस्ती और भ्रमण में बुरी तरह खोई रही। फिर किसी वक़्त सुदूर यूरोप में रहते-रहते बीच-बीच में इस बंगाल में आने-जाने की शुरुआत हुई। प्रिय शहर, प्रिय लोग। मन हरदम प्रेम से भरा रहने लगा। चूँकि हृदय का

दरवाज़ा खुला ही रहता था तो तूफ़ान की तरह एक बंगाली पुरुष उसमें आ घुसा। यह प्रेम उस किशोरावस्था के प्रेम-जैसा ही था। बिना छुए, बिना सोए। उन दिनों मैं हार्वर्ड विश्वविद्यालय में शोध कर रही थी। अब मन क्या उसमें ख़ाक लगता। तब मेरा हृदय बँगला था और बंगाली मेरा स्वप्न। उम्र में मुझसे बीस साल बड़े थे, लेकिन कुछ ही दिनों में मैंने उन्हें तू-तुकार वाला प्रेमी बना लिया था। प्रेम का ज़रिया ई-मेल और फ़ोन था। हर रोज़ कैम्ब्रिज कोलकाता, कोलकाता कैम्ब्रिज होने लगा। हर दिन सुप्रभात, हर दिन शुभरात्रि। कविता के शब्दों-अक्षरों में झलक उठता था प्रेम। प्रेम के प्रवाह में जीवन बहने लगा था। और जिस दिन मैं प्रेमी से मिलने के लिए दौड़ी-दौड़ी आई, समूचा शरीर मिलन की कामना में थरथरा रहा था, प्रेमी ने आकर चुम्बन के नाम पर होंठ काट लिये, प्यार के नाम पर सीने को नोचा-खसोटा। फिर गाल पर चिकोटी काटकर टा-टा कहकर चला गया, बस उतना ही था उसका प्रेम। मैं अवाक् रह गई! फ्रांसीसी प्रेमी पंख की तरह देह को छूता था, और यह छूने का क्या ढंग था! जिन समाजों में स्त्री को यौन-वस्तु के अलावा और कुछ भी नहीं माना जाता, वहाँ पर इस तरह की हिंस्रता ही स्वाभाविक है। इसके बाद भी प्रेम ने किसी बन्धन को नहीं माना, मैं प्रेमी के लिए व्याकुल हो उठी। नहीं, दिन-रात दीवाना बना देने वाले प्रेम में वह डूबा हुआ नहीं था। शाम की तलब में वह थोड़ा-सा देखने चला आता था, शहर की संस्कृति में परकीया प्रेम का ऐसा ही क़ायदा था। चूँकि मैं प्रेम को हमेशा ही प्रेम मानती रही हूँ तो मैं अपने-पराये की शहरी संज्ञा और व्याख्या से विस्मित हो उठती हूँ। मैं यह देखकर सबसे ज़्यादा स्तंभित हो जाती हूँ कि इतने समय तक प्रेम के जल में मुझे आकंठ डुबोकर मेरे प्रेमी-पुरुषों को एक सच को छिपाकर इस तरह के क्षमाहीन अपराध को करने में ज़रा भी दुविधा नहीं हुई कि वे उत्थानरहित हैं। वह मित्र बना रहा। लेकिन चालीस की उम्र को छूती देह में तो हर पल बाढ़ उमड़ रही थी। मेरे बीस के, तीस के शरीर में भी शायद इतनी तीव्र तृष्णा नहीं थी। फिर से प्रेम की चंचल हवा ने मुझे भिगोकर बहाकर और एक कवि के सम्मुख ला खड़ा किया। दकियानूसी शहर के संस्कारों को चूर-चूर कर मैं कवि को अपने साथ लेकर अपनी मर्ज़ी के हिसाब से घूमती फिरी। कवि ही

मेरी सुबह, दोपहर और शाम हुआ करते। कवि मेरी साँझ, मेरी रात थे। कवि को प्रेम समझाकर, बत्तीस कलाएँ सिखाकर जब मैंने परमप्रेमी बना दिया तो मुझे कवि के समूचे शरीर पर यौनरोग के दाग़ दिखाई दे गए। मेरा जीवन लट्टू की तरह घूमने लगा। मानो मुझे कोई हथौड़े से पीट-पीट कर इस्पात बनाना चाहता हो, लेकिन नहीं बना पाता। कवि ने मुझे आनन्द ज़रूर दिया था, लेकिन उससे तीन गुना तकलीफ़ें दी थीं। मैं उस दिन पहली बार रोई थी। नहीं, कवि को प्रेम करना नहीं आता। मेरी तकलीफ़ों की ओर नज़र डालने वाला हृदय नहीं है उसका। मैं उस समय इस क़दर लहूलुहान थी कि जाड़े की एक रात जैसे ही मेरे हाथ पर एक पुरुष ने अपना ऊष्ण हाथ रखा, मैं पल भर में नदी हो गई। अँधेरे में उस स्पर्श ने मुझे भीषण प्रवाह से भर दिया था। मैंने उसे समझा, उससे प्यार किया। वह अद्भुत पुरुष मुझे अबोध बालक की तरह कामगन्धहीन प्रेम में बाँधे रखना चाहता था। क्यों चाहता था, वह क्या चाहता था, मुझे कुछ भी समझ में नहीं आया। तो फिर मैं घने कोहरे में उसके संग क्यों टहलूँगी भला, जबकि मैंने यह प्रण किया था कि बादलों को हटाकर मैं धूप ले आऊँगी!

मैंने पुरुषों को अकातर भाव से दिया है। अब वह प्रताड़क हो, प्रेमी हो, समझकर या फिर नासमझी में भी मैंने अकृत्रिम प्रेम दिया है। जब भी कभी रात की हू-हू करती हवा मेरे निर्जन जीवन को खेल-खेल में छू जाती है, तो मुझे बहुत अकेलापन महसूस होता है। मेरा लिखने-पढ़ने का एक जीवन है, उस जीवन में ज़बर्दस्त व्यस्तताएँ हैं, लाखों लोगों का आना-जाना लगा रहता है। और एक जीवन है जो पूरी तरह से व्यक्तिगत है। इस जीवन को, जीवन की शुरुआत से ही, मैं एक तरह से अकेली ही यापन कर रही हूँ। अचानक रोशनी की झलक के समान कोई आता है और फिर नि:शब्द चला जाता है। उँगलियों पर गिने जाने वाले कुछ पुरुषों को मैं प्रेमी कहकर पुकारती हूँ, लेकिन होश आने पर ऐसा भी नहीं है कि मैं मन-ही-मन यह नहीं कहती कि वे लोग मेरे प्रेमी होने लायक़ बिलकुल भी नहीं हैं। बहुत-से प्रेमियों ने अनेक कारणों से मेरे सान्निध्य की कामना की है। किसी ने मुझे प्यार किया लेकिन मुझे नहीं चाहा। किसी ने नाम के लिए, किसी ने शादी के लिए, किसी ने

पैसों की ख़ातिर, किसी ने यश-ख्याति के लिए, किसी ने देह के लिए, किसी ने हृदय की वजह से। चारों ओर मैंने भयंकर रूप से केवल 'चाहिए चाहिए' ही देखा है। मेरी चाहत तो उपेक्षा में रुई की तरह उदास हवा में उड़ गई है।

वे लोग ठग हैं। हिपोक्रेट। कायर। ढोंगी। उनमें से कोई एक भी प्रेमी था क्या? आज के दिन मुझे महसूस होता है कि मैं दुख के दिनों को भी सुख के दिन समझकर सुख पाती रही हूँ। मैंने हृदय को निचोड़कर प्रेम दिया है, जिन्हें दिया, वे शायद सभी पुरुष थे, प्रेमी नहीं थे।

मंगल कामना

1

भाइयों के मंगल की कामना के लिए कोलकाता में भाईफोंटा (भाईदूज) के आयोजन की शुरुआत हुई है। मुझसे कुछ लोगों ने टीका लगाने का आग्रह किया था। मैंने उन भाइयों से कहा था, 'आप लोग, बोनफोंटा (बहनदूज) की व्यवस्था कीजिए। बहनों के मंगल की कामना करके उनके माथे पर टीका लगाइए। आप लोगों का तो काफ़ी मंगल हो चुका। अब बहनों के मंगल के लिए कुछ कीजिए। नियम बदलिए।'

भाई लोग आसमान से गिर पड़े। ऐसी अशुभ बात उन्होंने अपने इस जीवन में नहीं सुनी थी।

2

मैं कोई भी ईद, पूजा, बड़े दिन यह सब नहीं मनाती, क्योंकि मैं धर्म को नहीं मानती। लेकिन मुझे एस.एम.एस. ख़ूब मिले, 'शुभ विजया', 'शुभ दीपावली'। मुझे सबसे ज़्यादा मिला 'ईद मुबारक़'। इसका क्या कारण है, यह कि मैं मुसलमान परिवार में जनमी हूँ? मुसलमान परिवार में जन्म होने के कारण मुझे मुसलमान होना ही पड़ेगा इसका तो कोई मतलब नहीं। मैं आपादमस्तक नास्तिक हूँ। किसी की नास्तिकता को सम्मान देने का रिवाज़ इस समाज में नहीं है। लोगों की आदत तो लोगों को किसी-न-किसी धर्म के गड्ढे में फेंकने

की ही है। जो लोग मेरी नास्तिकता को जानते हैं, उन्हीं को मुझसे 'तुम लोगों की ईद, तुम्हारे रोज़े, तुम्हारी शबेबरात' कहते सुनती हूँ। असल में लोगों को मिलावटी चीज़ों की इतनी आदत पड़ गई है कि ख़ालिस को देखने पर वे समझ ही नहीं पाते कि वह चीज़ मिलावटी नहीं है। मैं भले ही नास्तिकता की बात करती हूँ लेकिन भीतर-ही-भीतर मुसलमान नहीं हूँ, वे इस बात पर विश्वास ही नहीं कर पाते। ज़िन्दगी में मैं जिन चीज़ों को मानती हूँ, उनका पालन भी करती हूँ—यह बात मैं सैकड़ों बार कहकर भी किसी को नहीं समझा पाती। हो सकता है किसी के पास सच्चे नास्तिक को देखने का अनुभव ही न हो। या फिर इस ज़माने में ख़ुद को नास्तिक जता कर भी घंटे के बजते ही 'यह तो धार्मिक नहीं, यह तो नितान्त सामाजिक उत्सव' है कहकर ईद, पूजा और बड़े दिन के उत्सवों में शरीक़ होने वालों की कोई कमी नहीं है। शायद लोग इसलिए संशय में पड़ जाते हैं। या फिर किसी प्रकार की दुविधा नहीं है, उनके मस्तिष्क में सिर्फ़ यह चीज़ काम नहीं करती कि धर्म और धर्म से सम्बन्धित हर प्रकार के उत्सव से, फिर वह सामाजिक हो, असामाजिक हो, ख़ुद को मुक्त करना सम्भव है।

3

मेरे घर में जिस भी बंगाली पुरुष ने दोपहर या रात का भोजन किया, वह शरीर से कितना ही बलशाली क्यों न हो, मैंने देखा कि वह दुर्बल था। वे अपनी थाली ख़ुद नहीं ले पाते। कोई भात-तरकारी परोस देगा इस आशा में ख़ाली थाली सामने लिये बैठे रहते हैं। ख़ुद अपने हाथों से भात-तरकारी अपनी थाली में लेना होगा, यहाँ कोई किसी को नहीं परोसेगा—इस घोषणा के बाद मैंने देखा कि सारे पुरुष बर्तन में से अपनी-अपनी थाली में खाना लेने की कोशिश कर रहे थे। लेकिन कोई नहीं ले सका। या तो उनके हाथ से चम्मच गिर पड़ी। या फिर उनसे खाना टेबल पर गिर पड़ा। या तो कटोरी टेढ़ी हो गई, या फिर उलटकर टेबल से फ़र्श पर आ गिरी। लड़कियों के मामले में यह सब दुर्घटनाएँ नहीं घटतीं, यह सिर्फ़ पुरुषों के मामलों में ही घटती हैं। क्यों,

मैंने एक दिन इस रहस्य से पर्दा उठा दिया। दोस्तों के घर घूमने गई तो मैंने देखा, घर की औरतें ही पुरुषों को खिलाती हैं। पुरुषों को टेबल पर खाना देकर खड़ी-खड़ी खाना परोसती हैं। वे ख़ुद नहीं खातीं। पुरुषों, बच्चों और मेहमानों के भोजन कर चुकने के बाद वे खाती हैं। पुरुषों की गर्दन के पीछे उनकी सेवादासियाँ यह देखने के लिए खड़ी रहती हैं कि उन्हें किसी चीज़ की ज़रूरत है या नहीं। पुरुष लोग, जो स्त्रियों की आज़ादी में विश्वास रखते हैं और घोरतर विश्वास रखते हैं—महानन्द के साथ सेवादासियों को बग़ल में खड़ी रखकर खा-पीकर डकार लेते हैं। वह जो कहा जाता था न कि पतियों से पहले यदि पत्नियाँ खा लें तो पति का अमंगल होता है। अब भी सम्भवत: वही विश्वास काम करता है—एक साथ बैठकर न खाने के पक्ष में भले कितने ही बहाने क्यों न गिनाए जाएँ।

4

कोलकाता में किसी के बुलावे पर जब भी मैं उनके घर जाती हूँ, देखती हूँ स्त्रियाँ एक जगह इकट्ठा होकर गपशप करती रहती हैं और पुरुष लोग किसी और जगह पर। एक दिन तो मेरे मुँह से फिसलकर निकल ही गया कि 'क्या बात है, यहाँ सभी समलैंगिक हैं क्या?' जहाँ तक हो सका मैंने दोनों दलों को एक करने की कोशिश की, लेकिन बहुत समय तक वह क़ायम नहीं रह सका। पुरुषों की गपशप और महिलाओं की गपशप के विषय अलहदा थे। एक-दूसरे के विषयों को लेकर किसी में कोई ख़ास उत्साह भी नहीं था। मैंने ग़ौर किया कि महिलाओं के विषय थे—साड़ी, कपड़े, बच्चे, खाना पकाना, पति-गृहस्थी, ज़्यादा हुआ तो गाना-बजाना। पुरुषों के विषय थे—राजनीति, अर्थशास्त्र, यौनिकता, रुपये-पैसे। ये विषय पचास साल पहले भी थे। कितनी ही चीज़ों में बदलाव आया है लेकिन पुरुषों और महिलाओं की गपशप के विषय वही-के-वही रह गए हैं। वही-के-वही क्यों नहीं रहेंगे भला! पुरुषतंत्र ने तो पहले की ही तरह जमकर अपना क़ब्ज़ा जमा रखा है न। बदलाव तो पत्तियों और टहनियों पर घटित हो रहा है, वह जड़ों में घटित नहीं हो रहा।

5

स्त्रियाँ किसी-न-किसी चीज़ के लिए बदनाम न हों तो काम नहीं चलता। मुझे आज तक ऐसी स्त्री को देखने का सौभाग्य नहीं मिला जो बदनाम न हो। बदनामी पुरुषों की भी होती है, लेकिन उन्हें बदनाम न कहकर नामवाला ही कहने का चलन है। मसलन, 'वह लड़का कई लड़कियों की नाक में नकेल डालकर उन्हें घुमा रहा है। वह लड़का कई लड़कियों की संगत कर रहा है, वह अपनी बीवी की केयर नहीं करता। उसके यहाँ की कामवाली लड़की का तो कमाल का फ़िगर है, डेली करता है। उस लड़के ने तो अच्छा बिठा लिया है। वह तो अच्छा खींच लेता है। उसके पीने की शुरुआत तो सुबह से ही हो जाती है, वाह, रात को भी बढ़िया ज़ारी रहती है। गाँजा-वाँजा उसके आगे कुछ भी नहीं है।'

किसी लड़की के बारे में ऐसे मन्तव्य की आप कल्पना कर सकते हैं, और इन सबके नाम 'नाम'?

6

मेरी दो तरह की बदनामियाँ हैं। पहली बदनामी तो यह कि मैं पुरुषों से विद्वेष रखती हूँ, पुरुष मुझे फूटी आँखों नहीं सुहाते। दूसरी बदनामी है कि मैं स्त्रियों से भी विद्वेष रखती हूँ, मुझे कोई भी स्त्री फूटी आँखों नहीं सुहाती।

मुझे तो तीसरी बदनामी की भी आशंका होती है। वह सम्भवतः हिजड़ों को लेकर होगी कि मैं हिजड़ों से भी विद्वेष रखती हूँ, हिजड़े मुझे फूटी आँखों नहीं सुहाते।

बदनामी को लेकर सिर न खपाते हुए आजकल मैंने ग़ौर किया कि मैं नाम को लेकर भी सिर नहीं खपा रही हूँ। सम्भवतः यह एक तरह से अच्छा ही हुआ है।

7

भारत के अनेक शहरों में बहुत-सी लड़कियाँ मोटरसाइकिल चलाती दिख जाती हैं। लेकिन कोलकाता में इसका चलन नहीं है। इस शहर में मोटरसाइकिल पुरुष लोग चलाते हैं। चालकों के सिर पर हेलमेट शोभा पाते हैं। चालक के सामने-पीछे यदि पुरुष आरोही हों, तो उनके सिर पर भी हेलमेट होता है। केवल स्त्रियों के सिर पर हेलमेट नहीं होते। चालक के पीछे दोनों पैर जोड़कर जान का ख़तरा उठाए लड़कियाँ बढ़िया ख़ाली और खुले सिर चली जा रही हैं। सामने पति-देवता या प्रेमी-देवता और सर्वोपरि पुरुष-देवता सुरक्षित हैं। दुर्घटना हो जाए तो पति बच जाएँगे, और माथे पर सिन्दूर धारण कर पत्नी स्वर्ग चली जाएगी। अपना सिर काटकर औरों की यात्रा शुभ करने या फिर अपने जीवन की बलि देकर और के जीवन को मज़बूत करने में स्त्रियों की कोई सानी नहीं है।

मेनोपॉज़

कुछ-कुछ अतिथि शब्द दूसरी भाषा से आकर घर के बँगला शब्दों को बाक़ायदा फ़ेयरवेल दे देते हैं। जैसे कि मेनोपॉज़। हमारे पास रज:निवृत्ति-जैसे शब्द के होते हुए भी हम कहते हैं मेनोपॉज़। मेनोपॉज़ शब्द को लेकर इन दिनों मेरा ख़ासा आग्रह तैयार हो रहा है। मैं मेनोपॉज़ नामक प्रक्रिया में जाने वाली हूँ, शायद इसीलिए यह आग्रह है।

प्राणी-जगत में जितनी भी प्रजातियाँ हैं, उनमें किलर ह्वेल या ऑरका, पाइलट ह्वेल और मनुष्य—इन तीन प्रजातियों की मादाओं को मेनोपॉज़ होता है। मेनोपॉज़ का मतलब है ऋतुस्राव का जीवन भर के लिए बन्द हो जाना। अन्य प्रजातियों के प्रजनन को मृत्यु आकर ही बन्द करती है। मनुष्य प्रजाति को ही लें, स्त्रियाँ मेनोपॉज के बाद लम्बे समय तक स्वस्थ समर्थ रूप से जीवित रहती हैं। जब जीवित रहती हैं तो फिर प्रजनन में हिस्सेदारी क्यों नहीं करतीं? सारे बदलाव अच्छे या ख़राब या फिर किसी निरपेक्ष कारण से ही घटित होते हैं। स्त्रियों के मामले में मेनोपॉज़ की क्या वजह थी? विकासवादी-वैज्ञानिकों ने इस विषय पर लम्बे समय तक अनुसन्धान करने के बाद 'दादी-नानी युक्ति या ग्रैनी हाइपोथीसिस' पेश की है, इस मामले में 'माँ युक्ति' भी है। सबसे लोकप्रिय है दादी-नानी युक्ति। दादी-नानी बनने के बाद स्त्रियाँ अपने जीन्स वहन करते नाती-पोतों के लिए खाने-पीने तथा अन्य सुविधाओं का इंतज़ाम करवा सकती हैं। इससे उनका ख़ानदान अच्छी तरह से जीवित रहता है। और ख़ानदान के छोटे सदस्यों की देखभाल में व्यस्त रहने के कारण फिर ख़ुद की और सन्तानों को जन्म

देना ज़रूरी नहीं रह जाता। और ठीक इसी वजह से ऋतुस्राव के होते रहने की ज़रूरत भी ख़त्म हो जाती है, इसी कारण से मेनोपॉज़ घटित होता है। हमें पता है, परिवर्तन की प्रक्रिया ग़ैरज़रूरी तथा अप्रयोजनीय चीज़ों को छाँट देती है।

सारे विकासवादी-वैज्ञानिक अकातर भाव से इस हाइपोथीसिस को मान लेते हैं, ऐसा नहीं है। वे कहते हैं, अपने वंश को बचाए और बनाए रखने की इच्छा हर प्रजाति में जन्मगत होती है। अपने वंश को बनाए रखने के लिए नाती-पोतों की देखभाल करने की अपेक्षा अपनी सन्तानों को जन्म देने को प्रजाति में बहुत अधिक प्रधानता देनी चाहिए। इसके अलावा सन्तानों की सन्तानें केवल एक-चौथाई जीन्स वहन कर रही हैं, और इस मामले में ख़ुद की सन्तानें आधी जीन्स वहन कर रही हैं। आधी जीन्स तैयार करने में व्यस्त न रहकर, या फिर जिसके शरीर में आधे जीन्स हैं, उसके लिए मेहनत न करके, एक-चौथाई के लिए क्यों मेहनत की जाए? यह एक बड़ा सवाल है। इसके अलावा नाती-पोतों की देखभाल करके भी तो अपनी सन्तानों को जन्म दिया ही जा सकता है, हाथी ऐसा ही करते हैं।

'माँ युक्ति' सम्भवतः इस प्रकार है—सन्तानों को जन्म देने के बाद उनकी परवरिश करने में बहुत मेहनत की ज़रूरत होती है, यह मेहनत युवतियों के लिए जितनी सम्भव है, उम्र बढ़ जाने पर उतनी सम्भव नहीं रह जाती। इसी वजह से मेनोपॉज़ होता है। नहीं, इस युक्ति के ख़िलाफ़ भी तर्क हैं।

अब तक मेनोपॉज़ होने के जो तर्क दिये जा रहे हैं, किसी को भी पूरी तरह मान लेना सम्भव नहीं। आजकल मेनोपॉज़ के बाद जीवित रहने के लिए लगभग आधा जीवन बचा रहता है। प्रजनन क्षमता के बिना स्त्रियाँ चालीस-पचास साल और जीवित रहती हैं या रह सकती हैं। चिकित्सा-विज्ञान की उन्नति की वजह से ही ऐसा सम्भव हो सका है। हालाँकि एक समय मेनोपॉज़ होने के बाद स्त्रियाँ बहुत दिनों तक जीवित नहीं रहा करती थीं, लेकिन इन सबके बावजूद स्वस्थ जीवन जीते हुए बीच उम्र में मनुष्य की प्रजनन क्षमता नष्ट क्यों होगी भला—यही मेरा सवाल है। इतनी करोड़ों प्रजातियों के रहते मनुष्य और ह्वेल की दो प्रजातियों की मादाओं को क्यों मेनोपॉज़ भुगतना

पड़ता है? किलर ह्वेल यानी ऑरका पर पिछले चार दशकों से अनुसंधान करते हुए अभी दो दिन पहले ही विकासवादी-वैज्ञानिकों ने कहा है—मनुष्यों की तरह किलर ह्वेल को भी 15 वर्ष की उम्र में ऋतुस्राव आरम्भ होता है और उन्हें 30 से 40 वर्ष उम्र के भीतर मेनोपॉज़ हो जाता है, वे 80 वर्ष से अधिक समय तक जीवित रहती हैं। बड़ी उम्र में जिन किलर ह्वेलों को बच्चे होते हैं, अकसर देखा गया है कि उनके बच्चे मर जाते हैं लेकिन कम उम्र में जिन ह्वेलों के बच्चे होते हैं, वे अकसर नहीं मरते, वे बहुत अच्छी तरह से जीवित रहते हैं। अपनी सन्तानों के मुक़ाबले अपने नाती-पोतों के जीवित रहने की सम्भावना अधिक दिखाई देती है। इस प्रजनन प्रतियोगिता में इसी वजह से माँ-ह्वेल अपनी बेटी-ह्वेल के आगे हार जाती है। यही मेनोपॉज़ होने की बदली हुई व्याख्या है। बहुत सारे तर्क पहले सैद्धान्तिकी में सीमाबद्ध थे, अब हम उन सबके प्रमाण ढूँढ़कर निकाल सकते हैं।

उम्र बढ़ने पर जीन के फैलने का मामला बिना किसी त्रुटि के सम्पन्न होना चाहिए, लेकिन मनुष्य और ह्वेलों की दो प्रजातियों के मामले में क्यों इसका विपरीत हुआ है, हमें अभी तक नहीं पता। प्रसंगवश बता रही हूँ कि मेरी माँ और मेरी नानी एक साथ गर्भवती रहा करती थीं। दोनों ही लगभग एक ही समय में सन्तानों को जन्म देती थीं। मेरी कम उम्र की माँ की किसी भी सन्तान की मृत्यु नहीं हुई, मेरी नानी की बड़ी उम्र की सन्तानों में से भी किसी की मृत्यु नहीं हुई। अवश्य ही मेरी माँ और मेरी नानी की घटनाओं ने विकास में किसी तरह की भूमिका नहीं निभाई थी। लेकिन भूमिका निभाने-जैसी घटना निश्चय ही लाखों वर्षों से घटित होती रही थी।

मैं मेनोपॉज़ की ओर जा रही हूँ—यह मैंने पहले ही बताया था। अब तक मुझे जो पता था, वह यह कि इस दौरान स्त्रियों के शरीर में अचानक गर्मी पैदा हो जाती है, नींद नहीं आती, कमर में दर्द होता रहता है, स्वभाव चिड़चिड़ा हो जाता है, सीने में घबराहट होती है। हालाँकि मुझे इन सबकी कोई आहट नहीं सुनाई दे रही। कहते हैं कि ऐसे में यौन-इच्छा कम हो जाती है या फिर पूरी तरह ख़त्म हो जाती है, यह भी मुझे अपने में ज़रा भी नहीं दिख रहा है। सम्भव है किसी समय इन सबकी आहट सुनाई देगी। ठीक किस तरह की

शारीरिक और मानसिक अवस्था से मुझे गुज़रना होगा, मुझे अभी भी ठीक-ठीक समझ में नहीं आ रहा है।

मेनोपॉज़ स्वाभाविक प्राकृतिक प्रक्रिया है, इसे स्वीकार कर लो—मैं आज इस तरह का उपदेश देने नहीं आई हूँ। मुझे लगता है, स्त्रियों को मेनोपॉज़ होना उचित नहीं है। मेनोपॉज़ को मैं नितान्त ही 'विकासवादी दुर्घटना' के अलावा और कुछ नहीं कहती। इस दुर्घटना की शिकार मैं भी हूँ। मेनोपॉज़ होगा इसलिए मेरे शरीर के इस्ट्रोजेन हॉर्मोन ख़त्म हो जाएँगे, और इस वजह से मेरी हड्डियों के भीतर बीमारी की शुरुआत हो जाएगी, मेरे हृत्पिंड की क्रिया बन्द होने के अलावा भी, मेरे स्तन, गर्भाशय, डिम्बाशय में कैंसर रोग घर कर सकता है। एक समय था जब मेनोपॉज़ हो जाने के बाद बीमारियों से बचने के लिए स्त्रियों को इस्ट्रोजेन हॉर्मोन दिये जाते थे। अब नहीं दिये जाते। कारण कि यह देखने में आया कि यह हॉर्मोन शरीर के भीतर जाकर कैंसर पैदा करता है।

पुरुषों को इस तरह नहीं भुगतना पड़ता। उनके शरीर का कोई भी हॉर्मोन किसी वजह से ख़त्म नहीं हो जाता। उनकी प्रजनन क्षमता भी पूरी तरह से ख़त्म नहीं हो जाती। हॉर्मोन के न रहने के कारण स्त्रियाँ जिन बीमारियों से आक्रान्त हो जाती हैं, पुरुष उन बीमारियों से आक्रान्त नहीं होते। विकासवादी यह दुर्घटना पुरुषों के साथ नहीं घटी है। पुरुषों की यौनक्षमता के लोप हो जाने को बहुत-से लोग 'पुरुषों का मेनोपॉज़' कहते हैं, इरेक्टोरल डिस्फ़क्शन यानी उत्थानरहित अवस्था की किसी भी दशा में मेनोपॉज़ से तुलना नहीं की जा सकती। पुरुषों की इस यौन समस्या के समाधान के उपाय हैं। स्त्रियों को मेनोपॉज़ की वजह से जो-जो समस्याएँ होती हैं, उनमें से ज़्यादातर को निर्मूल करना या निरामय करना सम्भव नहीं। मेनोपॉज़ नामक दुर्घटना का भी कोई संशोधन असम्भव है।

अगर हमें मेनोपॉज़ नहीं होता, तो क्या होता? अधिक उम्र में कोई यदि माँ बनती, तो फिर क्या उनकी वे सन्तानें मर जातीं? नहीं मरतीं। नहीं मरतीं, लेकिन किसी काल में मर जाया करती थीं इसलिए हमें 'मेनोपॉज़' नामक एक अनर्थक उपद्रव मिला है, जो हमारी हड्डियों-मांसपेशियों को

बीमारियाँ दे रहा है। विकास हमेशा ही कुछ अच्छे उपहार देता है, कुछ ज़रूरी चीज़ें अपने साथ ले आता है, यह बात सच नहीं है, वह बहुत सारी ग़ैरज़रूरी चीज़ें भी ले आता है, बहुत कुछ अवांछित, अहितकर भी लाता है, जैसे कि मेनोपॉज़।

यौनकर्म नाम देकर वेश्यावृत्ति को वैध करने का षड्यंत्र

वेश्याओं के लिए जितने भी सरकारी और ग़ैरसरकारी संगठन काम कर रहे हैं, उनमें से ज़्यादातर ही स्त्रियों पर होने वाले वेश्यावृत्ति नामक भयावह अत्याचार को बनाए रखना चाहते हैं, वे इससे असहाय लड़कियों को मुक्त नहीं कराना चाहते। अधिकतर नारीवादी लोग वेश्याओं को यौनकर्मी कहते हैं। वे वेश्याओं को श्रमिक के रूप में स्वीकृति देना चाहते हैं। वे मानते हैं कि अधिकांश स्त्रियाँ इस 'पेशे' को पसन्द करती हैं, इसलिए वे इस पेशे में स्वेच्छा से आती हैं। बहुत थोड़े-से नारीवादी संगठन और थोड़े से ही नारीवादी लोग वेश्याप्रथा को नारी पर ढाए जाने वाले ज़ुल्म की प्रथा मानते हैं, और इस कुत्सित प्रथा को मिटा देना चाहते हैं। वे नाबालिग लड़कियों को वेश्यालयों से मुक्ति दिलाने की कोशिश करते हैं।

लड़कियाँ स्वेच्छा से वेश्या नहीं बनतीं। कोई भी लड़की शौक़ से, अपनी पसन्दगी से, संघर्ष करके वेश्या नहीं बनती। किसी और पेशे में जाने के लिए जितने संघर्ष करने पड़ते हैं, जब वे सारे संघर्ष विफल हो जाते हैं, तभी वे वेश्या बनती हैं। ऐसा नहीं होता कि एक लड़की के सामने डॉक्टर बनने, इंजीनियर बनने, शिक्षिका बनने, बैंकर बनने, वेश्या बनने के रास्ते खुले थे और उसने वेश्या बनने को चुन लिया। ऐसा यदि होता, तो फिर हम कह सकते थे कि वह स्वेच्छा से वेश्या बनी है। अपनी पसन्द का कुछ बचता नहीं, इसलिए लड़कियाँ वेश्या बनने के लिए बाध्य होती हैं। वेश्या बनने के लिए स्त्रियों को पुरुष ही बाध्य करते हैं। स्त्रियाँ यदि वेश्या बनना चाहती हैं तो निश्चय ही

किसी-न-किसी कारण से बाध्य होकर बनना चाहती हैं। बाध्य होकर चाहना और स्वेच्छा से चाहने में एक समुद्र जितना व्यवधान होता है। स्त्रियाँ स्वेच्छा से असम्मानित, अपमानित और अत्याचारित नहीं होना चाहतीं। स्त्रियाँ स्वेच्छा से यौन-उत्पीड़न को ग्रहण नहीं करतीं। कोई भी स्त्री शौक़ से आग में छलाँग नहीं लगाती। सतीदाह की आग में स्त्रियों को झोंककर कहा जाता था कि उन्होंने अपने मन से आग में छलाँग लगाई है।

वेश्यावृत्ति को वैधता दिलवाने के लिए तमाम नारी संगठन तो हैं ही, मानवाधिकार के तमाम संगठन भी कम चीख़-चिल्लाहट नहीं मचाते। वेश्यावृत्ति को वैधता प्रदान करना यानी नारी-उत्पीड़न को वैधता देना है। जिस देश में वेश्यावृत्ति वैध है, वह राष्ट्र किसी भी दशा में लोकतांत्रिक राष्ट्र नहीं हो सकता। गणतंत्र का मतलब केवल शासक चुनना नहीं है। गणतंत्र का मतलब मानवाधिकार को सुनिश्चित करना भी है, स्त्री-पुरुष के समान अधिकार सुनिश्चित करना भी है। कोई भी सभ्यता या कोई भी गणतंत्र स्त्रियों के विरुद्ध पुरुषों के उत्पीड़न को किसी भी बहाने से मान लेने की कोशिश नहीं करता। वह कर ही नहीं सकता। वह यदि ऐसा करता है तो उस गणतंत्र का नाम नितान्त ही पुरुषतंत्र होगा और उस सभ्यता का नाम बर्बरता के अलावा और कुछ नहीं हो सकता।

मैंने उस दिन यूट्यूब पर बांग्लादेश के दौलतदिया वेश्यालय के भीतर के जीवन को देखा था। वहाँ दो हज़ार वेश्याएँ रहती हैं। उनमें से साठ प्रतिशत लड़कियों की उम्र अठारह साल से कम है। उस दुर्गन्धमय वातावरण में रहते-रहते जीवन फिर से बदल सकता है—यह विचार किसी के मस्तिष्क के आसपास भी नहीं फटकता। बांग्लादेश में कुछ कितने हज़ार लड़कियों को वेश्या बनाया गया है, मुझे नहीं पता। अभावों के चलते पिताओं ने लड़कियों को बेच दिया है। प्रवंचक प्रेमियों ने उन्हें बेचा है, पतियों ने ज़ोर-ज़बर्दस्ती उन्हें वेश्यालयों में भेजा है ताकि वे अपना शरीर बेचकर पैसे कमाएँ और पति की शराब और परिवार का ख़र्च चलाएँ। वेश्यावृत्ति के साथ-ही-साथ युवतियों और बच्चियों का अपहरण एक-दूसरे के साथ जुड़े हुए हैं। ये दोनों एक-दूसरे के परिपूरक हैं। जो लोग दावा करते हैं कि वेश्यालयों की सारी लड़कियाँ

बालिग हैं, उन्होंने स्वेच्छा से इस पेशे में नाम लिखवाया है, वे झूठ बोल रहे हैं। वेश्यालयों में ज़्यादातर लड़कियाँ छोटी उम्र की हैं, उनमें से ज़्यादातर को ज़ोर-ज़बर्दस्ती, बहला-फुसलाकर या उनका अपहरण करके यहाँ बेच दिया गया है। लड़कियाँ लगभग बारह-तेरह वर्ष की उम्र से वेश्या का जीवन शुरू करती हैं, उस उम्र में तमाम तरह के वयस्क पुरुषों के धर्षण से बचाने की क्षमता उन लड़कियों में नहीं होती।

वेश्यावृत्ति किसी भी अर्थ में पेशा नहीं है। यह शारीरिक एवं मानसिक उत्पीड़न है। इस वेश्यावृत्ति से लड़कियों की ग़रीबी नहीं मिटती। यौन व्यवसाय से जो करोड़ों रुपयों की आमदनी हो रही है, वह सब उत्पीड़ित स्त्रियों के हाथों तक नहीं पहुँचती। लड़कियों को हर रोज़ स्त्री अपहरणकर्ताओं और दलालों के भयावह संत्रास का शिकार होना पड़ता है। लड़कियाँ इस यौन उत्पीड़न से बाहर निकलना चाहती हैं, लेकिन उन्हें बाहर नहीं निकलने दिया जाता। कारागार से भी भयावह होते हैं वेश्यालय। इनसान को कारागार से एक समय मुक्ति मिल जाती है, लेकिन मृत्यु होने अथवा मृत्यु के पास न पहुँचने तक वेश्यालय से मुक्ति नहीं मिलती।

दरिद्र बांग्लादेश की दरिद्र लड़कियाँ मूल रूप से अपनी ग़रीबी और प्रवंचकों के कवल में पड़कर ही वेश्यालयों में आती हैं। छोटी बच्चियों की दुर्बल देह ग्राहकों को आकर्षित नहीं कर सकेगी इस आशंका से, गाय बेचने से पहले जिस तरह गाय को मोटी-ताज़ी बनाने के लिए उसे ओराडेक्सन नामक स्टेरॉएड खिलाया जाता है, लड़कियों को भी मोटी-ताज़ी बनाने के लिए ठीक उसी तरह स्टेरॉएड खिलाया जाता है। ओराडेक्सन लड़कियों को मोटी-ताज़ी बनाता ज़रूर है, लेकिन वह दवा शरीर को नुक़सान पहुँचाती है। वेश्यावृत्ति जीवन को इतनी क्षति पहुँचाती है कि लड़कियों को स्टेरॉएड का नुक़सान फिर नुक़सान-जैसा नहीं लगता। वे इतनी मोटी-ताज़ी हो तो जाती हैं लेकिन इसके बावजूद उनकी क़ीमत गाय-जितनी ऊपर नहीं जाती। लड़कियाँ गाय से बहुत सस्ते दामों में बिकती हैं। मुद्दे की बात यह है, लड़कियों की तुलना में बांग्लादेश की गाएँ बहुत अधिक मूल्यवान हैं। सुनने में अजीब लगे लेकिन वास्तविक पृथ्वी का चित्र यही है।

इस पृथ्वी पर लड़कियों के ख़िलाफ़ एक यौनयुद्ध चल रहा है। बहुत लम्बे समय से यह युद्ध चल रहा है। इसे पृथ्वी का सबसे पुराना पेशा कहकर लोगों को धोखा देने की कोशिश की जाती है, असल में यह सबसे पुराना पेशा नहीं है, यह तो बल्कि स्त्रियों के ख़िलाफ़ किया जाने वाला 'पृथ्वी का सबसे पुराना उत्पीड़न' है। सिर्फ़ बालिग लड़कियों के ख़िलाफ़ कहना ठीक न होगा, यह छोटी बच्चियों के भी ख़िलाफ़ है। आज दुनिया में लगभग सभी जगहों पर, बच्चियों को ज़ोर-ज़बर्दस्ती, डर दिखाकर धर्षण करके, मारपीट कर अधमरा कर यौनदासी बनाया जा रहा है। पुरुषों की यौनपिपासा शान्त करने के लिए, पुरुषों के शरीर को थोड़ी देर आनन्द देने के लिए लाखों-करोड़ों असहाय लड़कियों और बच्चियों को जीवित रहने के सारे सुखों को विसर्जित करना पड़ रहा है, मनुष्य होकर भी मनुष्य के न्यूनतम अधिकारों से वे अपने आप को वंचित रखने के लिए बाध्य हो रही हैं। वेश्यावृत्ति की सहज संज्ञा है—'स्त्रियों के विरुद्ध पुरुषों का यौन-उत्पीड़न'। थोड़ा और खोलकर कहें तो वेश्यावृत्ति का मतलब हुआ 'स्त्रियों के ख़िलाफ़ पुरुषों का यौन आक्रमण, धर्षण, शारीरिक उत्पीड़न, मानसिक उत्पीड़न, स्त्रियों पर पुरुषों का अबाध आधिपत्य, स्त्रियों के मानवाधिकारों का उल्लंघन'। इन सब पर भले ही किसी भी गणतंत्र में पाबन्दी है, लेकिन गणतांत्रिक देशों के वेश्यालयों में यह सब धड़ल्ले से चल रहा है। स्त्रियों के साथ जितना अधिक घृणित, कुत्सित, जघन्य, उत्कट, नीच, निकृष्ट व्यवहार सम्भव है, वह पुरुषों द्वारा बिना किसी दुविधा के वेश्याओं के साथ किया जाता है। भले ही ऐसा व्यवहार करने पर वे क़ानून की नज़रों में अपराधी हैं, लेकिन यदि वेश्यावृत्ति को वैध कर दिया जाए तो इन सब अपराधों को अपने आप ही वैध मान लिया जाएगा।

मनुष्यों के प्रति नफ़रत और अमानवीय उत्पीड़न के कारण आज विश्वभर में दासप्रथा पर रोक लगा दी गई है। लेकिन क्या कारण है कि आज भी इस दुनिया से वेश्यावृत्ति के पूरी तरह से निर्मूलन को लेकर प्रयास नहीं किये जा रहे! जो वजहें बताई जा रही हैं वे सच्ची वजहें नहीं हैं। 'यह प्रथा चल रही है, इसलिए चलती रहेगी', या फिर 'दुश्चरित्र लड़कियाँ इस पेशे को चलाती रहेंगी।' सच तो यह है कि यह पेशा लड़कियों के दुश्चरित्र होने की वजह से

नहीं चल रहा है, ताक़तवर और बुरे पुरुष इस पेशे को छल-बल और कौशल के द्वारा चला रहे हैं, इसलिए यह चल रहा है। इसे इस तरह चलाया न जा रहा होता तो इसकी निरन्तरता नहीं बनी रहती। ख़रीदार हैं तो धन्धा चल रहा है।

आज वेश्यावृत्ति या यौन-उत्पीड़न इस धरती पर सबसे बड़े पैमाने पर, सबसे तेज़ गति से फैलता जा रहा सफल उद्योग है। इस उद्योग का कच्चामाल बदक़िस्मत, अनाथ बच्चियों की देह है, दरिद्र और प्रताड़ित लड़कियों की देह।

पुरुष जब तक स्त्रियों को यौन-सामग्री मानता रहेगा, वह तब तक स्त्रियों को वेश्या बनाता रहेगा, वह वेश्यालयों को संरक्षण देगा। यौनदासता को कहेगा यौनकर्म। मेरे या आपके प्रतिवाद करने से क्या कोई बड़ा परिवर्तन आएगा? सरकार को ही वेश्यावृत्ति उन्मूलन की ज़िम्मेदारी लेनी पड़ेगी। सरकार कब लेगी यह ज़िम्मेदारी?